EUROPA LEHRMITTEL

EUROPA FACHBUCHREIHE
für Berufe im Gesundheitswesen

Dr. med. Susanne Nebel,
Bettina Vogedes

Medizinische Fachangestellte
Patientenbetreuung und Abrechnung

Band 1 – Grundlagen

12. Auflage

VERLAG EUROPA-LEHRMITTEL · Nourney, Vollmer GmbH & Co. KG
Düsselberger Straße 23 · 42781 Haan-Gruiten

Europa-Nr.: 65193

Autoren:
Dr. med. Susanne Nebel, Mettmann
Bettina Vogedes, Mönchengladbach

Illustrationen:
Steffen Faust, Berlin
Michael Hüsch, marvinmedia, Köln
Frauke Moritz, Ahrensburg

Wir möchten uns bei den folgenden Firmen für das zur Verfügung gestellte Bildmaterial bedanken:
AOK Bayern – Die Gesundheitskasse, München
BARMER, Berlin
bpk Bildagentur für Kunst, Kultur und Geschichte, Berlin
Paul Albrechts Verlag GmbH, Lütjensee
Deutscher Ärzteverlag GmbH, Köln
Ärztekammer Nordrhein, Düsseldorf
Kassenärztliche Vereinigung Nordrhein, Düsseldorf
Kassenärztliche Bundesvereinigung, Berlin
kv.digital GmbH, Berlin

12. Auflage 2020
Druck 5 4 3 2 1

Alle Drucke derselben Auflage sind parallel einsetzbar, da bis zur Behebung von Druckfehlern untereinander unverändert.

ISBN 978-3-8085-6945-0

http://www.europa-lehrmittel.de
Umschlagfoto: contrastwerkstatt – stock.adobe.com
Umschlag: tiff.any GmbH, 10999 Berlin
Satz: Typework Layoutsatz & Grafik GmbH, 86167 Augsburg
Druck: Lensing Druck GmbH & Co. KG, 44149 Dortmund

Vorwort

Die Arztpraxis von heute versteht sich, mehr denn je, als modernes Dienstleistungsunternehmen, in dem nicht nur Kranke geheilt werden, sondern Menschen in allen Gesundheitsfragen Beratung finden und die Prävention von Krankheiten in den Vordergrund rückt. Moderne Medizin ist teuer und das deutsche Gesundheitssystem steht unter enormem Sparzwang. Die Arztpraxis befindet sich dabei insofern im Spannungsfeld, als sie den politischen und ökonomischen Rahmenbedingungen unterworfen ist, als Dienstleistungsunternehmen wirtschaftlich Bestand haben muss und nicht zuletzt den Patienten mit ihren individuellen Anliegen, Problemen und Ängsten gerecht werden möchte.

Die Medizinische Fachangestellte (MFA) ist in der Regel die erste Ansprechpartnerin für den Patienten in der Praxis und sie begleitet und betreut ihn während der gesamten Behandlung. Anschließend dokumentiert sie die erbrachten Leistungen und rechnet diese ab. Ihr kompetentes Auftreten und ihr Fachwissen tragen entscheidend zum Erscheinungsbild und Erfolg der Praxis bei. Nicht zuletzt haben diese hohen Anforderungen 2006 zur Neugestaltung der ehemaligen Arzthelferinnenausbildung hin zur Ausbildung der Medizinischen Fachangestellten geführt.

Die Ausbildung zur Medizinischen Fachangestellten orientiert sich an konkreten Praxissituationen, in denen das Abrechnungswesen eine wichtige Rolle spielt. So ist es nicht verwunderlich, dass abrechnungsrelevante Ausbildungsinhalte in fast allen Lernfeldern des Rahmenlehrplans für die Medizinische Fachangestellte zu finden sind. Das Verständnis für relevante Maßnahmen in konkreten Praxissituationen ist hierbei sicherlich effizienter als pures Faktenwissen.

Mit unseren beiden Lehrbüchern möchten wir den angehenden Medizinischen Fachangestellten ein selbst gesteuertes Lernen in konkreten Praxissituationen ermöglichen. Gleichzeitig dienen die Bücher durch eine systematische Gliederung als Nachschlagewerk und zur Erarbeitung und Wiederholung einzelner Themenbereiche.

Medizinische Fachangestellte – Patientenbetreuung und Abrechnung, Band 1, Grundlagen beinhaltet vor allem verwaltungsrelevante Lerninhalte aus den Lernfeldern 1 und 2. Es stehen die Bedeutung des Vertragsarztes im deutschen Gesundheitssystem sowie der situativ korrekte Umgang mit dem „Patienten an der Anmeldung" im Vordergrund. Die MFA empfängt den Patienten, verwaltet seine Daten kostenträgergerecht und füllt Formulare entsprechend den vertraglichen Bestimmungen aus. Das Wissen der MFA muss dabei den Änderungen und Reformen im Gesundheitssystem stets angepasst sein.

Band 2 – Behandlungsfälle ergänzt aus dem Lernfeld 2 die Grundlagen der Gebührenordnungen EBM und GOÄ. Aus den medizinischen Lernfeldern werden praxisnahe Fallbeispiele vorgestellt, in denen das erworbene Wissen angewendet und vertieft werden kann.

Unsere Bücher sind vor allem schülerzentriert konzipiert und simulieren, ausgehend von einer Modell-Arztpraxis, den beruflichen Alltag der Auszubildenden. Jede Thematik wird durch eine praxisnahe Situation eingeleitet, die zum Nachdenken und zur Diskussion anregen soll. Auf die wörtliche Wiedergabe von Vorschriften und Gesetzestexten wurde weitgehend verzichtet, zugunsten einer verständlichen und schülergerechten Sprache. Mit den anschließenden Übungsfragen kann der erarbeitete Stoff gefestigt und auf weitere realitätsnahe Situationen übertragen werden.

Die 12. Auflage enthält aktuelle Neuerungen, wie beispielsweise die Telematikinfrastruktur (TI) und das Verwaltungsstammdatenmanagement (VSDN).

Die Verwendung nur eines grammatikalischen Geschlechtes bei Berufs- und Gruppenbezeichnungen wurde im Hinblick auf den Lesefluss gewählt. Sie stellt keine Meinungsäußerung zur Geschlechterrolle dar.

Wir wünschen allen, die mit diesem Buch arbeiten, viel Freude und Erfolg.

Das Autorenteam | Sommer 2020

Über die Autorinnen:

Dr. Susanne Nebel unterrichtet seit mehreren Jahren am Berufskolleg für Wirtschaft und Informatik in Neuss die Auszubildenden zur Medizinischen Fachangestellten im Bereich „Behandlungsassistenz" sowie „Patientenbetreuung und Abrechnung". Vor ihrer Tätigkeit im Schuldienst war Frau Dr. Nebel als Ärztin im ambulanten und stationären Bereich tätig.

Bettina Vogedes (OStR) besitzt die Lehrbefähigung in den Fächern Betriebswirtschaftslehre und Deutsch und unterrichtet darüber hinaus die Auszubildenden zur Medizinischen Fachangestellten im Bereich „Patientenbetreuung und Abrechnung" am Berufskolleg in Neuss. Frau Vogedes hat vor Aufnahme ihres Studiums eine Ausbildung zur Arzthelferin absolviert und verfügt über langjährige Erfahrung in unterschiedlichen Arztpraxen und Krankenhäusern.

Beide Autorinnen sind Mitglied des Prüfungsausschusses der Ärztekammer Nordrhein und verfügen über mehrjährige Prüfungserfahrung.

Inhaltsverzeichnis

Lernfeld 1: Im Beruf und Gesundheitswesen orientieren

Lernfeld 2: Patienten empfangen und begleiten

Herzlichen Glückwunsch!

Sie haben es geschafft und den ersehnten Ausbildungsplatz zur Medizinischen Fachangestellten erhalten.

Seit dem 1. August sind Sie Auszubildende in der Praxisgemeinschaft von

Herrn Dr. Helbig und
Frau Dr. Söhnke,

Ritterstraße 24,
41464 Neuss.

Praxisgemeinschaft

Dr. med. M. Helbig

Facharzt für Orthopädie und Sportmedizin

Durchgangsarzt

Dr. med. P. Söhnke

Fachärztin für Allgemeinmedizin
Naturheilkunde und Akupunktur

Alle Kassen und privat

Das Praxisteam stellt sich vor:

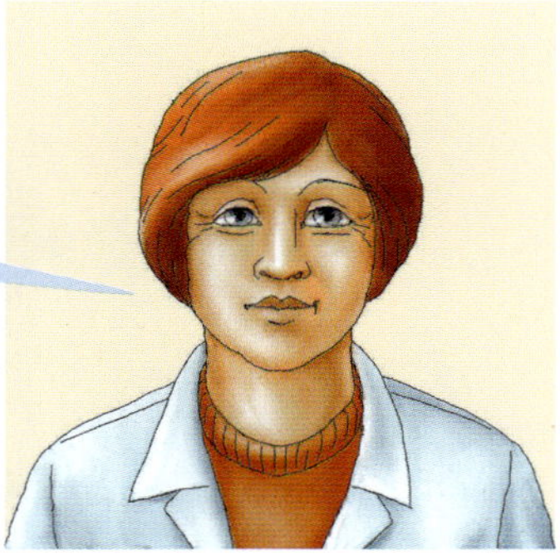

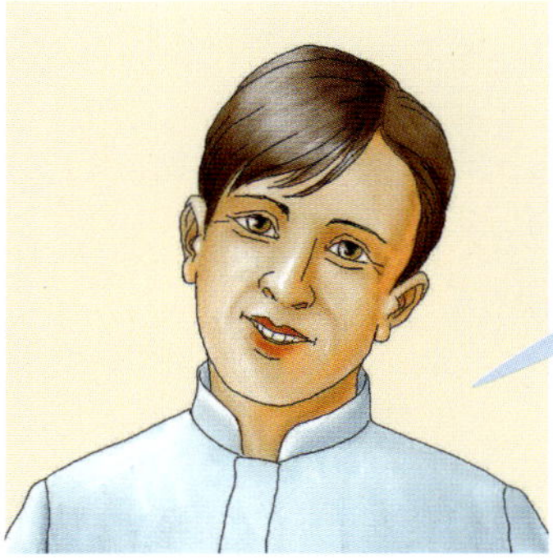

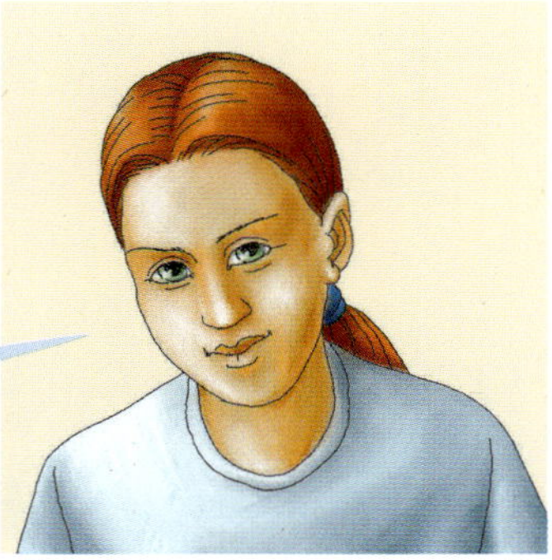

Gülay Yildiz, 28 Jahre,
MFA, Teilzeitkraft

Kristina Beckers, 18 Jahre,
Auszubildende

Sie
____________________,
__ Jahre, Auszubildende

Lernfeld 1: Im Beruf und Gesundheitswesen orientieren

1 Der Vertragsarzt

Thematische Einordnung in den Rahmenlehrplan

Zu den Zielen von **Lernfeld 1** „Im Beruf und Gesundheitswesen orientieren"[1] gehört die **Einordnung der Praxis „als Dienstleistungsunternehmen des Gesundheitswesens** in das volkswirtschaftliche Gesamtgefüge"[1]. Inhaber von Arztpraxen sind zumeist Vertragsärzte. In diesem Kapitel wird dargestellt, welche **Voraussetzungen** jemand erfüllen muss, um als **Vertragsarzt** tätig sein zu können. Es werden neben der Einzelpraxis auch **Kooperationsformen** von Vertragsärzten vorgestellt. Um dem „für das eigene Handeln relevanten rechtlichen Rahmen"[1] sowie den „sozialen und ethischen Anforderungen"[1] bei Praxistätigkeiten gerecht werden zu können, werden die **Verträge im Gesundheitswesen** und die **ärztlichen Pflichten** dargestellt. Die Berufsorganisationen **Ärztekammer** und **Kassenärztliche Vereinigung** sind nicht nur für den Vertragsarzt von Bedeutung, sondern auch für die Ausbildung der Medizinischen Fachangestellten (MFA), da die Ärztekammer für den Berufsausbildungsvertrag der MFA zuständig ist. Die Kenntnis der Grundbegriffe der vertragsärztlichen Versorgung ermöglicht und vereinfacht die Kommunikation der Auszubildenden „im Praxisteam und mit Personen des beruflichen Umfelds".[1]

1.1 Voraussetzungen

Fallbeispiel

Die Auszubildende Kristina Beckers hilft ihrer Kollegin Marina Vogt bei der Patientenannahme. Es erscheint Frau Meisner, eine 80-jährige Patientin von Frau Dr. Söhnke, und legt ein Schreiben vom hiesigen Krankenhaus vor.

Frau Meisner: *Guten Tag, Frau Vogt! Und wen haben wir an Ihrer Seite?*

Kristina: *Darf ich mich vorstellen? Ich heiße Kristina Beckers und bin die neue Auszubildende.*

Frau Meisner: *Da können Sie aber froh sein! Hier in der Praxis sind alle so nett, sowohl die Ärzte als auch das Personal. Und wenn Sie schön fleißig sind, können Sie bestimmt auch mal Ärztin werden.*

Kristina: *Na ja, das ist bestimmt nicht so einfach!*

Frau Meisner: *Im Krankenhaus war es schrecklich. Ärzte und Schwestern waren nur im Stress, niemand hatte richtig Zeit für mich. Ich frage mich, warum Frau Dr. Söhnke mich nicht auch im Krankenhaus behandeln kann.*

[1] Siehe Rahmenlehrplan zur Medizinischen Fachangestellten/zum Medizinischen Fachangestellten 2006, Seite 9

Info

Das deutsche Gesundheitssystem unterscheidet zwischen ambulanter und stationärer Versorgung, die weitgehend voneinander unabhängig geregelt sind. **Stationäre Behandlung** erfolgt im Krankenhaus, in dem der Patient für eine bestimmte Zeit bleiben muss. Verlässt der Patient den Arzt nach der Behandlung wieder, handelt es sich um **ambulante Behandlung** (lat.: ambulare – herumlaufen).

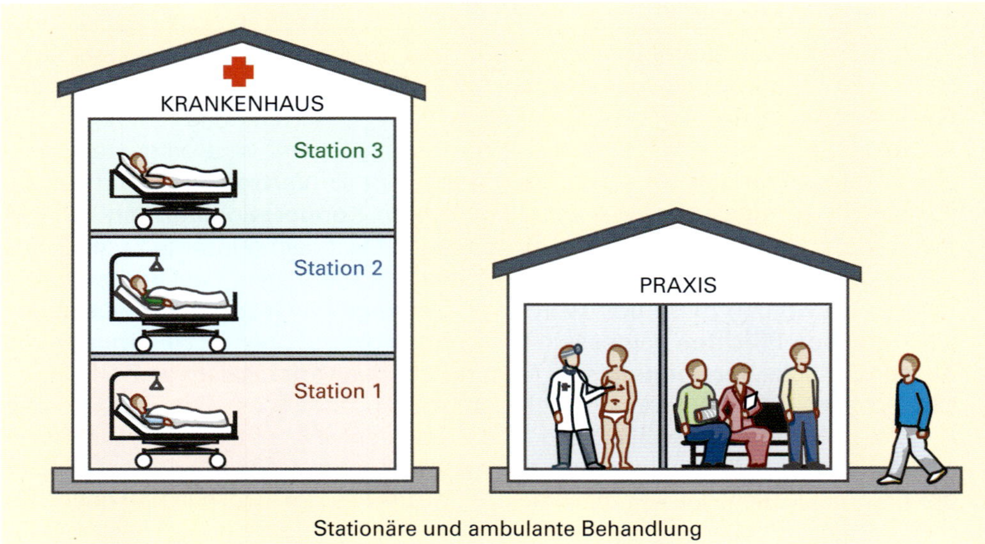

Abb. 1 Stationäre und ambulante Behandlung

Merke:

Bei der **stationären** Behandlung muss der Patient über Nacht im Krankenhaus versorgt werden, bei der **ambulanten** Behandlung verlässt der Patient den Arzt nach der Behandlung wieder.

Die ambulante Versorgung erfolgt in Deutschland größtenteils durch **niedergelassene Ärzte.** Das sind Ärzte, die in einer eigenen Praxis freiberuflich tätig sind. Grundsätzlich kann sich jeder Arzt in eigener Praxis niederlassen. Dort darf er zunächst aber nur als **Privatarzt** tätig werden. Nach der Behandlung rechnet der Privatarzt direkt mit dem Patienten ab, der die Behandlungskosten selbst zahlen muss. Patienten, die auf diese Weise abgerechnet werden, heißen **Privatpatienten** oder **Selbstzahler.**

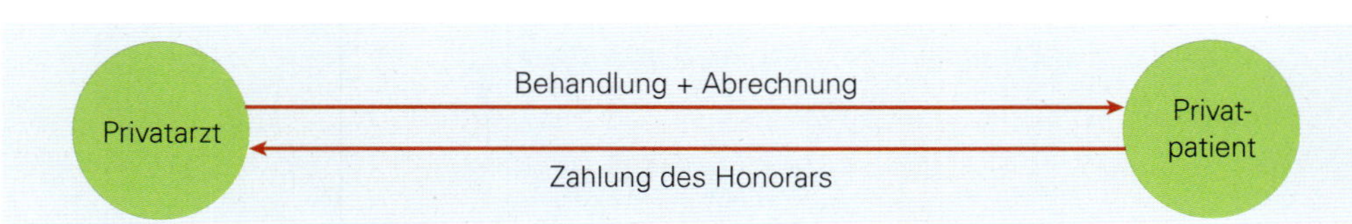

Abb. 2 Privatabrechnung

Ärztliche Leistungen bei Patienten, die bei einer **gesetzlichen Krankenkasse** versichert sind, dürfen dagegen nicht auf direktem Weg abgerechnet werden. Gesetzlich Krankenversicherte zahlen einen monatlichen Beitrag an ihre Krankenkasse. Von den Beiträgen ihrer Mitglieder stellt die Krankenkasse einen festen Gesamtbetrag der **Kassenärztlichen Vereinigung** zur Verfügung, die dann das **Honorar** an den Arzt bezahlt.

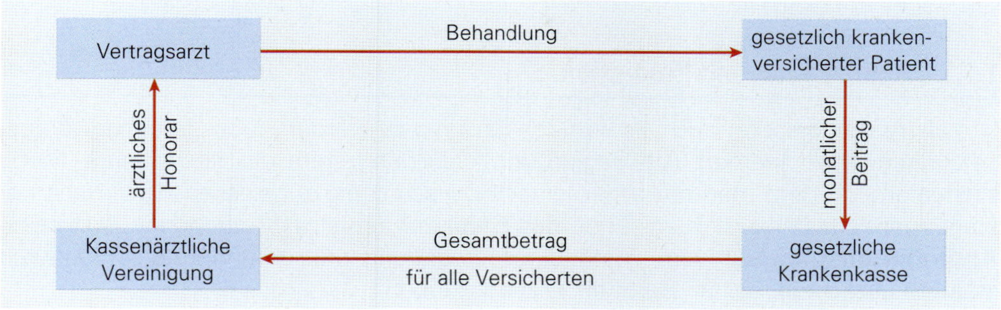

Abb. 1 Abrechnung bei gesetzlich krankenversicherten Patienten

Um auch bei gesetzlich Krankenversicherten abrechnen zu können, benötigt der niedergelassene Arzt von der Kassenärztlichen Vereinigung eine **Zulassung.** Eine solche erhalten nur niedergelassene Ärzte mit einer Facharztanerkennung, z. B. Allgemeinmediziner, Internisten oder Orthopäden. Durch die Zulassung ist der Arzt verpflichtet, alle Verträge, die zwischen den Krankenkassen und der Kassenärztlichen Vereinigung geschlossen wurden, anzuerkennen. Niedergelassene Ärzte mit Zulassung werden als **Vertragsärzte** oder auch als Kassenärzte bezeichnet.

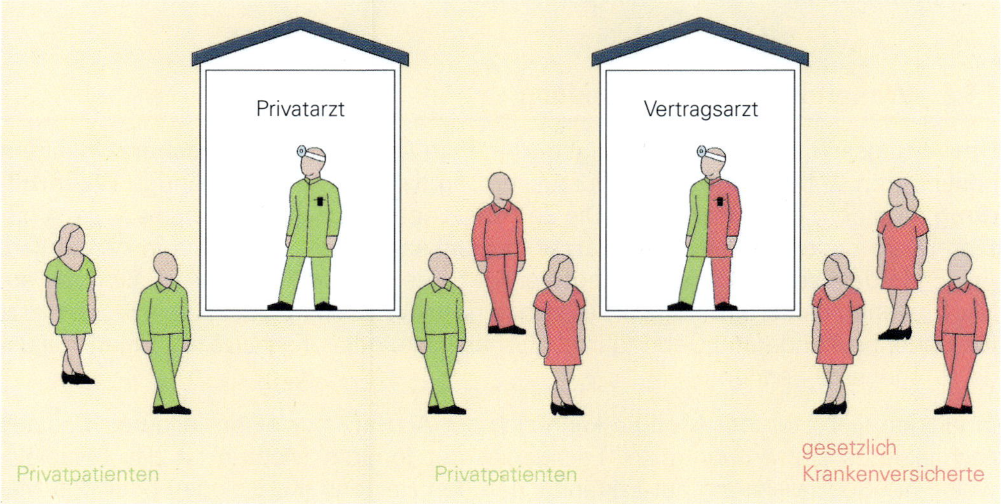

Abb. 2 Privatärzte und Vertragsärzte

Merke:

Ärzte, die **freiberuflich in eigener Praxis** tätig sind, heißen **niedergelassene Ärzte.**

Niedergelassene Ärzte, die direkt mit dem Patienten abrechnen, nennt man **Privatärzte.**

Niedergelasse Ärzte **mit Zulassung** heißen **Vertragsärzte.** Sie rechnen gesetzlich Krankenversicherte über die Kassenärztliche Vereinigung ab.

1.1.1 Approbation und Promotion

Um als Arzt und später auch als Vertragsarzt tätig zu werden, müssen einige Voraussetzungen erfüllt werden. Am Beginn der Ausbildung steht das sechsjährige Medizinstudium, zu dem man mit allgemeiner Hochschulreife zugelassen wird. Nach bestandenem Staatsexamen am Ende des Studiums erhält der angehende Arzt seine **Approbationsurkunde** vom zuständigen Regierungspräsidenten und ist dadurch staatlich berechtigt, seinen Beruf als Arzt auszuüben.

Viele angehende Ärzte streben eine **Promotion** an. Darunter versteht man das Verfahren zur Erlangung der Doktorwürde. Ein Doktortitel ist aber keineswegs an den Beruf des Arztes gebunden. Auch in anderen Studiengängen kann man promovieren, wie z. B. in den Naturwissenschaften zum „Dr. rer. nat." Für die Ausübung des Arztberufes ist ein Doktortitel nicht erforderlich.

Merke:

Die **Approbation** berechtigt, den **Arztberuf** auszuüben,

die **Promotion** berechtigt, einen **Doktortitel** zu führen.

1.1.2 Weiterbildung und Fortbildung

Um Vertragsarzt zu werden, benötigt der Arzt die Anerkennung als **Facharzt** in einem bestimmten Gebiet der Medizin. Voraussetzung dafür ist eine mehrjährige **Weiterbildung** nach dem Medizinstudium. Die Zeit der Weiterbildung verrichten die Ärzte größtenteils als angestellte **Assistenzärzte** in Krankenhäusern, aber auch in Arztpraxen. Am Ende der Weiterbildungszeit legt der Arzt eine Prüfung vor der Ärztekammer ab. Mit Bestehen dieser Prüfung darf er sich je nach Weiterbildungsgebiet z. B. „Facharzt für Frauenheilkunde und Geburtshilfe" (Gynäkologe) oder „Facharzt für Augenheilkunde" (Augenarzt) nennen.

In einigen Gebieten der Medizin kann sich der Arzt auf nur einen Teilbereich seines Fachgebietes konzentrieren. Im Fachgebiet der Inneren Medizin ist das beispielsweise die Spezialisierung auf Erkrankungen des Herzens (Kardiologie) oder des Magen-Darm-Traktes (Gastroenterologie). Solche Teilgebietsbezeichnungen werden auch als **„Schwerpunkt"** oder **„Schwerpunktkompetenz"** bezeichnet.

Tabelle: Beispiele für Gebiete und Facharztbezeichnungen

Gebiete	Facharztbezeichnungen
Allgemeinmedizin	Facharzt für Allgemeinmedizin (Hausarzt)
Anästhesiologie (Lehre von der Schmerzbetäubung und den Narkoseverfahren)	Facharzt für Anästhesiologie (Anästhesist)
Augenheilkunde	Facharzt für Augenheilkunde
Chirurgie (Lehre von operativen Behandlungsverfahren)	Facharzt für allgemeine Chirurgie Facharzt für Gefäßchirurgie Facharzt für Kinderchirurgie Facharzt für Orthopädie und Unfallchirurgie
Frauenheilkunde und Geburtshilfe	Facharzt für Frauenheilkunde und Geburtshilfe (Gynäkologe)
Innere Medizin	Facharzt für Innere Medizin (Internist) Facharzt für Innere Medizin und Gastroenterologie (Gastroenterologe) Facharzt für Innere Medizin und Kardiologie (Kardiologe) Facharzt für Innere Medizin und Nephrologie (Nephrologe) Facharzt für Innere Medizin und Pneumologie (Pneumologe) Facharzt für Innere Medizin und Rheumatologie (Rheumatologe)
Neurologie (Lehre vom Nervensystem)	Facharzt für Neurologie (Neurologe)
Radiologie (Lehre von Röntgenstrahlen)	Facharzt für Radiologie (Radiologe)
Urologie (Lehre vom männlichen Urogenitalsystem und von den weiblichen Harnorganen)	Facharzt für Urologie (Urologe)

Ärzte und Fachärzte haben die Möglichkeit, eine **Zusatzbezeichnung** durch eine **Zusatz-Weiterbildung** in einem bestimmten Bereich der Medizin zu erwerben. Zusatzbezeichnungen dürfen zusätzlich zur Berufsbezeichnung Arzt oder Facharzt geführt werden, wie z. B. die Zusatzbezeichnung „Arzt für Allergologie". Voraussetzung für die meisten Zusatzbezeichnungen sind neben der Facharztanerkennung das Absolvieren von Kursen und eine Prüfung vor der Ärztekammer. Mit dem Erwerb einer Zusatzbezeichnung ist die Berechtigung verbunden, entsprechende Leistungen über die KV abzurechnen.

Tabelle: Beispiele für Zusatz-Weiterbildungen

• Akupunktur • Allergologie (Lehre von den Allergien) • Diabetologie • Flugmedizin • Homöopathie (Form einer alternativen Heilmethode) • Naturheilverfahren	• Phlebologie (Venenkunde) • Palliativmedizin (Therapie mit lindernden Maßnahmen) • Schlafmedizin • Sportmedizin • Tropenmedizin

Auch nach der Weiterbildungszeit sind Ärzte zur ständigen **Fortbildung** verpflichtet, um ihr Wissen auf dem neuesten Stand zu halten. Die Ärztekammer bietet die dazu nötigen Fortbildungskurse an. Eine Missachtung der Fortbildungspflicht kann zur Aberkennung des Facharzttitels oder zum Entzug der Zulassung als Vertragsarzt führen.

1.1.3 Zulassung und Ermächtigung

Ein Arzt, der freiberuflich als Vertragsarzt tätig werden möchte, muss im **Arztregister** der Kassenärztlichen Vereinigung eingetragen sein. Die Eintragung dort ist nach dem erfolgreichen Abschluss der Weiterbildung möglich. Der **Zulassungsausschuss** der Kassenärztlichen Vereinigung spricht die Zulassung zur vertragsärztlichen Tätigkeit unter der Voraussetzung aus, dass im Planungsbereich keine Zulassungsbeschränkung für die bestimmte Facharztgruppe angeordnet ist. Die Praxis des Vertragsarztes wird nun als **Vertragsarztsitz** oder auch als **Betriebsstätte** bezeichnet.

Voraussetzungen für die Tätigkeit als Vertragsarzt im Überblick:

- Erfolgreicher Abschluss des Medizinstudiums
- Approbation als Arzt
- Erfolgreicher Abschluss der Weiterbildung mit Facharztanerkennung
- Eintragung in das Arztregister der Kassenärztlichen Vereinigung
- Niederlassung
- Zulassung durch den Zulassungsausschuss der Kassenärztlichen Vereinigung

Neben Vertragsärzten benötigen auch **Psychologen** zur Durchführung von Psychotherapie bei gesetzlich Krankenversicherten eine Zulassung von der Kassenärztlichen

Vereinigung. Psychologische Psychotherapeuten sind Diplom- oder Masterpsychologen und haben im Gegensatz zu den ärztlichen Psychotherapeuten kein Medizinstudium absolviert. Aufgrund des Psychotherapeutengesetzes ist dieser Beruf als eigenständiger Heilberuf anerkannt. **Vertragspsychotherapeuten** rechnen wie Vertragsärzte über die Kassenärztliche Vereinigung ab.

Zu den Aufgaben der Kassenärztlichen Vereinigung gehört es, die ambulante ärztliche Versorgung der gesetzlich Krankenversicherten sicherzustellen. Daher erteilt sie so viele Zulassungen zur vertragsärztlichen Tätigkeit, wie örtlich notwendig sind. Besteht in einem Gebiet eine Unterversorgung von Vertragsärzten, erteilt der Zulassungsausschuss der Kassenärztlichen Vereinigung bestimmten Ärzten, z. B. leitenden Krankenhausärzten, eine Ermächtigung. Die **Ermächtigung** berechtigt, ambulante Leistungen bei gesetzlich Krankenversicherten über die Kassenärztliche Vereinigung abzurechnen, ist aber in der Regel befristet und beschränkt sich auf einen festgelegten Leistungsumfang.

Merke:

Eine **Ermächtigung** ermöglicht Ärzten ohne Zulassung, im begrenzten Umfang an der vertragsärztlichen Versorgung eines Gebietes teilzunehmen.

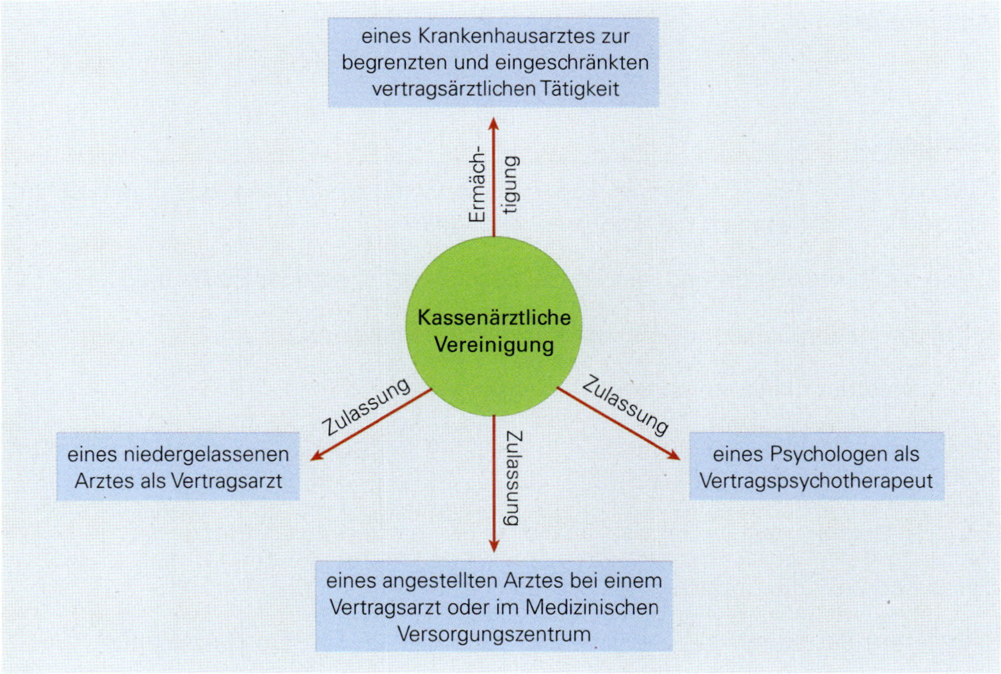

Abb. 1 Zulassung und Ermächtigung

Eine Sonderstellung im vertragsärztlichen System nehmen **Belegärzte** ein. Belegärzte sind Vertragsärzte, die sowohl ambulant als auch stationär tätig sind. Die ambulante Behandlung erfolgt in ihrer Praxis, für die stationäre Behandlung mieten sie eine bestimmte Anzahl von Betten (Belegbetten) in einem Krankenhaus an. Sowohl die ambulante als auch die stationär-belegärztliche Behandlung bei gesetzlich Krankenversicherten wird über die Kassenärztliche Vereinigung abgerechnet. Unter den Belegärzten findet man vor allem HNO-Ärzte, Augenärzte oder Gynäkologen. Stationäre Behandlung im Krankenhaus ist ansonsten nicht im vertragsärztlichen System integriert. Krankenhausträger schließen mit den Krankenkassen eigene Verträge ab und rechnen die Behandlungskosten bei gesetzlich Krankenversicherten direkt mit den Krankenkassen ab.

Merke:

Belegärzte sind Vertragsärzte, die sowohl ambulant als auch stationär-belegärztlich tätig sind.

Die zahnmedizinische Versorgung gesetzlich Krankenversicherter erfolgt durch **Vertragszahnärzte.** Das vertragszahnärztliche System ist ähnlich organisiert wie das vertragsärztliche System, beide Systeme arbeiten aber vollkommen unabhängig voneinander. Deshalb sind Überweisungen von Vertragsärzten an Zahnärzte und umgekehrt nicht möglich.

Übungen

1. Warum kann Frau Dr. Söhnke (siehe Fallbeispiel am Anfang des Kapitels) ihre Patienten nicht auch im Krankenhaus behandeln?
2. Wie nennt man einen Arzt, der als Selbstständiger in eigener Praxis tätig ist?
3. Unterscheiden Sie ambulante und stationäre Behandlung.
4. Was versteht man unter einem „Vertragsarzt"?
5. Mit wem rechnen Vertragsärzte ihre Leistung bei gesetzlich Krankenversicherten ab?
6. Woran erkennt man am Praxisschild, dass hier ein Vertragsarzt tätig ist?
7. Was bedeutet die Bezeichnung „approbierter Arzt"?
8. Erläutern Sie, warum die Bezeichnung „Doktor" für die Berufsbezeichnung „Arzt" falsch ist.
9. Welche Voraussetzungen muss ein Arzt erfüllen, um eine Facharztbezeichnung zu erwerben?

10. Geben Sie den Fachbegriff für folgende Facharztbezeichnungen an:

a) Facharzt für Krankheiten des männlichen Urogenitalsystems und der weiblichen Harnorgane

b) Facharzt für operative Behandlungsverfahren

c) Facharzt für Herzkrankheiten

d) Facharzt für Frauenheilkunde und Geburtshilfe

e) Facharzt für Nervenkrankheiten

f) Facharzt für Magen-Darm-Erkrankungen

g) Facharzt für Narkoseverfahren

11. Was versteht man unter einer „Schwerpunktkompetenz"?

12. Nennen Sie Beispiele für Zusatz-Weiterbildungen.

13. Welche Folgen kann es haben, wenn ein Vertragsarzt seiner Pflicht zur regelmäßigen Fortbildung nicht nachkommt?

14. Nennen Sie die Voraussetzungen, um eine Zulassung zur vertragsärztlichen Tätigkeit zu erhalten.

15. Unterscheiden Sie die Begriffe „Zulassung" und „Ermächtigung".

16. Erläutern Sie, inwiefern der psychologische Psychotherapeut eine Sonderstellung im vertragsärztlichen System einnimmt.

17. Wie werden Ärzte bezeichnet, die sowohl ambulante als auch stationäre Behandlungen bei gesetzlich Krankenversicherten durchführen und über die KV abrechnen?

1.2 Formen der Berufsausübung

Fallbeispiel

Der 75-jährige Herr Wilmsen stellt sich in der Praxisgemeinschaft Dr. Helbig/ Dr. Söhnke vor. Seine Hausärztin, Dr. Söhnke, rät ihm, seine starken Schulterschmerzen vom Orthopäden behandeln zu lassen. Sie bittet die MFA Stephanie Hilden, eine entsprechende Überweisung fertig zu machen. Als Herr Wilmsen den Schein an der Anmeldung entgegennimmt, ist er verwundert.

Herr Wilmsen: *Ich verstehe gar nicht, wieso ich eine Überweisung benötige. Ich kann doch gleich vom Orthopäden Dr. Helbig behandelt werden, der hier in derselben Praxis wie Frau Dr. Söhnke ist. In der Gemeinschaftspraxis Dr. Holler/Dr. Wendt läuft das auch ohne Überweisungsscheine. Warum bei Ihnen nicht?*

Info

Die Arbeit des Arztes in seiner Praxis ist eine selbstständige, freiberufliche Tätigkeit, die auch immer mit finanziellen Risiken verbunden ist. Eine gemeinsame Berufsausübung ermöglicht den Ärzten, das Leistungsangebot ihrer Praxis zu erhöhen und das finanzielle Risiko zu teilen. Vom Gesetzgeber gefördert werden ärztliche Kooperationsformen mit dem Ziel, die individuellen Behandlungen eines Patienten zu koordinieren und zu zentrieren.

1.2.1 Eigenständige Berufsausübung

In Einzelpraxen oder Praxisgemeinschaften arbeiten Vertragsärzte eigenständig, das heißt, sie haben ihre eigene Patientenkartei und rechnen eigenständig mit der zuständigen Kassenärztlichen Vereinigung ab.

Einzelpraxis

Die **Einzelpraxis** ist die „klassische Form" der vertragsärztlichen Berufsausübung. Der gesamte Praxisbetrieb ist von einer Person, dem Vertragsarzt, abhängig. Der Vorteil dieser Berufsausübungsform liegt in der hohen Selbstständigkeit des Arztes: Er alleine bestimmt Leistungsangebot, Ausstattung und Organisation in der Praxis. Diese Form der Berufsausübung ist allerdings mit einigen Risiken verbunden, z. B. wenn bei Krankheit des Vertragsarztes der gesamte Praxisbetrieb ruhen muss, die Betriebskosten aber weiterlaufen. Die Vertretung des Praxisinhabers durch Ärzte anderer Praxen birgt die Gefahr, dass Patienten abwandern.

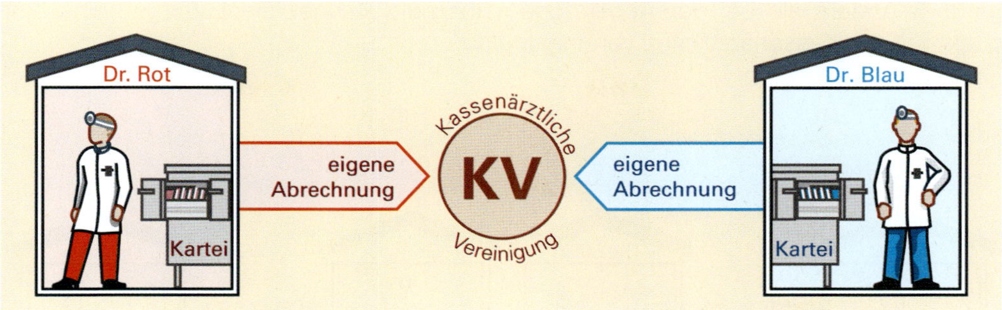

Abb. 1 Einzelpraxis

Praxisgemeinschaft

Unter der **Praxisgemeinschaft** versteht man die gemeinsame Nutzung von Praxisräumen, Praxispersonal und Praxiseinrichtung bei ansonsten selbstständiger Praxisführung durch zwei oder mehr Ärzte. Die Ärzte arbeiten voneinander unabhängig mit eigener Patientenkartei und eigener Abrechnung mit der Kassenärztlichen Vereinigung. Patienten erhalten eine Überweisung, wenn sie während eines Quartals einen anderen Arzt der Praxisgemeinschaft aufsuchen wollen. Bei der Praxisgemeinschaft handelt es sich um eine reine Organisationsgemeinschaft.

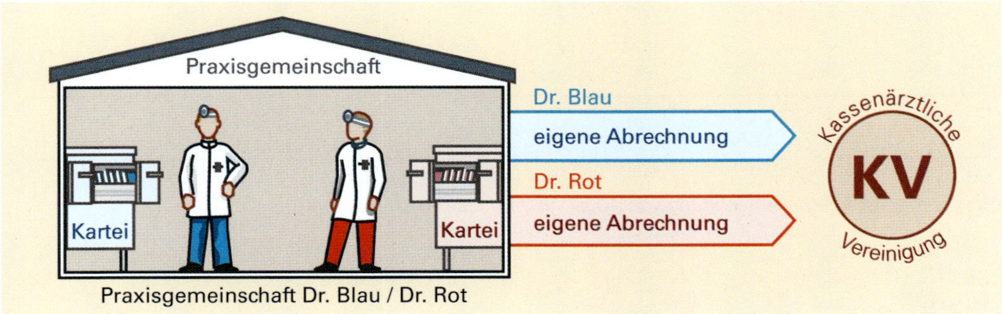

Abb. 2 Praxisgemeinschaft

Besondere Formen der Praxisgemeinschaft sind die **Apparategemeinschaft** und die **Laborgemeinschaft.** Beide Gemeinschaftsformen haben für die Ärzte wirtschaftliche Vorteile, da sich nicht jeder eigene Geräte anschaffen muss.

Ärzte, die eine Apparategemeinschaft betreiben, üben ihren Beruf in getrennten Praxen aus, nutzen aber technische Einrichtungen zur Diagnostik und Therapie gemeinsam. Die Leistungen, die in der Apparategemeinschaft erbracht werden, rechnet jeder Arzt getrennt für sich mit der Kassenärztlichen Vereinigung ab.

Um Laborarbeiten in der eigenen Praxis reduzieren zu können, gründen Ärzte Laborgemeinschaften. Blut- und Urinuntersuchungen, die früher üblicherweise in der Praxis durchgeführt wurden, werden nun zur Laborgemeinschaft geschickt und dort durchgeführt. Anders als bei der Apparategemeinschaft rechnet die Laborgemeinschaft direkt mit der Kassenärztlichen Vereinigung ab.

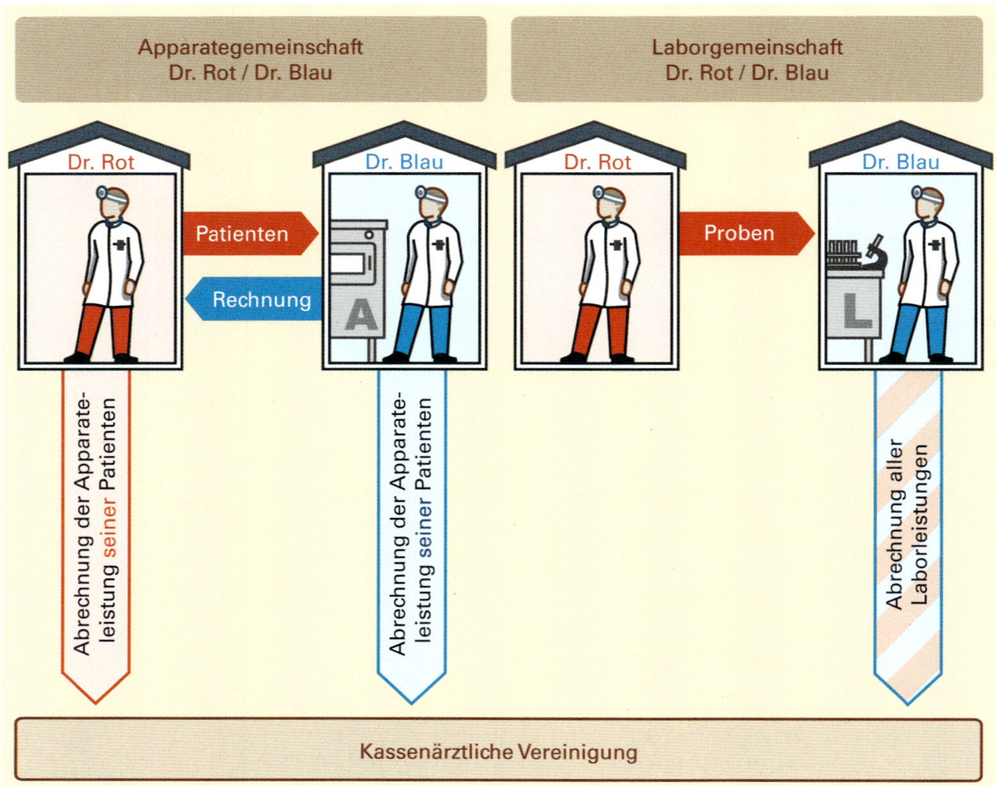

Abb. 1 Unterschiedliche Abrechnung von Apparate- und Laborgemeinschaft

Merke:

Eigenständige Berufsausübung und eigenständige Abrechnung von Ärzten mit der KV finden statt

- in der **Einzelpraxis** und
- in der **Praxisgemeinschaft.**

1.2.2 Gemeinsame Berufsausübung

Die gemeinsame Berufsausübung von Vertragsärzten war bis vor wenigen Jahren ausschließlich in Gemeinschaftspraxen möglich. Inzwischen ist der Begriff **„Gemeinschaftspraxis"** durch die Bezeichnung **„Berufsausübungsgemeinschaft"** ersetzt worden. Gemeinsame Berufsausübung ist auch in Medizinischen Versorgungszentren möglich. Die Einrichtung einer Berufsausübungsgemeinschaft oder eines Medizinischen Versorgungszentrums muss von der Kassenärztlichen Vereinigung zuvor genehmigt werden.

Berufsausübungsgemeinschaft

Die gemeinsame Berufsausübung von zwei oder mehr Ärzten an einem Vertragsarztsitz wird heutzutage **örtliche Berufsausübungsgemeinschaft (BAG)** genannt, die ehemalige Bezeichnung **Gemeinschaftspraxis** ist aber ebenfalls noch üblich. Hier arbeiten Ärzte gleicher oder unterschiedlicher Fachrichtung miteinander. Bei der Abrechnung werden Berufsausübungsgemeinschaften als wirtschaftliche Einheit betrachtet, das heißt, Berufsausübungsgemeinschaften haben nur eine Patientenkartei und eine gemeinsame Abrechnung mit der KV. In Berufsausübungsgemeinschaften können Ärzte auch als Angestellte tätig sein.

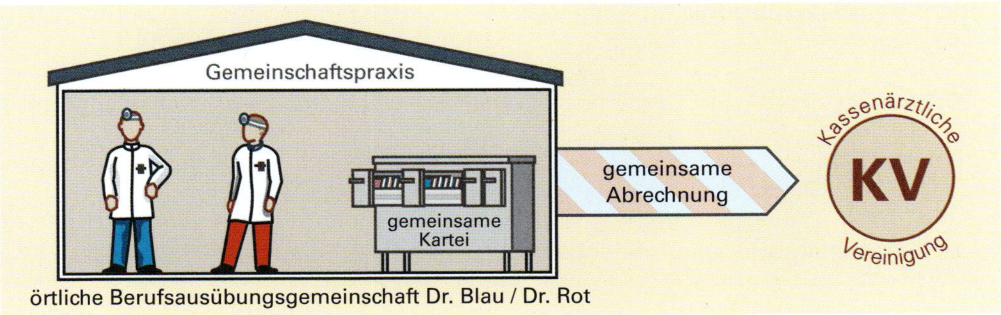

Abb. 1 Örtliche Berufsausübungsgemeinschaft (Gemeinschaftspraxis)

Vertragsärzte können auch **überörtliche Berufsausübungsgemeinschaften** gründen. „Überörtlich" bedeutet die Tätigkeit an mehreren Vertragsarztsitzen, sogar über die Grenze eines kassenärztlichen Bereichs hinaus. Die miteinander arbeitenden Ärzte müssen festlegen, welcher Vertragsarztsitz Hauptbetriebsstätte wird, die anderen Betriebsstätten werden dadurch zu Nebenbetriebsstätten bzw. Zweigpraxen.

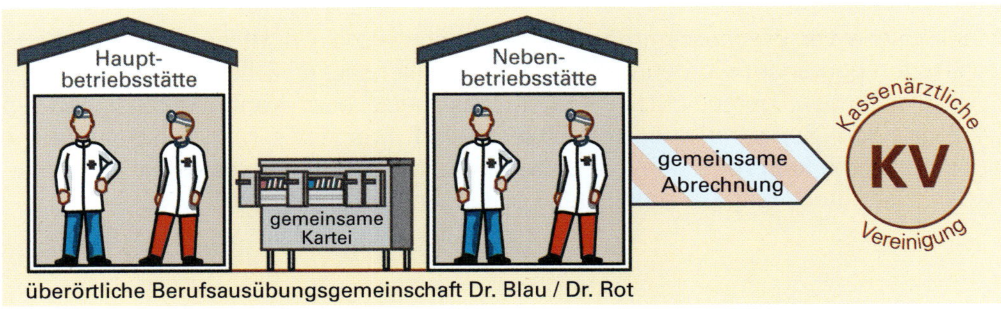

Abb. 2 Überörtliche Berufsausübungsgemeinschaft

Merke:

- Der **Vertragsarztsitz** ist der Ort der Zulassung eines Vertragsarztes.
- Die **Betriebsstätte** ist der Vertragsarztsitz.
- Eine **Nebenbetriebsstätte** oder **Zweigpraxis** ist neben der Hauptbetriebsstätte ein weiterer Tätigkeitsort eines Vertragsarztes oder mehrerer Ärzte einer Berufsausübungsgemeinschaft.

Wollen Vertragsärzte unter Beibehaltung ihrer unabhängigen Vertragsarztsitze nur bezogen auf einzelne Leistungen zusammenarbeiten, können sie dazu eine **Teilberufsausübungsgemeinschaft** gründen. Denkbar wäre beispielsweise folgende Situation: Zwei Vertragsärzte arbeiten jeweils unabhängig in ihren Einzelpraxen, bieten aber Akupunkturleistungen den Patienten gemeinsam an.

Merke:

In der **Berufsausübungsgemeinschaft** üben zwei oder mehr Ärzte den Beruf gemeinschaftlich aus:

- **Örtlich:** an einem Vertragsarztsitz bzw. einer Betriebsstätte (Gemeinschaftspraxis)
- **Überörtlich:** an mehreren Vertragsarztsitzen, wobei ein Vertragsarztsitz Hauptbetriebsstätte ist, alle anderen Nebenbetriebsstätten
- **Teilberufsausübungsgemeinschaft:** nur bezogen auf bestimmte Leistungen

Medizinisches Versorgungszentrum (MVZ)

Ein **Medizinisches Versorgungszentrum (MVZ)** ist eine **ärztlich geleitete Einrichtung.** Im MVZ müssen mindestens zwei Vertragsärzte beschäftigt sein, wobei die Fachrichtung keine Rolle spielt. In der Regel aber arbeiten deutlich mehr Ärzte im MVZ, der Durchschnitt liegt bei vier Ärzten. Sie können dort als freiberufliche Vertragsärzte oder als angestellte Ärzte tätig sein.

Medizinische Versorgungszentren sind Unternehmen, die nicht nur von zugelassenen Ärzten gegründet werden können. Auch Krankenhäuser, Erbringer nichtärztlicher Dialyseleistungen, gemeinnützige Träger, Praxisnetze oder Kommunen können ein MVZ gründen. Somit muss auch der **Geschäftsführer** eines Medizinischen Versorgungszentrums **kein Arzt** sein, die **Leitung** des MVZ muss allerdings ein **Arzt** innehaben. Die Abrechnung der erbrachten Leistungen erfolgt durch das MVZ.

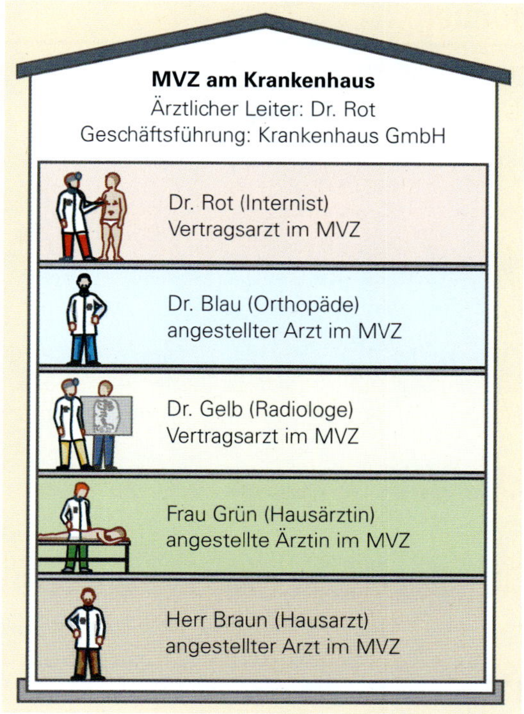

Abb. 1 Beispiel für ein Medizinisches Versorgungszentrum

Merke:

Gemeinsame Berufsausübung und gemeinsame Abrechnung von Ärzten mit der KV findet statt in

- **Berufsausübungsgemeinschaften** und
- **Medizinischen Versorgungszentren.**

Übungen

1. Erläutern Sie den Unterschied zwischen Berufsausübungsgemeinschaft (BAG) und Praxisgemeinschaft.
2. Nennen Sie Vor- und Nachteile der Einzelpraxis.
3. Was versteht man unter einer
   a) Apparategemeinschaft?
   b) Laborgemeinschaft?
4. Unterscheiden Sie örtliche und überörtliche Berufsausübungsgemeinschaften.
5. Was versteht man unter einem Medizinischen Versorgungszentrum?
6. Wer leitet ein Medizinisches Versorgungszentrum?

1.3 Berufsständische Organisationen

Fallbeispiel

Der Postbote bringt gerade die Praxispost, die von der MFA Gülay Yildiz entgegengenommen wird.

Postbote: *Mal wieder ein Haufen Zeitschriften und Ärzteblätter dabei! Warum Ärzte immer so viel zu Lesen bekommen?*

Gülay: *Das sind Zeitschriften von der Ärztekammer und der Kassenärztlichen Vereinigung. Da sind unsere Ärzte Mitglieder.*

Postbote: *Mitglieder gleich in zwei Vereinen? Das können sich auch nur Ärzte leisten! Also ich hätte keinen Spaß an so einer Zeitungsflut, ich hätte längst bei einem gekündigt!*

Gülay: *Also kündigen können die Ärzte nicht! Und Vereine sind die beiden Organisationen auch nicht!*

Postbote: *Nun, ich muss ja nicht alles verstehen. Dann bis morgen!*

Info

Jeder Vertragsarzt ist **Pflichtmitglied** in zwei berufsständischen Organisationen: der **Ärztekammer** und der **Kassenärztlichen Vereinigung (KV).** Während die Mitgliedschaft in der Kassenärztlichen Vereinigung nur für Vertragsärzte verpflichtend ist, sind bei der Ärztekammer alle approbierten Ärzte Pflichtmitglieder, also auch Krankenhausärzte oder Amtsärzte, sogar Ärzte, die eine ärztliche Tätigkeit nicht (mehr) ausüben. Beide Organisationen sind „Körperschaften des öffentlichen Rechts", das heißt, sie sind aufgrund von Gesetzesvorschriften entstanden und übernehmen öffentliche Aufgaben. Ärztekammern und Kassenärztliche Vereinigungen gibt es in jedem Bundesland.

Merke:

- Jeder **approbierte Arzt** ist Pflichtmitglied der **Landesärztekammer** seines Bundeslandes.
- Jeder **Vertragsarzt** ist *zusätzlich* Pflichtmitglied der **Kassenärztlichen Vereinigung** seines Bundeslandes.

1.3.1 Ärztekammern

In Deutschland gibt es in jedem Bundesland eine Landesärztekammer, in Nordrhein-Westfalen mit den Ärztekammern Nordrhein und Westfalen-Lippe sogar zwei. Diese 17 Landesärztekammern nehmen Aufgaben für Ärzte, aber auch für die Öffentlichkeit wahr. Weiterhin sind sie zuständig für die Ausbildung zur **Medizinischen Fachangestellten (MFA).**

Die Ärztekammern erstellen eine **Berufsordnung für Ärzte,** in der verbindliche Regeln für die Ausübung des ärztlichen Berufs aufgeführt sind, und überwachen die Einhaltung der dort festgelegten **ärztlichen Berufspflichten.** Sie richten **Ethikkommissionen** ein, die sich unter anderem mit der Frage beschäftigen, ob eine Behandlungsmethode mit der Menschenwürde vereinbar ist. In der **Weiterbildungsordnung** ist die Weiterbildung zum Facharzt geregelt. Der angehende Facharzt legt am Ende seiner Weiterbildungszeit vor der Ärztekammer seine Facharztprüfung ab. Damit die Ärzte ihrer Pflicht zur ständigen Fortbildung nachkommen können, bieten die Ärztekammern **Fortbildungsprogramme** an.

Für **Patienten** sind die Ärztekammern Anlaufstationen, um sich über Ärzte, Krankenhäuser, Selbsthilfegruppen oder Behandlungsmöglichkeiten zu informieren. Wenn Patienten den Verdacht auf einen ärztlichen Behandlungsfehler haben, können sie sich an die **Gutachterkommission** und **Schlichtungskommission** der zuständigen Ärztekammer wenden. Weitere Aufgaben der Ärztekammern lassen sich im Internet bei den Landesärztekammern nachlesen.

Die **Bundesärztekammer** ist eine Arbeitsgruppe aus den 17 Landesärztekammern. Einmal im Jahr kommen die Vertreter zum **Deutschen Ärztetag** zusammen, der das oberste beschlussfassende Gremium darstellt. Da die Bundesärztekammer im Gegensatz zu den Landesärztekammern keine Körperschaft des öffentlichen Rechts ist, kann sie nur Empfehlungen aussprechen. Die Landesärztekammern müssen diese Empfehlungen entsprechend umsetzen, um eine bundeseinheitliche ärztliche Berufsausübung zu ermöglichen.

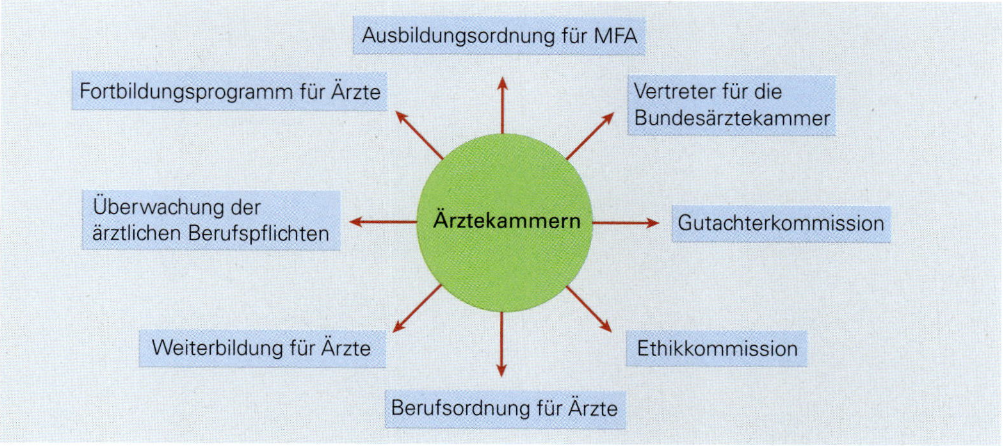

Abb. 1 Aufgaben der Landesärztekammern

Merke:

- Die **17 Landesärztekammern** sind Körperschaften des öffentlichen Rechts.
- Die **Bundesärztekammer** ist **keine** Körperschaft des öffentlichen Rechts, sondern ein nicht eingetragener Verein ohne Rechtsfähigkeit.

1.3.2 Kassenärztliche Vereinigungen der Länder

Um die Entstehung der Kassenärztlichen Vereinigungen zu verstehen, lohnt sich ein **Blick in die Geschichte.** Nach Einführung der Krankenversicherungspflicht durch Otto von Bismarck Ende des 19. Jahrhunderts bestimmten die Krankenkassen, welcher Arzt ihre Patienten versorgen durfte und damit Kassenarzt wurde. Die Krankenkassen schlossen mit den Ärzten Einzeldienstverträge ab und zahlten meist für die Behandlung aller ihrer Patienten eine Pauschalvergütung. Die Kassen bestimmten die Höhe der Vergütung, wodurch die wirtschaftliche Existenz mancher Praxis auf dem Spiel stand. Nach jahrelangen Ärzteprotesten wurden die **Kassenärztlichen Vereinigungen der Länder** 1931 per Gesetz gegründet, welche die Interessen der Ärzte gegenüber den Krankenkassen vertreten sollten.

In Deutschland gibt es in jedem Bundesland eine Kassenärztliche Vereinigung, in Nordrhein-Westfalen mit den Kassenärztlichen Vereinigungen Nordrhein und Westfalen-Lippe zwei. Ein Vertragsarzt ist Pflichtmitglied der Kassenärztlichen Vereinigung des

Abb. 1 KV-Bereiche der Länder

Bundeslandes, in dem sich sein Vertragsarztsitz befindet. Neben den Vertragsärzten sind auch ermächtigte Ärzte, angestellte Ärzte mit Zulassung und zugelassene psychologische Psychotherapeuten ordentliche **Mitglieder der Kassenärztlichen Vereinigungen der Länder.**

Die 4 Quartale eines Jahres:

1. **Quartal:** Januar, Februar, März
2. **Quartal:** April, Mai, Juni
3. **Quartal:** Juli, August, September
4. **Quartal:** Oktober, November, Dezember

Die Medizinische Fachangestellte kennt die Kassenärztliche Vereinigung im Zusammenhang mit der **Quartalsabrechnung.** Die Vertragsärzte rechnen nicht direkt mit den Krankenkassen ab, sondern über die zuständige Kassenärztliche Vereinigung. Nach jedem Kalendervierteljahr (Quartal) übersendet der Vertragsarzt seine Abrechnungsunterlagen an die Abrechnungsstelle seiner Kassenärztlichen Vereinigung. Dort werden die Unterlagen kontrolliert und dem Arzt wird sein **Honorar** ausgezahlt.

Die Kontrolle der Abrechnung erfolgt auf sachlich-rechnerische Richtigkeit, Wirtschaftlichkeit und Plausibilität. Das **Wirtschaftlichkeitsgebot** besagt, dass alle Gesundheitsleistungen ausreichend, zweckmäßig und wirtschaftlich sein müssen und das Maß des Notwendigen nicht überschreiten dürfen. Ein Vertragsarzt ist verpflichtet, die Leistungen auf das medizinisch Notwendige zu reduzieren. Er wird dieser Forderung gerecht, wenn er die kostengünstigsten Maßnahmen für sein Therapieziel wählt.

Stimmen Leistung und Diagnose nicht überein, wie zum Beispiel bei der Abrechnung eines Belastungs-EKG in Zusammenhang mit der Diagnose „Kopfläuse", ist eine Leistung nicht **plausibel.** Bei unwirtschaftlicher oder unplausibler Leistungsabrechnung führt die Kassenärztliche Vereinigung zusammen mit den Krankenkassen **Wirtschaftlichkeitsprüfungen** beim Vertragsarzt durch. Das kann zur Honorarkürzung oder zum **Regress,** das heißt zur Honorarrückforderung, führen, wie Abb. 1 zeigt.

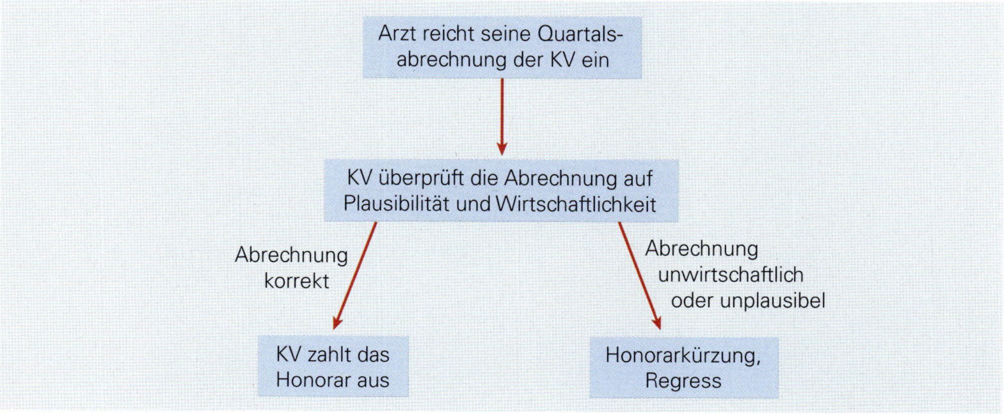

Abb. 1 Prüfung der Abrechnungsunterlagen durch die KV

Merke:
Vertragsärztliche Leistungen müssen **wirtschaftlich** und **plausibel** sein.

Die **Aufgaben** der Kassenärztlichen Vereinigungen lassen sich im Wesentlichen in drei Bereiche gliedern:

- **Gewährleistungsauftrag:** Die Kassenärztlichen Vereinigungen leisten gegenüber den gesetzlichen Krankenkassen Gewähr für die korrekte Abrechnung ihrer Vertragsärzte.
- **Sicherstellungsauftrag:** Die Kassenärztlichen Vereinigungen stellen sicher, dass in einem Gebiet genügend Vertragsärzte für die Versorgung der gesetzlich Krankenversicherten zur Verfügung stehen.
- **Interessenvertretung:** Die Kassenärztlichen Vereinigungen vertreten die Interessen der Vertragsärzte gegenüber den gesetzlichen Krankenkassen oder bei politischen Entscheidungen.

Gewährleistungsauftrag

Neben den Abrechnungskontrollen gehört auch die Genehmigung von besonderen Tätigkeiten zum **Gewährleistungsauftrag** der Kassenärztlichen Vereinigungen. Bei entsprechendem Qualifikationsnachweis erlauben sie einem Vertragsarzt, z. B. Röntgen- oder Sonographieleistungen abzurechnen. Abb. 1 zeigt den Gewährleistungsauftrag der Kassenärztlichen Vereinigungen im Überblick:

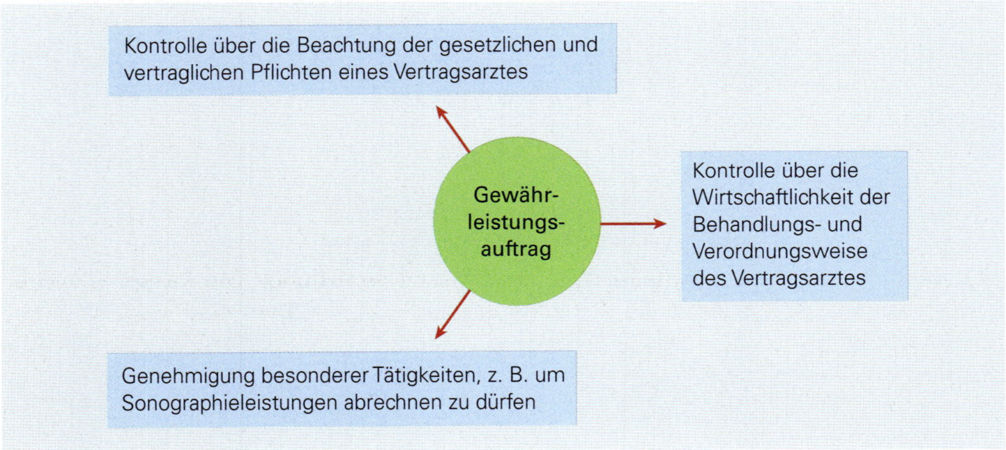

Abb. 1 Gewährleistungsauftrag der Kassenärztlichen Vereinigungen

Sicherstellungsauftrag

Die gesetzlichen Krankenkassen haben gegenüber ihren Mitgliedern und Beitragszahlern die Pflicht, für ein ausreichendes ambulant-ärztliches Behandlungsangebot zu sorgen. Diesen **Sicherstellungsauftrag** haben die Kassenärztlichen Vereinigungen für die Krankenkassen übernommen. Um dieser Pflicht nachzukommen, führen die Kassenärztlichen Vereinigungen **Bedarfsplanungen** durch und erteilen nur so vielen Ärzten eine Zulassung, wie für eine Region angemessen erscheint. Weitere Aufgaben der Kassenärztlichen Vereinigungen, die sich aus dem Sicherstellungsauftrag ergeben, zeigt Abb. 1:

Abb. 1 Sicherstellungsauftrag der Kassenärztlichen Vereinigungen

Interessenvertretung

Nicht zuletzt sind die Kassenärztlichen Vereinigungen die **Interessenvertretung** der Vertragsärzte, insbesondere gegenüber den Krankenkassen, und setzen sich für eine angemessene Honorierung der vertragsärztlichen Leistungen ein. In diesem Sinne arbeiten sie an einer Weiterentwicklung der vertragsärztlichen Versorgung, indem sie neue Versorgungsmodelle erproben und die Gebührenordnungsstrukturen verbessern. Sie tragen dazu bei, das System der sozialen Sicherung weiterzuentwickeln, sodass die gesetzliche Krankenversicherung finanzierbar bleibt. Zu den weiteren Aufgaben gehört es, die Freiberuflichkeit der vertragsärztlichen Tätigkeit zu bewahren und die freie Arztwahl für Patienten zu erhalten (berufspolitische Vertretung). Die Kassenärztlichen Vereinigungen beraten Ärzte bei wirtschaftlichen Existenzfragen oder vor Wirtschaftlichkeitsprüfungen. In regelmäßigen Abständen informieren die Kassenärztlichen Vereinigungen ihre Mitglieder über aktuelle Veränderungen durch Rundschreiben und Informationsblätter. Abb. 1 auf Seite 32 zeigt die Interessenvertretung der Kassenärztlichen Vereinigungen im Überblick:

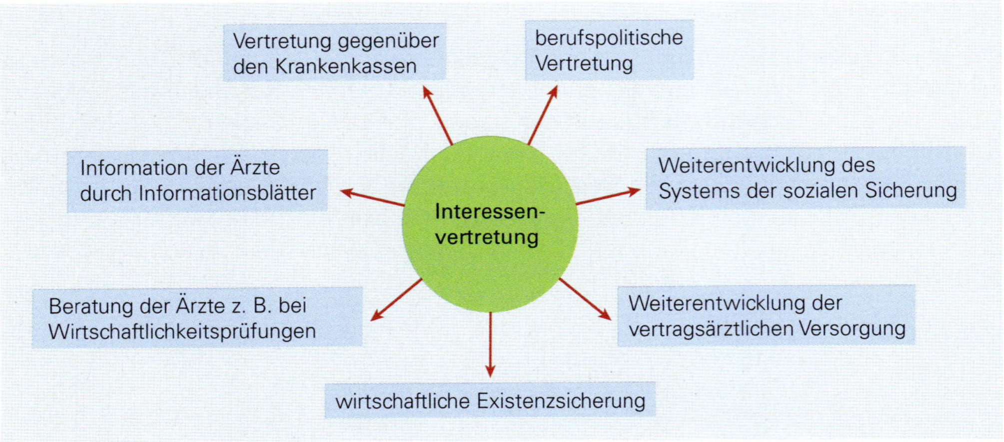

Abb. 1 Kassenärztliche Vereinigungen als Interessenvertretung

1.3.3 Kassenärztliche Bundesvereinigung

Dachverband der Kassenärztlichen Vereinigungen der Länder ist die **Kassenärztliche Bundesvereinigung (KBV)** mit Sitz in Berlin. Sie setzt sich aus Vertretern der Kassenärztlichen Vereinigungen der Länder zusammen und ist ebenfalls eine Körperschaft des öffentlichen Rechts. Aufgrund dieses Status kann die KBV bundesweit geltende Verträge abschließen, die für jeden Vertragsarzt verpflichtend sind.

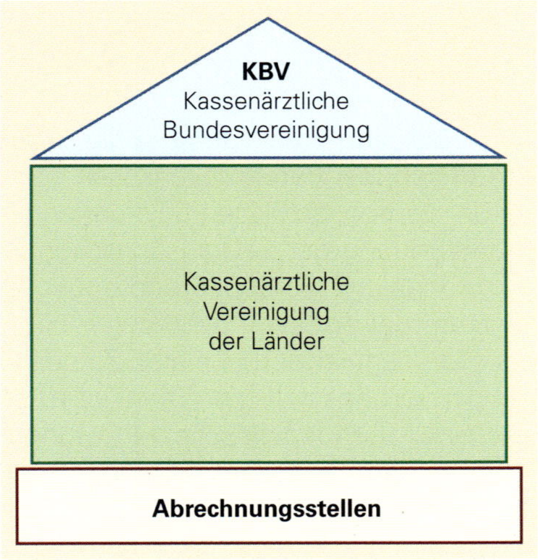

Abb. 2 Aufbau der Kassenärztlichen Vereinigungen

Mit den gesetzlichen Krankenkassen hat die Kassenärztliche Bundesvereinigung den **Bundesmantelvertrag** abgeschlossen, in dem Art und Umfang der vertragsärztlichen Versorgung geregelt wird. Darin enthalten ist die Gebührenordnung für vertragsärztliche Leistungen, der **Einheitliche Bewertungsmaßstab (EBM).**

Neben anderen Vertretern beteiligen sich Mitglieder der Kassenärztlichen Bundesvereinigung an dem **Gemeinsamen Bundesausschuss (G-BA).** Hier werden verbindliche Richtlinien für die zweckmäßige und wirtschaftliche Versorgung der gesetzlich Krankenversicherten festgelegt. Es wird darüber entschieden, ob eine bestimmte Behandlungsmethode zum Leistungskatalog der vertragsärztlichen Versorgung gehören soll. Abb. 1 zeigt eine Übersicht der wichtigsten Aufgaben der Kassenärztlichen Bundesvereinigung.

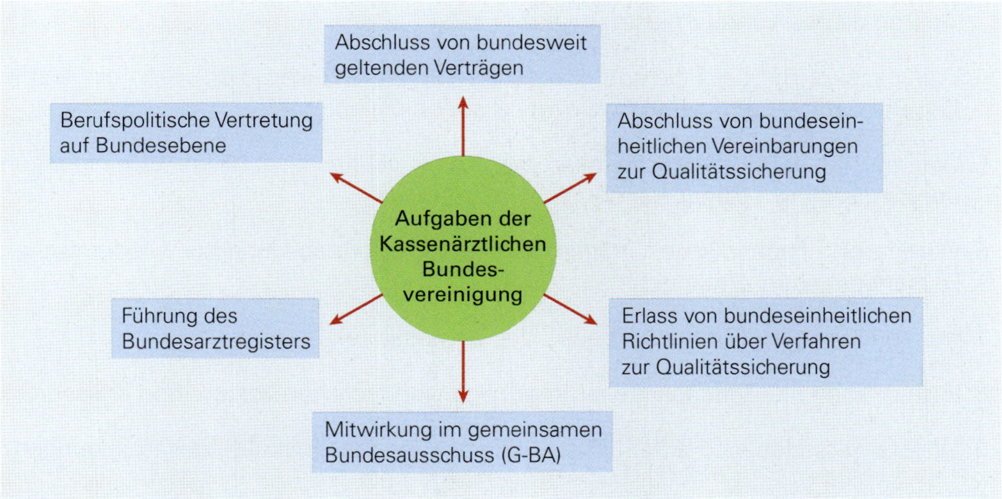

Abb. 1 Beispiele für Aufgaben der Kassenärztlichen Bundesvereinigung

1.3.4 Freie ärztliche Verbände

Neben Ärztekammer und Kassenärztlicher Vereinigung gibt es zahlreiche freie ärztliche Verbände, die sich für die Interessen der Ärzte einsetzen. Die Mitgliedschaft in einem freien ärztlichen Verband ist freiwillig. Zu den größeren Verbänden gehören:

- **Marburger Bund,** Verband der angestellten und verbeamteten Ärztinnen und Ärzte Deutschlands
- **Hartmannbund,** Verband der Ärzte Deutschlands
- **NAV-Virchow-Bund,** Verband der niedergelassenen Ärzte

Daneben gibt es Verbände, die sich speziell an bestimmte Fachärzte wenden. Dazu gehören:

- **Deutscher Hausärzteverband**
- **Berufsverband Deutscher Internisten (BDI)**
- **Berufsverband der Fachärzte für Orthopädie und Unfallchirurgie**

Übungen

1. Erläutern Sie, warum ein Vertragsarzt seine Mitgliedschaft bei der Ärztekammer und bei der Kassenärztlichen Vereinigung nicht kündigen kann.

2. Gülay behauptet, dass Ärztekammer und Kassenärztliche Vereinigung keine Vereine seien. Nehmen Sie Stellung zu dieser Aussage.

3. In welcher berufsständischen Organisation wird ein Arzt direkt nach Erhalt seiner Approbationsurkunde Pflichtmitglied?

4. Was passiert mit der Pflichtmitgliedschaft bei der Ärztekammer, wenn ein Arzt in den Ruhestand geht, seine Approbation aber nicht abgibt?

5. Warum gibt es 17 Landesärztekammern bzw. 17 Kassenärztliche Vereinigungen der Länder bei 16 Bundesländern?

6. Welche berufsständische Organisation ist für die Ausbildung zur Medizinischen Fachangestellten zuständig?

7. Nennen Sie verschiedene Aufgaben der Landesärztekammern.

8. Warum kann die Bundesärztekammer keine verbindlichen Vorschriften erlassen?

9. Welche Personen sind ordentliche Mitglieder der Kassenärztlichen Vereinigungen?

10. Die Kassenärztlichen Vereinigungen sind als Interessenvertretung der Kassenärzte gegenüber den Krankenkassen entstanden. Erläutern Sie, wie es zur Entstehung der Kassenärztlichen Vereinigungen kam.

11. Nennen Sie ein Beispiel für den Verstoß eines Vertragsarztes gegen das Wirtschaftlichkeitsgebot.

12. Ein Belastungs-EKG bei Kopfläusen abzurechnen, gilt als unplausibel. Nennen Sie ein weiteres Beispiel für Unplausibilität.

13. Was passiert, wenn die KV unwirtschaftliche oder unplausible Leistungen bei der Abrechnung eines Vertragsarztes findet? Welche Folgen kann das für den Vertragsarzt haben?

14. Die KV führt Bedarfsplanungen durch. Welche Konsequenzen hat es, wenn die KV feststellt, dass in einer Region genug Vertragsärzte einer bestimmten Fachrichtung vorhanden sind?

15. Geben Sie an, ob die unten genannten Aufgaben der Kassenärztlichen Vereinigungen zum Gewährleistungsauftrag, Sicherstellungsauftrag oder zur Interessenvertretung gehören:

    a) Vertretung gegenüber den Krankenkassen

    b) Genehmigung besonderer Tätigkeiten

c) Niederlassungsberatung

d) Wirtschaftlichkeitskontrollen

e) Zulassungs- und Ermächtigungswesen

f) Weiterentwicklung des sozialen Systems

g) Berufspolitische Vertretung

h) Kontrolle über die Beachtung der gesetzlichen und vertraglichen Regelungen

i) Bedarfsplanung

j) Führung des Arztregisters

k) Wirtschaftliche Existenzsicherung der Ärzte

l) Weiterentwicklung der vertragsärztlichen Versorgung

16. Welche Aufgabe hat der Gemeinsame Bundesausschuss?

17. Nennen Sie verschiedene freie ärztliche Verbände.

18. Welche Aufgaben haben freie ärztliche Verbände?

1.4 Rechtsbeziehungen im vertragsärztlichen System

Fallbeispiel

Die Medizinische Fachangestellte Stephanie Hilden freut sich schon seit Tagen auf das Wochenende. Sie und ihr Freund Marco haben für zwei Tage einen Wellness-aufenthalt gebucht, um sich von den letzten anstrengenden Wochen zu erholen. Doch Samstagmorgen passiert das Malheur: Stephanie stolpert, stürzt die Treppe hinunter und zieht sich eine blutende Wunde am Kopf zu. Sofort fährt Marco sie zu der chirurgischen Praxis von Dr. Meier, der an diesem Wochenende zum Notfalldienst eingetragen ist. Während der Untersuchung verlässt der Chirurg mehrmals das Sprechzimmer. Zunächst wird der Arzt wegen eines wichtigen Eingriffs für etwa 30 Minuten in den Nebenraum gerufen, danach spricht er mit seinem Kollegen über ein neues Medikament, schließlich unterbricht Dr. Meier die Behandlung erneut, um eine telefonische Beratung durchzuführen. Stephanie hört, wie der Arzt die Patientin Frau Hansberg bezüglich ihrer Medikamenteneinnahme berät.

Schließlich näht und verbindet der Arzt wortlos Stephanies Wunde und verabschiedet sich mit den Worten: „Ihre Unterlagen gebe ich Ihnen mal alle mit. Da Sie ja keine Stammpatientin von mir sind, brauchen wir Ihre Daten nicht mehr. Auf Wiedersehen und gute Besserung."

Abends unterhält sich die MFA mit Marco über die Geschehnisse und bemerkt: „Also, irgendwie hatte ich heute während der Behandlung ein ungutes Gefühl! Bei uns in der Praxis werden die Patienten anders behandelt." Marco entgegnet: „Stimmt, ich würde mich bei deiner Krankenkasse beschweren oder am besten direkt bei der KV."

Info

Aufgrund rechtlicher Bestimmungen ergeben sich für einen Vertragsarzt verschiedene Rechte und Pflichten. Rechtsbeziehungen existieren zwischen dem Vertragsarzt und

- der KV
- den Patienten
- den Krankenkassen.

1.4.1 Das vertragsärztliche Viereckmodell

Seit Gründung der Kassenärztlichen Vereinigungen rechnet der Vertragsarzt seine erbrachten Leistungen nicht mehr direkt mit den Krankenkassen ab, sondern über die Kassenärztliche Vereinigung seines Bundeslandes. Die Beziehungen zwischen Vertragsarzt, Patient, Krankenkasse und Kassenärztlicher Vereinigung lassen sich im **vertragsärztlichen Viereckmodell** darstellen (Abb. 1, Seite 37):

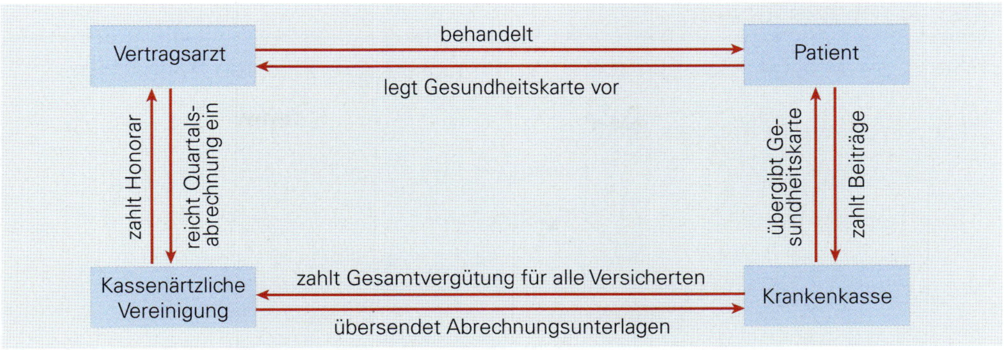

Abb. 1 Vertragsärztliches Viereckmodell

Gesetzlich Krankenversicherte zahlen einen monatlichen **Beitrag** an ihre Krankenversicherung. Im Gegenzug erhalten sie von ihrer Krankenkasse eine **elektronische Gesundheitskarte,** die sie vor Beginn der Behandlung beim Vertragsarzt vorlegen. Dadurch dokumentiert der Patient seine Mitgliedschaft bei der gesetzlichen Krankenkasse. Der Vertragsarzt ist durch die Vorlage der Gesundheitskarte berechtigt und verpflichtet, die Leistungen bei dem Patienten nach dem **Einheitlichen Bewertungsmaßstab (EBM)** abzurechnen. Am **Ende eines Quartals** übersendet der Vertragsarzt seine Abrechnungsunterlagen an die zuständige **Kassenärztliche Vereinigung,** die zunächst die Abrechnung des Vertragsarztes prüft. Die Kassenärztlichen Vereinigungen erhalten von den Krankenkassen eine Gesamtvergütung für alle Leistungen ihrer Versicherten in einem Quartal. Die Höhe der **Gesamtvergütung** wird zwischen Krankenkasse und Kassenärztlicher Vereinigung ausgehandelt. Mithilfe des **Honorarverteilungsvertrages** werden die Honorare leistungsgerecht auf die Vertragsärzte in einem KV-Bereich verteilt und ausgezahlt. Die Kassenärztlichen Vereinigungen leisten gegenüber den Krankenkassen **Gewähr** für die korrekte Leistungsabrechnung ihrer Vertragsärzte.

Übungen

1. Welche Funktion erfüllt die Vorlage der elektronischen Gesundheitskarte eines Patienten beim Vertragsarzt?
2. Nennen Sie die vier Vertreter, die am vertragsärztlichen Viereckmodell beteiligt sind.
3. Welche Beziehungen bestehen zwischen folgenden Vertretern im vertragsärztlichen Viereckmodell:

   a) Vertragsarzt – gesetzlich Krankenversicherter

   b) Gesetzlich Krankenversicherter – Krankenkasse

   c) Vertragsarzt – Kassenärztliche Vereinigung

   d) Kassenärztliche Vereinigung – Krankenkasse

1.4.2 Ärztliche Pflichten

Ein Vertragsarzt hat im Rahmen seiner Praxistätigkeit viele Pflichten zu beachten.

Zu den **ärztlichen Pflichten** zählen die:

- Sorgfaltspflicht
- Schweigepflicht
- Meldepflicht
- Dokumentationspflicht
- Aufbewahrungspflicht
- Aufklärungs- und Einwilligungspflicht
- Haftpflicht
- Pflicht zur persönlichen Leistungserbringung
- Pflicht zum Aushang amtlicher Texte
- Präsenzpflicht und Residenzpflicht

Sorgfaltspflicht

Die Sorgfaltspflicht **bezieht sich auf alle Bereiche des ärztlichen Handelns.** Sämtliche Tätigkeiten und Leistungen sind sorgfältig und gewissenhaft zu erfüllen. Die Behandlung des Arztes muss den allgemein anerkannten medizinischen Erkenntnissen entsprechen. Der Arzt ist **verpflichtet, sich ständig fortzubilden.** Er verstößt gegen seine Sorgfaltspflicht, wenn er aufgrund mangelnder Kenntnisse und Fertigkeiten aktuelle Behandlungsmethoden nicht anwendet. Der Arzt trägt nicht nur für sein eigenes Handeln, sondern auch für alle Leistungen, die er delegiert (= überträgt), die Gesamtverantwortung.

Schweigepflicht

Die Schweigepflicht des Arztes stellt **eine wesentliche Säule im Vertrauensverhältnis zwischen dem Arzt und dem Patienten** dar. Nur, wenn sich der Patient auf die Verschwiegenheit des Arztes und des Praxispersonals verlassen kann, entsteht ein Vertrauensverhältnis zwischen dem behandelnden Arzt und seinem Patienten, was für den Behandlungserfolg nicht unerheblich ist.

Die Schweigepflicht bezieht sich nicht nur auf die erhobenen Patientenbefunde, sondern auch auf die **persönlichen und beruflichen Lebensumstände** des Patienten. Selbst der Name des Patienten und die Tatsache, dass die Person in der Praxis behandelt wird, unterliegen der Schweigepflicht.

Bei der Einhaltung der Schweigepflicht sind besonders die folgenden Vorschriften zu beachten:

Die **Schweigepflicht**

- gilt für **alle in der Praxis tätigen Personen.**
- gilt **gegenüber allen anderen Personen,** also auch gegenüber Familienange-hörigen, dem Arbeitgeber, Behörden und Gerichten.
- **endet nie,** das heißt, sie geht **über den Tod des Patienten hinaus.**

Ein Verstoß gegen die Schweigepflicht kann ein berufsgerichtliches Verfahren zur Folge haben; in bestimmten Fällen kann eine Verletzung dieser Pflicht mit einer Geld- oder sogar einer Freiheitsstrafe geahndet werden. Die Medizinische Fachangestellte muss sich darüber im Klaren sein, dass ein Verstoß ihrerseits gegen die Schweigepflicht eine fristlose Kündigung zur Folge haben kann.

Meldepflicht

Diagnostiziert ein Arzt bei einem Patienten eine meldepflichtige Erkrankung, so ist die Schweigepflicht gesetzlich aufgehoben. Der Arzt ist sogar **verpflichtet, die entsprechenden Behörden über die Krankheit zu informieren,** da dieses im Interesse der Allgemeinheit liegt. Folgende Tabellen nennen Beispiele für namentliche und nichtnamentliche Meldepflichten an bestimmte Institute:

Tabelle 1: Namentliche Meldepflicht

Namentliche Meldepflicht	**Institution, an die gemeldet werden muss**
Infektionen mit folgenden Erregern: Botulismus, Cholera, Diphtherie, Tollwut, Pest, Masern, Mumps, Pertussis, Röteln, Poliomyelitis, Varizellen, etc.	Gesundheitsamt, innerhalb von 24 Stunden
Geburts- und Todesfälle	zuständiges Standesamt
Berufskrankheiten	zuständige Berufsgenossenschaft
Vergiftungen gemäß Chemikaliengesetz	Bundesinstitut für Risikobewertung

Tabelle 2: Nichtnamentliche Meldepflicht

Nichtnamentliche Meldepflicht	**Institution, an die gemeldet werden muss**
Infektionen mit folgenden Erregern: Lues, HIV, Enchinococcus, Malaria und Toxoplasma gondii (nur bei konnataler Infektion)	Robert-Koch-Institut
Schwangerschaftsabbruch	Statistisches Bundesamt

Wird die Meldepflicht nicht beachtet, sind **Bußgelder** vorgesehen. Führt die Unterlassung einer Meldung zur Verbreitung einer Krankheit, wird der Verstoß gegen die Meldepflicht als Straftat geahndet und kann zu einer **Freiheitsstrafe** von bis zu fünf Jahren führen.

Dokumentationspflicht

Jeder Arzt ist verpflichtet, alle für die Behandlung wichtigen Vorkommnisse und Maßnahmen zu dokumentieren und diese Aufzeichnungen aufzubewahren. Gesetzlich vorgeschrieben ist, dass der Arzt Anamnese und Diagnose in die Dokumentation aufnimmt, ebenso durchgeführte Untersuchungen inklusive Ergebnisse, sämtliche Befunde, Therapien und deren Wirkungen, Eingriffe und deren Wirkungen sowie Einwilligungen und Aufklärungen. Ärzte sind verpflichtet, die Dokumentation in unmittelbarem zeitlichen Zusammenhang vorzunehmen. Diese Aufzeichnungen dienen dem Arzt nicht nur als **Gedächtnisstütze,** sondern **geben auch Rechenschaft über**

seine Behandlungsmethoden und -wege. Darüber hinaus stellen die Dokumente für mit- und weiterbehandelnde Ärzte eine wichtige Informationsquelle dar. Weiterhin können die Dokumente im Rahmen der Quartalsabrechnung wichtige Hinweise bei Rückfragen oder Wirtschaftlichkeitsprüfungen geben.

Der Patient ist berechtigt, seine Krankenunterlagen jederzeit einzusehen, soweit diese objektive Befunde enthalten. Hierzu gehören alle Angaben über Diagnostik und Therapie. Von diesem Recht auf Einsicht ausgenommen sind die dokumentierten subjektiven Wertungen und Eindrücke des Arztes von dem Patienten.

Aufbewahrungspflicht

Die **allgemeine ärztliche Aufbewahrungsfrist** beträgt gemäß der ärztlichen Berufsordnung und der Bundesmantelverträge **10 Jahre.** Für verschiedene ärztliche Dokumente sind jedoch von dieser allgemeinen Regelung abweichende Fristen vorgeschrieben. Die folgende Übersicht nennt die wichtigsten Aufbewahrungsfristen.

Tabelle: Aufbewahrungsfristen ärztlicher Aufzeichnungen

Art der Unterlagen	Aufbewahrungsfrist
Durchschrift der Arbeitsunfähigkeitsbescheinigung	1 Jahr
BtM-Teil III, BtM-Anforderungsscheine, fehlerhaft ausgestellte Formulare, Nachweis über BtM-Bestand	3 Jahre
Karteikarten und sonstige ärztliche Aufzeichnungen	10 Jahre
Zytologische Befunde und Präparate zur Krebsfrüherkennung	10 Jahre
Aufzeichnungen über Strahlendiagnostik (Die 10-jährige Aufbewahrungsfrist beginnt erst ab dem vollendeten 18. Lebensjahr, sodass die Bilder bis zur Vollendung des 28. Lebensjahrs aufbewahrt werden müssen.)	10 Jahre
Aufzeichnungen über Jugendarbeitsschutzuntersuchungen	10 Jahre
Aufzeichnungen zum Durchgangsarztverfahren	15 Jahre
Aufzeichnungen über Strahlenbehandlungen (nach der letzten Behandlung)	30 Jahre
Aufzeichnungen über Behandlung mit radioaktiven Stoffen (nach der letzten Behandlung)	30 Jahre
Sicherungskopien der Quartalsabrechnung	16 Quartale
Überweisungs- und Anforderungsscheine	empfohlen 5 Jahre (aus Gründen der Beweisführung im Regressverfahren)

Aufklärungs- und Einwilligungspflicht

Die Pflicht zur Aufklärung des Patienten durch den Arzt sowie die Pflicht zur Einwilligung des Patienten in einen ärztlichen Eingriff wird in der **ärztlichen Berufsordnung (§ 1 a)** folgendermaßen formuliert: „Der Arzt hat das Selbstbestimmungsrecht des Patienten zu achten. Zur Behandlung bedarf er der Einwilligung des Patienten. Der Einwilligung hat grundsätzlich die Aufklärung im persönlichen Gespräch vorauszugehen."

Die Aufklärung bezieht sich dabei auf **Anlass, Art, Dringlichkeit, Folgen** sowie auf die möglichen **Risiken und Nebenwirkungen** des vorgesehenen Eingriffs. Darüber hinaus ist der behandelnde Arzt verpflichtet, über die Folgen einer Nichtbehandlung und über eventuell bestehende alternative Behandlungen aufzuklären. Ein ärztlicher Eingriff, der ohne entsprechende Aufklärung und ohne ausdrückliche Zustimmung des Patienten erfolgt, erfüllt den Tatbestand einer **Körperverletzung.** Üblicherweise wird bei größeren Eingriffen und risikoreichen Therapien vom Patienten eine schriftliche Bestätigung der sachgemäßen Aufklärung eingeholt.

Der Aufklärungsbogen, der häufig in der Praxis verwendet wird, stellt für das Aufklärungsgespräch eine Grundlage dar, ersetzt aber nicht das persönliche Arzt-Patienten-Gespräch.

Haftpflicht

Unter der Haftpflicht ist die **Verantwortung des Arztes gegenüber einem Patienten** bei schuldhaftem Handeln während der Ausübung der ärztlichen Tätigkeit zu verstehen. Dabei kann es sich um einen **Behandlungsfehler** oder um einen **Verstoß gegen eine der ärztlichen Pflichten** handeln.

Die Verantwortung für die gesamte Behandlung des Patienten trägt stets der Arzt, auch für Leistungen, die an Medizinische Fachangestellte delegiert werden. Kann der Arzt jedoch nachweisen, dass er trotz größter Sorgfalt den Behandlungsfehler, den die Medizinische Fachangestellte zu verantworten hat, nicht hätte verhindern können, so haftet die Angestellte.

Hat ein Patient den Verdacht, Opfer eines Behandlungsfehlers geworden zu sein, so kann er sich an die zuständige Ärztekammer wenden. Die Ärztekammer hat **Gutachter- und Schlichtungskommissionen** für ärztliche Behandlungsfehler und Fragen der Arzthaftungspflicht eingerichtet. Die Gutachterstellen prüfen, ob tatsächlich ein Behandlungsfehler vorliegt, während die Schlichtungskommission das Ziel hat, im Falle eines Behandlungsfehlers eine außergerichtliche Einigung herbeizuführen. Durch eine außergerichtliche Regulierung können Kosten gespart werden.

Pflicht zur persönlichen Leistungserbringung

Die persönliche Leistungserbringung ist ein wesentliches **Merkmal der freiberuflichen Tätigkeit** des Arztes. Diese Pflicht schließt jedoch nicht aus, dass der Arzt bestimmte Aufgaben und Leistungen an seine Angestellten delegieren kann.

Ob und in welchem Umfang eine ärztliche Leistung delegiert werden darf, hängt von der Art der Leistung, der Schwere des Krankheitsfalles und der Qualifikation der Angestellten ab. Zu den Leistungen, die generell nicht delegiert werden dürfen, zählen insbesondere sämtliche operativen Eingriffe, die Untersuchung und Beratung des Patienten und die Entscheidung über sämtliche therapeutischen Maßnahmen.

Pflicht zum Aushang amtlicher Texte

Der Arzt ist in seiner Rolle als Arbeitgeber dazu verpflichtet, bestimmte amtliche Texte auszulegen, um somit seinen Angestellten die Möglichkeit zu geben, sich über bestimmte Gesetze und Verordnungen zu informieren. Zu diesen amtlichen Texten gehören unter anderem **das Jugendarbeitsschutzgesetz, das Mutterschutzgesetz, ggf. die Röntgenverordnung und die Strahlenschutzverordnung** sowie die von den Berufsgenossenschaften formulierten **Unfallverhütungsvorschriften.**

Präsenzpflicht und Residenzpflicht

Der Vertragsarzt ist verpflichtet, seine Sprechstunde an seinem Praxissitz zu halten und seine Sprechstundenzeiten auf einem Praxisschild bekannt zu geben **(Präsenzpflicht).** Der Arzt muss feste Uhrzeiten, zu denen er in der Praxis erreichbar ist, bekannt geben.

Der Vertragsarzt muss seinen Wohnsitz so wählen, dass er für die ärztliche Versorgung der Patienten an seinem Vertragsarztsitz zur Verfügung steht. Er muss in der Lage sein in angemessener Zeit seinen Sitz aufzusuchen (Residenzpflicht).

Übungen

1. Nennen Sie die Pflichten, die ein Arzt im Rahmen seiner vertragsärztlichen Tätigkeit beachten muss.
2. Erläutern Sie, gegen welche Pflichten Dr. Meier im aufgeführten Fallbeispiel verstößt.
3. Wem gegenüber sind der Arzt und seine Angestellten zur Verschwiegenheit verpflichtet?
4. Wann endet die Schweigepflicht?
5. Erläutern Sie, warum die Einhaltung der Schweigepflicht für das Arzt-Patienten-Verhältnis eine wichtige Rolle spielt.
6. Welche beiden Voraussetzungen müssen für die Rechtmäßigkeit einer ärztlichen Behandlung (z. B. einer Operation) erfüllt sein?
7. Welche Aufbewahrungsfristen gelten für die folgenden Dokumente?
   a) Allgemeine ärztliche Aufzeichnungen
   b) Untersuchungen nach dem Jugendarbeitsschutzgesetz
   c) Unterlagen des Durchgangsarztes
   d) Zytologische Befunde und Präparate zur Krebsfrüherkennung
   e) Strahlenbehandlung
   f) Röntgendiagnostik
8. Eine Patientin verlangt von Ihnen die Herausgabe ihrer Befundberichte und Aufzeichnungen. Wie reagieren Sie auf die Forderung der Patientin?
9. Nennen Sie drei Leistungen, die in keinem Fall an die MFA delegiert werden dürfen.

10. Wohin kann ein Patient sich wenden, wenn dieser den Verdacht hat, dass er Opfer eines Behandlungsfehlers geworden ist?

11. Nennen Sie drei amtliche Texte, die der Vertragsarzt in seiner Praxis auslegen muss.

12. Erläutern Sie, was man unter der „Präsenzpflicht" und der „Residenzpflicht" des Arztes versteht.

1.4.3 Verträge zwischen den Kassenärztlichen Vereinigungen und den Krankenkassen

Zwischen den Kassenärztlichen Vereinigungen und den Krankenkassen existieren zwei unterschiedliche Vertragsarten, die für den Vertragsarzt von Bedeutung sind:

- Auf **Landesebene** regeln **Gesamtverträge** das Honorar der Vertragsärzte.
- Auf **Bundesebene** regelt der **Bundesmantelvertrag** Art und Umfang der vertragsärztlichen Versorgung.

Gesamtverträge

Die gesetzlichen Krankenkassen zahlen den Kassenärztlichen Vereinigungen der Länder eine **Gesamtvergütung** mit „befreiender Wirkung", das heißt, mit der Gesamtvergütung werden alle ärztlichen Leistungen ihrer Versicherten abgegolten. Vertraglich ist die Gesamtvergütung in den **Gesamtverträgen** festgeschrieben. Diese Verträge zwischen den Krankenkassen und den Kassenärztlichen Vereinigungen der Länder lösen seit 1931 die Einzeldienstverträge ab. Aufgabe der Kassenärztlichen Vereinigungen ist es, das Geld der Gesamtvergütung auf alle Vertragsärzte leistungsgerecht zu verteilen und den Ärzten das **Honorar** auszuzahlen. Die Verteilung der Gesamtvergütung auf die Vertragsärzte erfolgt auf der Grundlage eines bestimmten Schlüssels, dem sogenannten **Honorarverteilungsvertrag,** wie in Abb. 1, Seite 44, dargestellt ist. Da die Gesamtverträge auf Länderebene abgeschlossen werden, kann es vorkommen, dass Leistungen in den einzelnen Bundesländern unterschiedlich honoriert werden.

Merke:

- **Gesamtverträge** werden auf Länderebene zwischen Krankenkassen und Kassenärztlicher Vereinigung abgeschlossen und beinhalten die Gesamtvergütung.
- Die **Gesamtvergütung** ist das Entgelt, das von den Krankenkassen für die gesamte vertragsärztliche Versorgung aller Versicherten mit befreiender Wirkung an die Kassenärztliche Vereinigung in einem Bundesland gezahlt wird.
- Der **Honorarverteilungsvertrag** ist ein Schlüssel, mit dem die Verteilung der Gesamtvergütung auf die einzelnen Vertragsärzte geregelt wird.

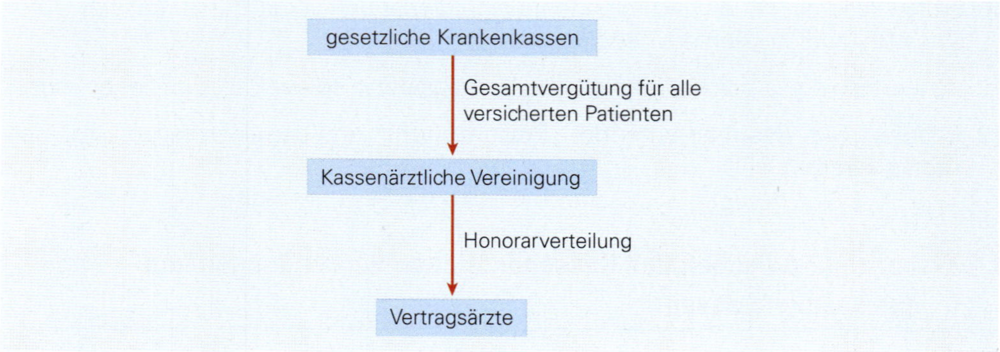

Abb. 1 Von der Gesamtvergütung zur Honorarverteilung

Bundesmantelvertrag

Vertragspartner beim Bundesmantelvertrag sind die **Kassenärztliche Bundesvereinigung (KBV) und die gesetzlichen Krankenkassen.** Wichtigster Bestandteil des Bundesmantelvertrags ist die **Gebührenordnung für die Abrechnung vertragsärztlicher Leistungen.** Diese Gebührenordnung wird als **„Einheitlicher Bewertungsmaßstab", kurz EBM,** bezeichnet.

Im EBM sind alle Leistungen aufgeführt, die von den gesetzlichen Krankenkassen gezahlt werden. Leistungen, die nicht im EBM enthalten sind, kann der Vertragsarzt nicht über die Kassenärztliche Vereinigung abrechnen. Wünscht ein Patient dennoch Leistungen, die nicht im EBM aufgeführt sind, muss er diese privat bezahlen.

Jeder Leistung wird im EBM ein Punktwert zugeordnet. Bei einem Punktwert von derzeit 10,65 Cent (Stand 1.1.2018), lässt sich der Wert einer Leistung leicht berechnen. Liegt beispielsweise der Wert einer Leistung bei 90 Punkten, erhält der Vertragsarzt für diese Leistung 9,59 Euro (90 Punkte x 0,1065 Euro/Punkt).

Weiterer Inhalt des Bundesmantelvertrags ist die **Vordruckvereinbarung,** mit der die bundesweit geltenden vertragsärztlichen Formulare geregelt sind. Hier wird festgelegt, wie die Formulare aussehen müssen und welche Ausfüllvorschriften gelten.

Merke:

- Der **Bundesmantelvertrag** zwischen der Kassenärztlichen Bundesvereinigung und den gesetzlichen Krankenkassen beinhaltet den **Einheitlichen Bewertungsmaßstab (EBM) und die Vordruckvereinbarungen.**

Übungen

1. Die gesetzlichen Krankenkassen zahlen den Kassenärztlichen Vereinigungen eine Gesamtvergütung mit befreiender Wirkung. Erläutern Sie diesen Sachverhalt.
2. Wie verteilen die Kassenärztlichen Vereinigungen die Gesamtvergütung auf die Vertragsärzte?
3. Was wird durch den Bundesmantelvertrag geregelt?
4. Was versteht man unter der Abkürzung EBM?
5. Was beinhaltet der EBM?
6. Was bedeutet es, wenn ein gesetzlich Krankenversicherter eine Leistung wünscht, die nicht im EBM enthalten ist?

1.4.4 Besondere Versorgungsformen

Auch freie ärztliche Verbände können **direkter Vertragspartner der Krankenkassen** sein. Beispielsweise hat der Hausärzteverband mit einigen Krankenkassen Verträge für eine **hausarztzentrierte Versorgung** abgeschlossen.

Hausarztzentrierte Versorgung (Hausarztmodelle)

Gesetzlich Versicherte, die an der hausarztzentrierten Versorgung teilnehmen möchten, schreiben sich auf freiwilliger Basis in ein solches Modell ein. Sie wählen einen Hausarzt, an den sie für ein Jahr gebunden sind. Ein Wechsel ist nur aus wichtigen Gründen möglich. Zudem verpflichten sie sich, weitere ambulante fachärztliche Leistungen nur auf Überweisung in Anspruch zu nehmen. Eine Ausnahme gilt nur für die Inanspruchnahme von Augen- und Frauenärzten. Der Hausarzt übernimmt eine Art „Lotsenfunktion", da er den Überblick über die gesamte Behandlung des Patienten behält. Als Anreiz für die Teilnahme bieten die Krankenkassen den Patienten meistens einen Bonus an, z. B. eine Prämienzahlung oder Zuzahlungsermäßigung.

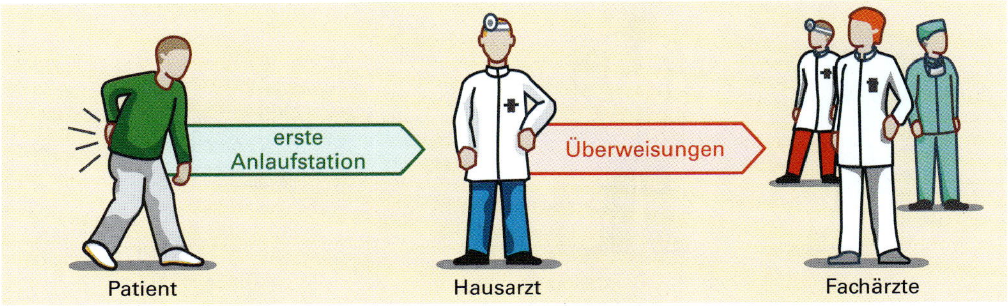

Abb. 1 Hausarztzentrierte Versorgung

Die gesetzliche Pflicht, hausarztzentrierte Versorgung anzubieten, setzen die Krankenkassen nicht einheitlich um. Das bedeutet, jede Krankenkasse bietet ihr eigenes, individuelles Hausarztmodell an. Zur Durchführung der hausarztzentrierten Versorgung schließen die Krankenkassen mehrheitlich Verträge mit dem Hausarztverband ab, nur noch selten werden die Kassenärztlichen Vereinigungen damit beauftragt.

Hausärzte, die an der Versorgung teilnehmen möchten, müssen besondere **Voraussetzungen** erfüllen: Behandlung nach anerkannten Leitlinien, Teilnahme an Qualitätszirkeln zur Arzneimitteltherapie, Erfüllung der Fortbildungspflicht und Einführung eines Qualitätsmanagements. Das Honorar der teilnehmenden Ärzte ist abhängig vom jeweiligen Hausarztmodell der anbietenden Krankenkasse. Es beinhaltet in den meisten Fällen eine Einschreibepauschale pro Patient, weitere Betreuungspauschalen sowie Zuschläge auf bestimmte Leistungen, wie z. B. für dringende Besuche oder Vorsorgeuntersuchungen. Je nach Modell rechnet der Arzt diese Leistungen mit dem Hausärzteverband oder über die KV ab.

Merke:

Hausarztzentrierte Versorgung bedeutet:
- Der Patient legt sich für ein Jahr auf einen bestimmten Hausarzt fest.
- Der Hausarzt ist erste Anlaufstation und Koordinator der Behandlungen („Lotse").
- Ambulante fachärztliche Leistungen sind nur auf Überweisung durch den Hausarzt möglich.

Integrierte Versorgung

Bei der **integrierten Versorgung** geht es um die Vernetzung der ambulanten, stationären und rehabilitativen Versorgung. An der Kooperation können auch nicht ärztliche Leistungserbringer wie Apotheken, Krankengymnasten oder Pflegedienste beteiligt sein. Man spricht von einer „sektoren- oder interdisziplinär-fachübergreifenden Versorgung".

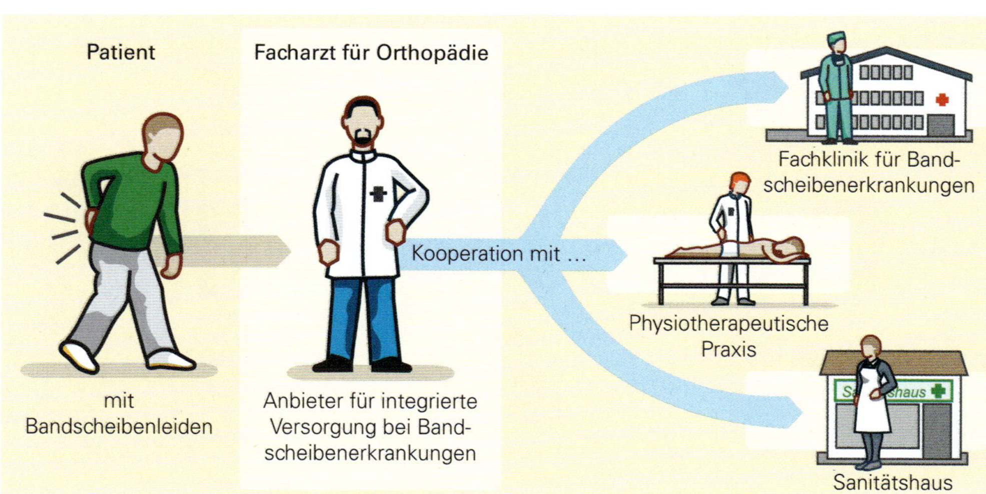

Abb. 1 Beispiel für integrierte Versorgung

Die Krankenkassen haben die gesetzliche Pflicht, integrierte Versorgung anzubieten, die Form der Ausgestaltung bleibt ihnen aber freigestellt. Am meisten durchgesetzt hat sich die integrierte Versorgung von bestimmten komplexen Krankheitsbildern wie Herz-Kreislauf-Erkrankungen, Asthma bronchiale, Depressionen oder Bandscheibenerkrankungen.

Die Krankenkassen schließen mit den Ärzten, die integrierte Versorgung anbieten wollen, Einzelverträge ab. Die Kassenärztlichen Vereinigungen sind ausdrücklich als Vertragspartner ausgeschlossen. Der Anreiz für Ärzte, integrierte Versorgung anzubieten, liegt in der besonderen Vergütung dieser Leistungen. Die Abrechnung erfolgt direkt mit der Krankenkasse. Für den Patienten ist die Teilnahme an der integrierten Versorgung freiwillig. In der Regel bieten die Krankenkassen den Patienten wie bei der hausarztzentrierten Versorgung finanzielle Vergünstigungen (Boni) an.

Merke:

Integrierte Versorgung ist eine Vernetzung von verschiedenen ärztlichen und nicht ärztlichen Leistungserbringern, in der Regel zur kooperativen Betreuung von bestimmten Krankheiten.

Übungen

1. Mit welchem Verband werden die meisten Verträge für eine hausarztzentrierte Versorgung abgeschlossen?
2. Welche Anforderungen muss ein Arzt erfüllen, um hausarztzentrierte Versorgung anbieten zu dürfen?
3. Welche Verpflichtungen geht ein Patient ein, wenn er an der hausarztzentrierten Versorgung teilnehmen möchte?
4. Was versteht man unter integrierter Versorgung?
5. In welcher Form wird integrierte Versorgung zumeist angeboten?

1.5 Die vertragsärztliche Verwaltung und Abrechnung

Fallbeispiel

Die MFA Marina Vogt hat gerade das Ergebnis der Testabrechnung von der KV erhalten und kontrolliert das Ergebnisprotokoll. Die Auszubildende Kristina Beckers beobachtet sie.

Marina: *03000, E11.9-G, Z94.0-Z … Oh, da ist uns bei Frau Thomas wohl ein kleiner Fehler unterlaufen!*

Kristina: *Diese Buchstaben und Ziffern hören sich ja wie ein Geheimkode an. Wie findest du dich da zurecht?*

Marina: *Es handelt sich tatsächlich um eine Kodierung. Diagnosen müssen nach dem ICD-Code verschlüsselt werden.*

Info

In den vertragsärztlichen Praxen erfolgen Verwaltung und Abrechnung überwiegend **digital.** Voraussetzung dafür ist ein **Praxisverwaltungssystem (PVS),** das von der Kassenärztlichen Bundesvereinigung (KBV) zertifiziert ist. Unter dem Praxisverwaltungssystem versteht man die **Software,** die die Organisation und Dokumentation der Praxisaufgaben ermöglicht, beispielsweise:

- Terminplanung
- Buchhaltung
- Digitale Patientenakte
- Online-Abrechnung
- Elektronische Kommunikation mit Kollegen

Seit 2019 sind alle Praxen verpflichtet, an der **Telematikinfrastruktur (TI)** angeschlossen zu sein. Die Telematikinfrastruktur ist Deutschlands größtes **elektronisches Gesundheitsnetz,** über das Ärzte, Psychotherapeuten, Krankenhäuser, Krankenkassen und andere Akteure des Gesundheitswesens miteinander kommunizieren können. Das System verfügt über höchste Sicherheitskomponenten zum Schutz der hochsensiblen Daten. Über die Telematikinfrastruktur gelangt die Praxis auch in das **Sichere Netz der KVen (SNK),** worüber die **Online-Abbrechung** möglich ist (siehe Abb. 1).

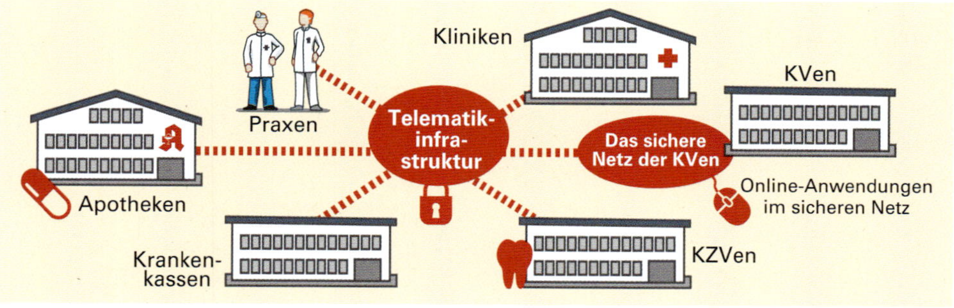

Abb. 1 Telematikinfrastruktur

1.5.1 Telematikinfrastruktur (TI)

Der Begriff „Telematik" setzt sich aus den Begriffen „Telekommunikation" und „Informatik" zusammen. Sie vernetzt verschiedene Beteiligte des Gesundheitssystem digital miteinander. Um die Telematikinfrastruktur nutzen zu können, benötigen die Ärzte verschiedene **Komponenten** wie folgende Abbildung zeigt:

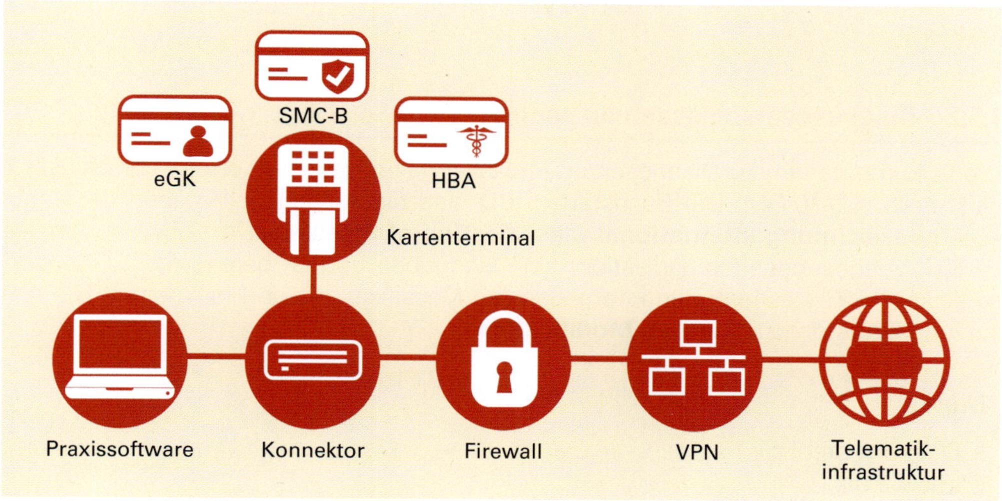

Abb. 1 Komponenten der Telematikinfrastruktur

Am **Kartenterminal** können folgende Karten eingelesen werden:

- eGK = elektronische Gesundheitskarte
- SMC-B = Praxisausweis
- HBA = elektronischer Heilberufsausweis des Arztes

Eine **Verbindung** zur Telematikinfrastruktur ist nur möglich, wenn die Praxis registriert ist. Dazu wird der **Praxisausweis (SMC-B)** ins Kartenterminal gesteckt und über eine PIN aktiviert.

Über den **Konnektor** erfolgt der Zugang zur Telematikinfrastruktur. Das Gerät ähnelt einem DSL-Router, arbeitet aber auf einem deutlich höheren Sicherheitsniveau. Der Konnektor stellt ein virtuelles privates Netzwerk (VPN) her, das völlig abgeschirmt vom Internet arbeitet. Per Netzwerk ist der Konnektor mit dem Kartenterminal und dem Praxisverwaltungssystem verbunden.

Beim Einlesen der **Gesundheitskarte (eGK)** eines Patienten am Kartenterminal erfolgt über die Telematikinfrastruktur ein Online-Abgleich der Versichertendaten. Die Karte wird auf Gültigkeit und Aktualität der Daten geprüft. Liegt der Krankenkasse eine Änderung vor, beispielweise eine neue Anschrift des Versicherten, kann diese Information sofort auf der Gesundheitskarte durch die Praxis geändert werden. Die Aktualisierung der Versichertendaten über die Telematikinfrastruktur wird als **Versichertenstammdatenmanagement (VSDM)** bezeichnet. Die Durchführung des Versichertenstammdatenmanagements ist für Vertragsärzte verpflichtend.

Mithilfe der Telematikinfrastruktur lassen sich folgende Daten auf der elektronischen Gesundheitskarte speichern:

- Daten für die Notfallversorgung (Notfallmanagement)
- Elektronischer Medikationsplan
- Elektronische Patientenakte

Über die Nutzung dieser Anwendungsmöglichkeiten entscheidet der Versicherte alleine.

1.5.2 Diagnoseverschlüsselung nach dem ICD-10-GM

Die Dokumentation der Diagnosen im Praxisverwaltungssystem erfolgt verschlüsselt nach dem ICD-10-GM. Die Buchstaben **ICD** sind die Anfangsbuchstaben der englischen **Bezeichnung International Classification of Diseases.** Der ICD wird von der WHO (Weltgesundheitsorganisation) herausgegeben und ist bereits die 10. Version einer seit 1893 existierenden internationalen Klassifikation von Krankheiten. Die Abkürzung **GM** steht für **German Modification.**

Merke:

ICD-10-GM steht für International Classification of Diseases – 10. Version – German Modification.

Die **Kodierung einer Krankheit** erfolgt mithilfe eines **maximal 5-stelligen Kodes** mit der Struktur:

X00.00

- **X** steht für einen Buchstaben von A – Z
- **0** für eine Ziffer von 0 – 9

Bereits mit einem **dreistelligen Kode** der Form **X00** kann eine Erkrankung kodiert werden. **Vier- und fünfstellige Kodes** der Form **X00.0 bzw. X00.00** bezeichnen **Unterformen** derselben Krankheit.

Im ambulanten Bereich ist die **Angabe der Diagnosesicherheit** als Zusatz zum ICD-Code verpflichtend. Folgende Buchstaben werden dazu an den ICD-Schlüssel angehängt:

- **A** = Ausschluss einer Erkrankung
- **V** = Verdacht auf eine Erkrankung
- **G** = gesicherte Diagnose
- **Z** = symptomloser Endzustand nach überstandener Krankheit

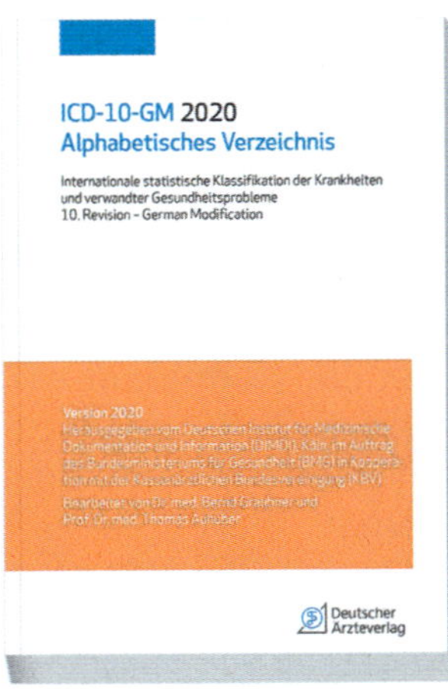

Abb. 1 ICD-10-GM Verzeichnis

Anwendungsbeispiel

Im **ersten Quartal** stellt der Arzt bei einem Patienten Glukose im Urin fest und veranlasst eine Blutuntersuchung bei **Verdacht auf Diabetes mellitus Typ 2.** Das Ergebnis der Blutuntersuchung liegt zum Ende des Quartals noch nicht vor. In die Abrechnungsunterlagen trägt der Arzt den ICD-Code **E11V** ein. „E11" kodiert den „Diabetes mellitus Typ 2", „V" den „Verdacht auf".

Im **zweiten Quartal** bespricht der Arzt mit dem Patienten das nun vorliegende Ergebnis. Hat sich die Diagnose des Diabetes bestätigt, trägt der Arzt nun **E11G** in die Unterlagen ein, „G" für „gesicherte Diagnose".

Konnte durch die Blutuntersuchung allerdings der Diabetes ausgeschlossen werden, trägt der Arzt die Diagnose **E11A** ein, „A" für „Ausschluss" des Diabetes. Somit ist den Abrechnungsunterlagen zu entnehmen, dass die Blutuntersuchung dem Ausschluss eines Diabetes mellitus diente.

Optional, aber sinnvoll, ist die Angabe einer **Seitenlokalisation bei paarigen Organen** oder Körperteilen. Folgende Buchstaben können dazu angehängt werden:

R = rechts **L** = links **B** = beidseitig

Folgende **Regeln der Verschlüsselung** sollten eingehalten werden:
- so spezifisch wie möglich kodieren
- endständige Schlüsselnummern eintragen
- maximale Kodiertiefe ausschöpfen, ggf. bis zur 5. Stelle (Ausnahme hausärztliche, fachfremde oder notärztliche Versorgung: hier reicht die vierstellige ICD-Schlüsselnummer)

Auch im Rahmen der Online-Abrechnung müssen Diagnosen nach dem ICD-10 verschlüsselt der Kassenärztlichen Vereinigung (KV) übermittelt werden. Allerdings dürfen hier nur Behandlungsdiagnosen aufgeführt werden, die relevant für die Abrechnung sind. Das bedeutet, Diagnosen mit dem angehängten Buchstaben Z (symptomloser Endzustand nach überstandener Krankheit) werden der KV nicht mitgeteilt.

1.5.3 Ablauf der vertragsärztlichen Abrechnung

Nach Ablauf eines Quartals werden die **Abrechnungsunterlagen** der gesetzlich Krankenversicherten und einiger Patienten aus der Gruppe der „Sonstigen Kostenträger" der **zuständigen Kassenärztlichen Vereinigung (KV)** übermittelt.

Die Übermittlung der **EDV-Abrechnungsdatensätze** erfolgt grundsätzlich **online**. Zusätzlich müssen bestimmte Unterlagen **im Original** bei der KV eingereicht werden (Abb. 1, Seite 52). Dazu gehören je nach KV-Bereich unterschiedliche Dokumente, beispielsweise:

- **Abrechnungsscheine oder Behandlungsscheine von Patienten** aus der Gruppe der „Sonstigen Kostenträger", **die sich nicht mit einer Gesundheitskarte ausweisen (z. B. Auslandsabkommen, Asylbewerber),** (gilt nicht für die KV Nordrhein)
- die vom Arzt persönlich **unterschriebene Sammelerklärung.**

Mit seiner Unterschrift der **Sammelerklärung** versichert der abrechnende Arzt, die angegebenen Leistungen ordnungsgemäß, vollständig und korrekt erbracht zu haben. Er versichert unter anderem auch, dass er die Abrechnungsdaten mit einem speziellen **KBV-Prüfmodul** auf Richtigkeit überprüft hat. Unter bestimmten Voraussetzungen ist die Übermittlung der Sammelerklärung (eSammelerklärung) auch online möglich.

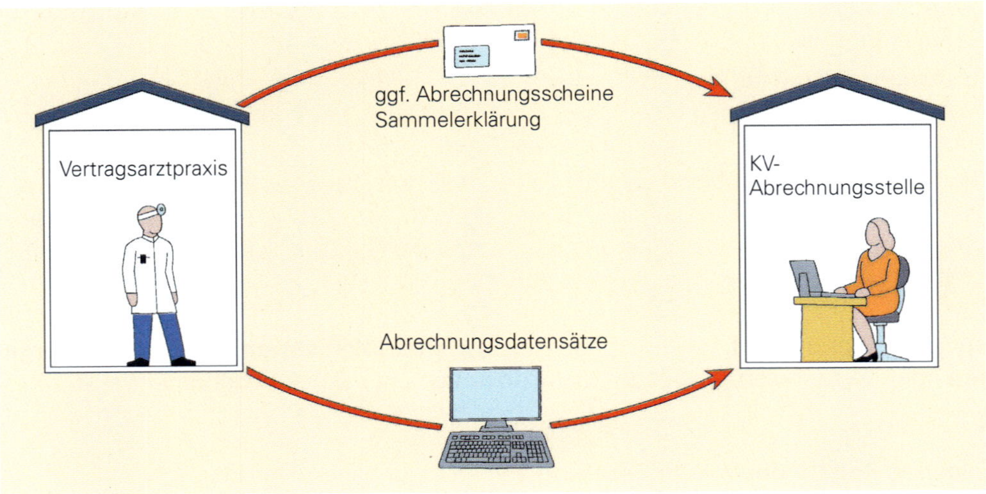

Abb. 1 Wege der Abrechnungsunterlagen zur KV

Die meisten Kassenärztlichen Vereinigungen verzichten auf die gesonderte Zusendung von Originalscheinen wie Überweisungsformulare oder Notfall-/Vertretungsscheine, verlangen aber von den Praxen, diese für mögliche Kontrollzwecke vier Quartale aufzubewahren.

Die Praxen sind verpflichtet, von den Abrechnungsdateien **Sicherheitskopien** zu erstellen, um ggf. die Abrechnung wiederholen zu können. Die Sicherheitskopien müssen **16 Quartale** aufbewahrt werden.

Bei der **Online-Übermittlung** von Abrechnungsdaten muss die **Datensicherheit** gewährleistet sein. Deshalb werden die Daten vor dem Versand mit einem Kryptomodul verschlüsselt, wodurch verhindert wird, dass es zum Missbrauch der Daten durch Unbefugte kommt. Erst wenn die Daten bei der Kassenärztlichen Vereinigung angekommen sind, werden sie wieder entschlüsselt. Für die **Übermittlung** der Abrechnungsdaten kann der Arzt grundsätzlich zwischen zwei Verfahren wählen:

1. **Online-Abrechnung mithilfe des Praxisverwaltungssystems und KV-Connect**
2. **Online-Abrechnung mit KV-Portal**

Online-Abrechnung mithilfe des Praxisverwaltungssystems und KV-Connect

KV-Connect ist ein Kommunikationsdienst, der einen sicheren Datenaustausch direkt aus dem Praxisverwaltungssystem heraus ermöglicht. Das Verfahren ist von den Kassenärztlichen Vereinigungen entwickelt worden und dient nicht nur der Online-

Abrechnung, sondern ermöglicht ebenfalls den Versand von elektronischen Dokumentationsbögen wie eDMP, eKoloskopie, eHautkrebsscreening oder der eSammelerklärung.

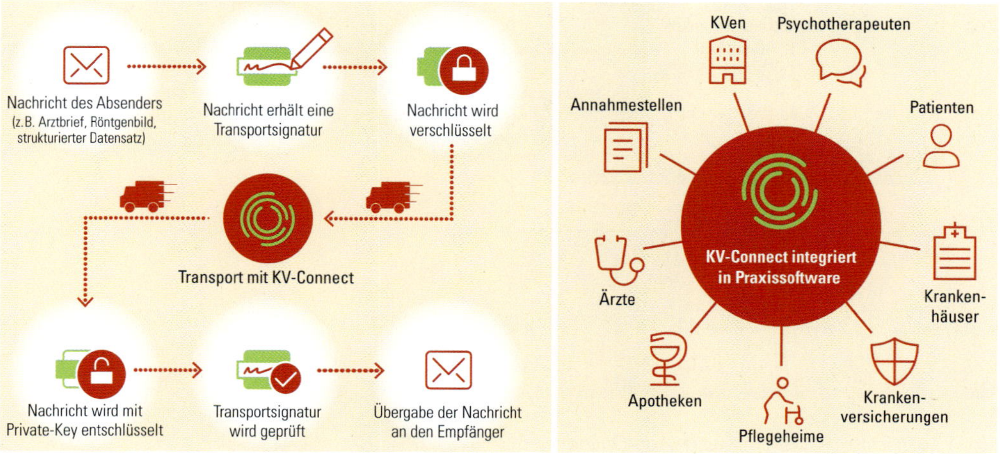

Abb. 1 KV-Connect

Über KV-Connect ist eine **1-Click-Abrechnung** möglich. Der Vorteil der KV-Connect Anwendung besteht darin, dass die Abrechnungsdatei nicht auf ein Portal hochgeladen werden muss, sondern direkt aus dem Praxisverwaltungssystem (PVS) an die zuständige Kassenärztliche Vereinigung (KV) übertragen wird. Die Rückmeldung der KV wie beispielsweise die Eingangsbestätigung und die technische Prüfung werden ebenfalls direkt von der KV an das PVS des Arztes übertragen.

Zusammen mit der Quartalsabrechnung kann die **elektronische Sammelerklärung** (eSammelerklärung), versehen mit einer qualifizierten elektronischen Signatur (QES), online übermittelt werden. Dazu wird der elektronische Heilberufsausweis (HBA) benötigt.

Online-Abrechnung über das KV-Portal

Der Online-Versand der Abrechnungsunterlagen ist auch über ein **KV-Portal** möglich, auf dem die Abrechnungsdateien hochgeladen werden können. Zum KV-Portal gelangt man über das Internet, über die Telematikinfrastruktur oder über das KV-SafeNet. Am KV-Portal muss sich der Vertragsarzt zunächst mit seinen Zugangsdaten einloggen.

Wenn der Arzt das KV-Portal aus dem Internet aufgerufen hat, muss er sich beim Hochladen der Abrechnungsdateien erneut **authentifizieren.** Dieses ist mit einem **TAN-Generator (eToken)** möglich. Die auf dem Gerät erscheinende Nummer wird vor dem Versand eingegeben. Ein TAN-Generator wird dem Arzt persönlich, aber auch seinen Medizinischen Fachangestellten ausgegeben.

Bei der Abrechnung über das KV-Portal ist ein Online-Versand der Sammelerklärung nicht möglich. Der Arzt muss die Sammelerklärung ausfüllen und per Post an die KV schicken.

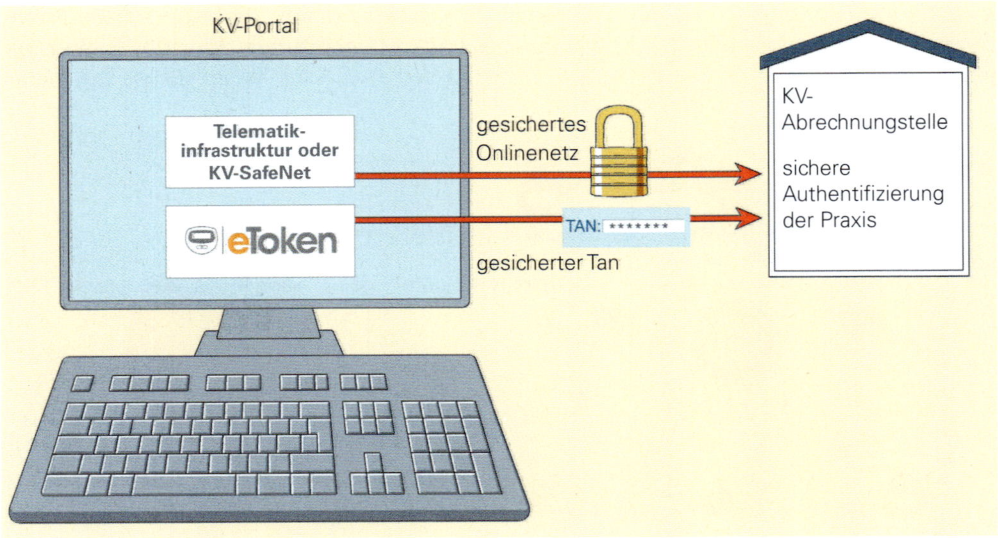

Abb. 1 Möglichkeiten für einen sicheren Onlineversand

Übungen

1. Was versteht man unter Praxisverwaltungssystem (PVS) und Telematikinfrastruktur (TI)?
2. Welche Komponenten der Telematikinfrastruktur verbindet der Konnektor?
3. Wie funktioniert das Versichertenstammdatenmanagement (VSDM) über die Telematikinfrastruktur?
4. Wofür steht die Abkürzung ICD-10-GM?
5. Welche Diagnosen müssen für die Abrechnung verschlüsselt werden?
6. Wie viele Stellen hat ein Diagnoseschlüssel maximal?
7. Nennen Sie die Buchstabenkürzel für die Diagnosesicherheit, die hinter dem Diagnoseschlüssel angegeben werden müssen, und die jeweilige Bedeutung des Kürzels.
8. Welche Bedeutung haben die Kürzel R, L und B?
9. In welcher Form müssen die Abrechnungsdaten der KV grundsätzlich übermittelt werden?
10. Welche Formulare müssen häufig noch in Papierform bei der Quartalsabrechnung der KV übermittelt werden?
11. Welche Bedeutung hat die Sammelerklärung?
12. Was versteht man unter KV-Connect?
13. Welchen Vorteil hat die Übermittlung der Abrechnungsdaten mittels Praxisverwaltungssystem und KV-Connect?
14. Beschreiben Sie den Versand der Abrechungsdateien über das KV-Portal.

Lernfeld 2:
Patienten empfangen und begleiten

2 Patientengruppen

Thematische Einordnung in den Rahmenlehrplan

Das **Lernfeld 2** thematisiert den **Empfang und die Begleitung des Patienten.** Als Lernziel werden „der situationsgerechte Empfang des Patienten und die Organisation des Aufenthaltes des Patienten"[1] genannt.

Beim Empfang legen die meisten Patienten einen Versichertenausweis vor, mit dem sie ihre Mitgliedschaft bei einer bestimmten Krankenversicherung oder ihre Zugehörigkeit zu einem sogenannten „Sonstigen Kostenträger" nachweisen. In Kapitel 2 werden die **verschiedenen Kostenträger** und deren unterschiedliche **vertragliche Bestimmungen** hinsichtlich ihrer medizinischen Leistungen vorgestellt.

Die MFA muss beim Umgang mit den Patienten die jeweiligen vertraglichen Bestimmungen kennen und anwenden können. Beispielsweise muss sie wissen, welche **Gebührenordnung** bei der Abrechnung angewendet wird.

Die **Einteilung von Patienten in verschiedene Gruppen** erleichtert die Praxisabläufe. Ein reibungsloser Praxisablauf hilft dem Praxisteam, „die Interessen und Bedürfnisse der unterschiedlichen Patientengruppen zu beachten und ein positives Erscheinungsbild der Praxis zu entwickeln mit dem Ziel, ein langfristiges Vertrauensverhältnis zwischen Praxisteam und Patient aufzubauen".[1]

2.1 Gesetzlich krankenversicherte Patienten

Fallbeispiel

Sie sitzen heute an der Anmeldung und organisieren die Patientenannahme. Es erscheint Tobias Krieger, ein Bekannter von Ihnen, der seine Mutter zum Arzt begleitet. Nachdem Sie Frau Kriegers Gesundheitskarte eingelesen haben, bitten Sie die Patientin, im Wartezimmer Platz zu nehmen. Tobias unterhält sich noch mit Ihnen.

Tobias: *Hi, wie geht's? Also, ich bin total glücklich, ich unterschreibe nämlich gleich meinen Ausbildungsvertrag zum Installateur. Nur der Verdienst während der Ausbildung ist mies, da geht es dir hier bestimmt nicht besser. Aber ich habe mir überlegt, wie ich meine Finanzen etwas aufbessern kann: Ich spare mir die ganzen Versicherungen! Krankenversicherung, Pflegeversicherung und was es da noch so alles gibt, das kann ich auch noch machen, wenn ich alt und klapprig bin. Und wenn ich hier sehe, was meine Mutter trotz Krankenversicherung noch so alles zahlen muss: Krankenhausgebühren, Rezeptgebühren und sonstige Gebühren, wozu brauche ich da eine Versicherung?*

[1] Siehe Rahmenlehrplan zur Medizinischen Fachangestellten/zum Medizinischen Fachangestellten 2006, Seite 10

Info

Alle Bürger der Bundesrepublik Deutschland sind verpflichtet, eine Krankenversicherung abzuschließen. Etwa 90 Prozent der Deutschen sind bei einer **gesetzlichen Krankenkasse** versichert, weil für sie **Versicherungspflicht** in der gesetzlichen Krankenversicherung besteht. Die gesetzliche Krankenversicherung ist ein Zweig des deutschen **Sozialversicherungssystems,** durch das die Menschen vor finanziellen Problemen im Falle von Krankheit, Alter, Arbeitslosigkeit, Pflegebedürftigkeit, Arbeitsunfällen und Berufskrankheiten geschützt werden.

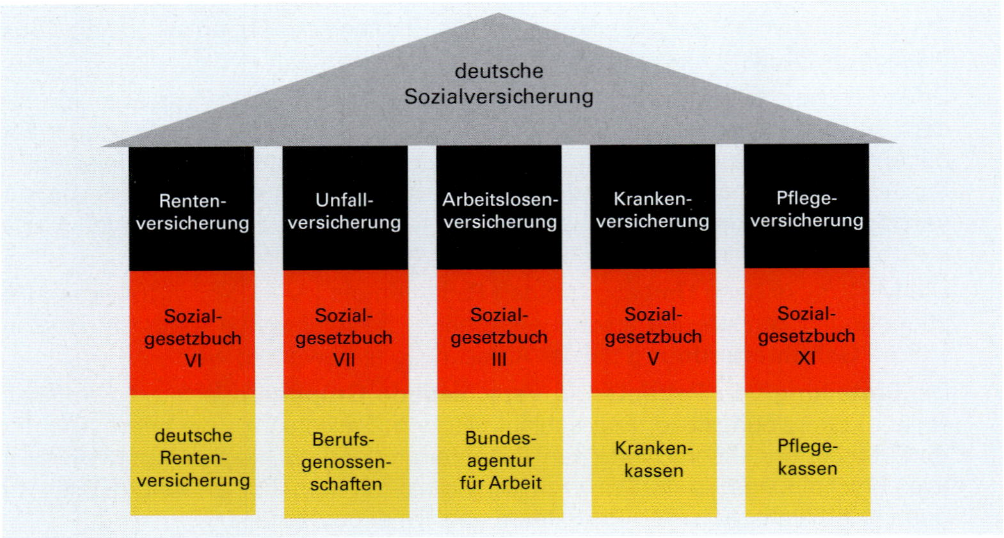

Abb. 1 Die Säulen der deutschen Sozialversicherung

Als Gründer der deutschen Sozialversicherung gilt **Reichskanzler Otto von Bismarck.** Das von ihm verfasste Gründungsdokument der deutschen Sozialversicherung wurde am 17. November 1881 in der **„Kaiserlichen Botschaft"** von Kaiser Wilhelm I. dem Volk verkündet. 1883 trat als Erstes das Krankenversicherungsgesetz für Arbeiter in Kraft, ihm folgten Unfallversicherungs- und Alterssicherungsgesetze. Diese drei Gesetze wurden 1911 in der **Reichsversicherungsordnung (RVO)** zusammengefasst. Weitere Gesetze zu den Sozialversicherungen folgten, mit denen neue Zweige der Sozialversicherung eingeführt und die bestehenden Zweige ständig reformiert wurden. Seit 1969 sind die Sozialversicherungen im **Sozialgesetzbuch (SGB)** zusammengefasst.

Das Besondere an den „Bismarck'schen" Sozialversicherungen war die Einführung der **allgemeinen Versicherungspflicht.** Betroffene Personengruppen können sich der Mitgliedschaft in den Sozialversicherungen nicht entziehen, haben aber dafür einen Rechtsanspruch auf die Versicherungsleistungen.

Die Sozialversicherungen arbeiten nach dem **Solidaritätsprinzip.** Das heißt, die Beiträge richten sich nach den finanziellen Möglichkeiten des Versicherten, der Leistungsanspruch nach der individuellen Bedürftigkeit. Das Solidaritätsprinzip arbeitet nach den Grundsätzen: „Einer für alle, alle für einen!" oder „Der Stärkere hilft dem Schwächeren."

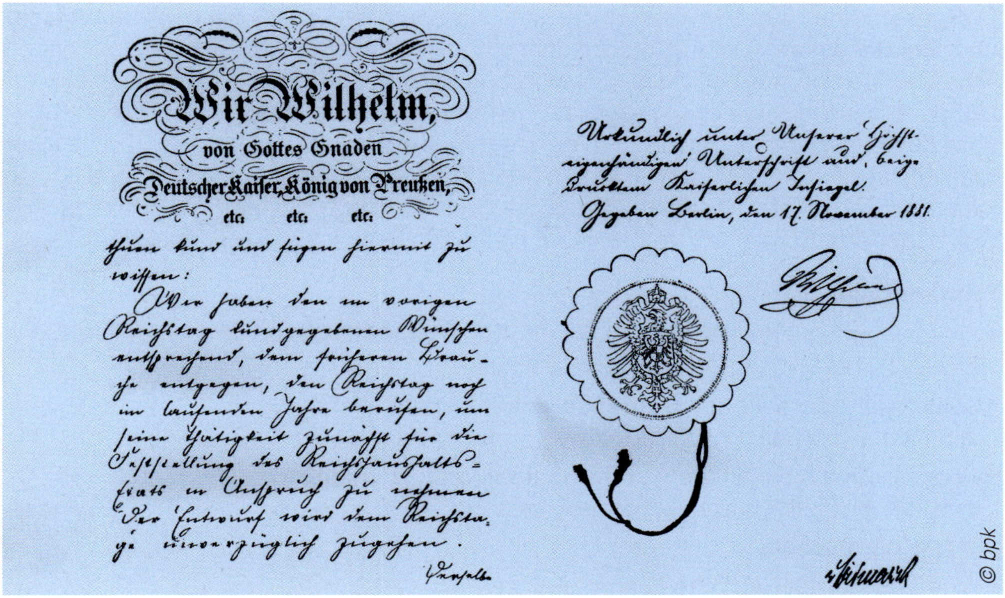
Wir Wilhelm,
von Gottes Gnaden
Deutscher Kaiser, König von Preußen,
etc. etc. etc.

thun kund und fügen hiermit zu wissen:
Wir haben den im vorigen Reichstag kundgegebenen Wünschen entsprechend, dem früheren Brauche entgegen, den Reichstag noch im laufenden Jahre berufen, um seine Thätigkeit zunächst für die Feststellung des Reichshaushalts-Etats in Anspruch zu nehmen. Der Entwurf wird dem Reichstage unverzüglich zugehen.

Urkundlich unter Unserer Höchsteigenhändigen Unterschrift und beigedrucktem Kaiserlichen Insiegel.
Gegeben Berlin, den 17. November 1881.

Abb. 1 Kaiserliche Botschaft

Patienten mit einem hohen Krankheitsrisiko, z. B. Patienten mit einem Diabetes mellitus, zahlen keinen Risikoaufschlag, obwohl sie die Sozialkassen stärker belasten. Das bedeutet aber auch, dass derjenige, der einen höheren Beitrag leistet, keine besseren Leistungen erwarten darf. Das Solidaritätsprinzip steht im Gegensatz zum Risiko- und Äquivalenzprinzip der privaten Versicherungen. Hier zahlen diejenigen mehr, die ein höheres Risiko haben, wie beispielsweise Patienten mit schweren Vorerkrankungen, oder die mehr Leistungen von der Versicherung erhalten wollen.

Die **Finanzierung** der Sozialversicherungen erfolgt durch Beiträge von Arbeitnehmern und Arbeitgebern sowie durch Zuschüsse des Bundes.

Merke:

Die deutschen Sozialversicherungen arbeiten nach dem **Solidaritätsprinzip.** Für die meisten Menschen in Deutschland besteht **Versicherungspflicht** in den Sozialversicherungen.

2.1.1 Kostenträger

Die **gesetzlichen Krankenkassen** sind Träger der gesetzlichen Krankenversicherung. Sie sind Körperschaften des öffentlichen Rechts, das heißt, sie sind finanziell und organisatorisch unabhängig, unterliegen jedoch staatlicher Aufsicht. **Aufgabe** der gesetzlichen Krankenkassen ist, die Gesundheit der Versicherten zu erhalten, wiederherzustellen oder den Gesundheitszustand zu bessern. In Deutschland gibt es zurzeit ca. 100 gesetzliche Krankenkassen. Durch Fusionen wird ihre Zahl aber in Zukunft sinken.

Die gesetzlichen Krankenkassen gliedern sich in zwei Kassenarten: **Primärkassen** und **Ersatzkassen.** Die Unterscheidung in diese beiden Kassenarten hat historische Gründe und nur noch wenig Bedeutung. Die meisten Bürger können sich heutzutage aussuchen, welcher Kasse sie beitreten möchten. Einschränkungen gibt es bei Krankenkassen für bestimmte Berufsgruppen wie bei den Landwirtschaftlichen Krankenkassen und bei regional arbeitenden Krankenkassen wie der AOK und IKK. So kann eine Person aus Hessen nicht Mitglied der AOK Bayern werden. Die Knappschaft war früher den Bergleuten vorbehalten, ist heute aber für alle Bürger geöffnet.

Primärkassen sind
- verschiedene selbstständige, regionale **Allgemeine Ortskrankenkassen** (AOK), z. B. AOK Bayern, AOK Rheinland/Hamburg,
- selbstständig arbeitende **Betriebskrankenkassen** (BKK), z. B. BKK Mobil Oil, Bosch BKK,
- verschiedene selbstständige **Innungskrankenkassen** (IKK), z. B. IKK Nord, IKK classic, BIG direkt gesund,
- eine **Knappschaft,**
- eine **Landwirtschaftliche Krankenkasse** (LKK),

Die **Ersatzkassen** haben sich zum Verband der Ersatzkassen (v. d. e. k.) zusammengeschlossen. Dazu gehören:
- die **Barmer Ersatzkasse** (BARMER),
- die **Deutsche Angestellten-Krankenkasse** (DAK-Gesundheit),
- die **Techniker Krankenkasse** (TK),
- die **Kaufmännische Krankenkasse** (KKH),
- die **Hanseatische Krankenkasse** (HEK) und
- die **Handelskrankenkasse** (hkk Krankenkasse).

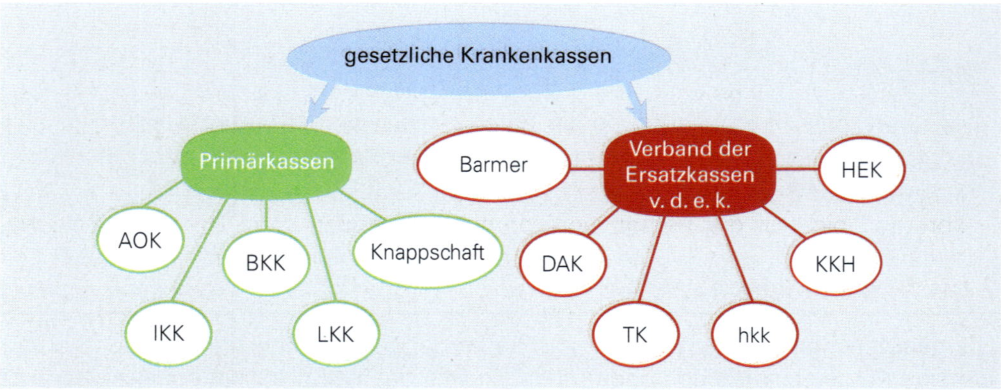

Abb. 1 Aufteilung der Krankenkassen

Übungen

1. Nennen Sie die Aufgaben der gesetzlichen Krankenkassen.
2. Wie viele gesetzliche Krankenkassen gibt es zurzeit in Deutschland?
3. Nennen Sie Krankenkassen, die nicht für alle geöffnet sind.
4. Nennen Sie verschiedene Krankenkassen aus
   a) dem Bereich der Primärkassen,
   b) dem Verband der Ersatzkassen.

2.1.2 Mitglieder und Beiträge

Bis zu einem bestimmten Bruttogehalt, der **Versicherungspflichtgrenze** (Jahresentgeltgrenze), sind die Bürger in Deutschland verpflichtet, Mitglied in der gesetzlichen Krankenversicherung (GKV) zu sein. Ausgenommen von der Versicherungspflicht in der GKV sind die meisten Selbstständigen, Freiberufler (z. B. Ärzte) und Beamte. Arbeitnehmer, die mit ihrem Bruttolohn über der Versicherungspflichtgrenze liegen, sind nicht mehr verpflichtet, in der GKV zu bleiben. Personen, die von der Versicherungspflicht in der GKV befreit sind, können eine private Krankenversicherung abschließen oder als **freiwillige Mitglieder** in der gesetzlichen Krankenversicherung bleiben. Die Versicherungspflichtgrenze wird jährlich neu festgelegt.

Merke:

- Personen mit einem Bruttogehalt **unterhalb der Versicherungspflichtgrenze** sind **Pflichtmitglieder** in der gesetzlichen Krankenversicherung.
- Personen mit einem Bruttogehalt **oberhalb der Versicherungspflichtgrenze** sind nicht mehr versicherungspflichtig in der GKV. Sie können dort als **freiwillige Mitglieder** verbleiben oder eine private Krankenversicherung abschließen.

Der **Beitrag** eines Versicherten zur gesetzlichen Krankenkasse ist ein prozentualer Anteil des Bruttomonatslohns. Die Höhe des Beitrags ist somit abhängig von der Höhe des Gehalts eines Mitglieds. Dieser prozentuale Anteil wird allerdings nur bis zur **Beitragsbemessungsgrenze** erhoben. Das bedeutet, dass bei Personen, die ein Einkommen oberhalb der Beitragsbemessungsgrenze haben, das darüber liegende Einkommen nicht in die Beitragsberechnung einbezogen wird. Auch die Beitragsbemessungsgrenze wird jährlich neu festgelegt. Alle Versicherten einer gesetzlichen Krankenkasse, die mit ihrem Bruttogehalt oberhalb der Beitragsbemessungsgrenze liegen, zahlen den gleichen Versicherungsbeitrag, unabhängig von ihrem Einkommen (siehe Abb. 1, auf der folgenden Seite).

Merke:

Bei einem Gehalt
- **unterhalb der Beitragsbemessungsgrenze** zahlt ein Mitglied einen prozentualen Anteil seines Bruttolohns als Beitrag zur gesetzlichen Krankenversicherung.
- **oberhalb der Beitragsbemessungsgrenze** zahlen die Versicherten einen einheitlichen Höchstbetrag, unabhängig vom Einkommen.

Der Arbeitgeber zieht den Beitrag zur Krankenversicherung vom Gehalt seines Arbeitnehmers ab und überweist ihn direkt an die zuständige Krankenkasse. Nur Versicherte ohne Arbeitgeber, beispielsweise Künstler und Studenten, überweisen ihren Beitrag selbstständig zur Krankenkasse.

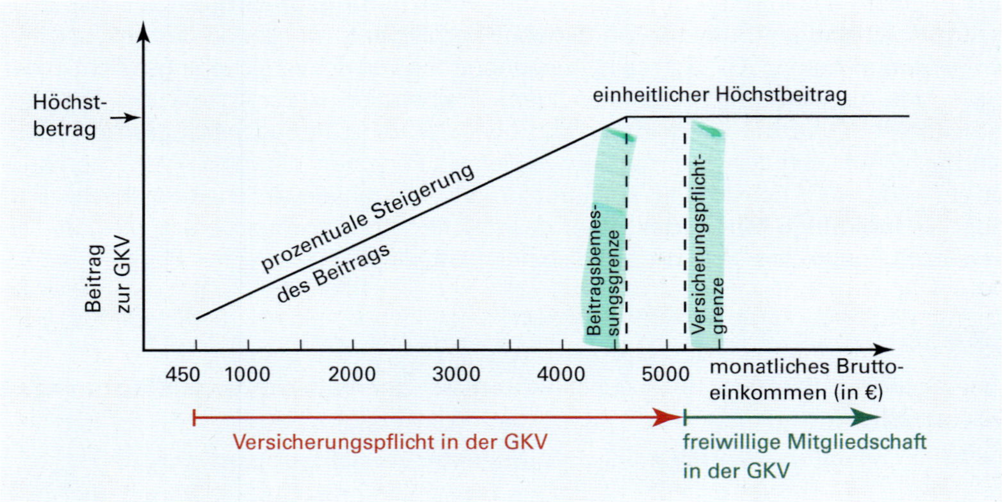

Abb. 1 Höhe des Krankenkassenbeitrags in Abhängigkeit vom monatlichen Bruttogehalt

Der Beitragssatz zur gesetzlichen Krankenkasse liegt bei **14,6 Prozent,** davon zahlen **Arbeitgeber und Arbeitnehmer je die Hälfte, also je 7,3 Prozent.** Reichen einer Krankenkasse die Einnahmen zur Finanzierung ihrer Leistungen nicht aus, ist sie berechtigt, einen **Zusatzbeitrag** zu erheben, den Arbeitgeber und Arbeitnehmer sich ebenfalls teilen. Folgendes Beispiel verdeutlicht die Regelung:

Beispiel

Eine Krankenkasse erhöht ihren Beitrag von 14,6 auf 15,7 Prozent. Arbeitgeber und Arbeitnehmer teilen sich den Betrag und zahlen jeweils 7,85 Prozent.

Das nachfolgende Rechenbeispiel erläutert die Regelung:

Rechenbeispiel

- Die MFA Stephanie Hilden verdient 2.000 Euro brutto im Monat.
- Ihr Arbeitgeber, Dr. Helbig, zahlt davon 7,85 %, das entspricht einem Beitrag von 157 Euro.
- Stephanie zahlt ebenfalls 7,85 %, also ebenfalls 157 Euro.
- Dr. Helbig überweist 314 Euro Krankenkassenbeitrag an die Krankenkasse von Stephanie.

Im Beitragssatz von 14,6 % ist der Anspruch auf **Krankengeld** ab der 7. Krankheitswoche enthalten. Versicherte ohne diesen Anspruch zahlen nur einen Beitrag von 14,0 %. Dazu zählen:

- Hausfrauen/Hausmänner, die sich freiwillig gesetzlich versichern, wenn der Ehepartner privat versichert ist
- hauptberuflich Selbstständige ohne Krankengeldanspruch
- Studenten über 30 Jahren oder über dem 14. Fachsemester

Pflichtversicherte **Rentner** einer gesetzlichen Rentenversicherung zahlen einen ähnlichen Beitrag zur gesetzlichen Krankenversicherung wie Arbeitnehmer. Die Hälfte des Krankenkassenbeitrags übernimmt die gesetzliche Rentenversicherung, die andere Hälfte muss der Rentner tragen.

Erhält ein Rentner **weitere Bezüge** aus Betriebsrenten, Zusatzversorgungen oder andere Einnahmen, muss er auch für diese Einkünfte einen Beitrag zur Krankenversicherung leisten. Anders als bei der gesetzlichen Rente muss er diesen Beitrag aber komplett allein tragen.

Zum Solidaritätsprinzip der gesetzlichen Krankenversicherung gehört die **kostenfreie Mitversicherung** von Familienangehörigen, sofern diese nicht selbst Pflichtmitglieder in der gesetzlichen Krankenversicherung sind. Sie wird grundsätzlich gewährt für folgende Familienmitglieder, wenn ihr Verdienst unterhalb der Grenze für geringfügig Beschäftigte liegt:

- Ehepartner
- Kinder bis zur Vollendung des 18. Lebensjahrs.

Sie kann fortgeführt werden für

- Kinder bis zur Vollendung des 23. Lebensjahrs, wenn sie nicht erwerbstätig sind,
- Kinder bis zur Vollendung des 25. Lebensjahrs, wenn sie sich in einer (Hoch-) Schulausbildung befinden oder
- Kinder ohne Altersgrenze bei Behinderung.

Die Krankenkassen haben zu statistischen Zwecken ihren Versicherten folgende **Statuskennzeichnung** gegeben:

1 = Mitglied

3 = Familienversicherter

5 = Rentner

Die Beiträge aller gesetzlich Krankenversicherten fließen, zusammen mit staatlichen Zuschüssen, zunächst in den **Gesundheitsfonds.** Die Krankenkassen erhalten zur Finanzierung ihrer Leistungen aus dem Gesundheitsfonds ihre Einnahmen. Die Höhe der Zuwendungen aus dem Gesundheitsfonds ist für die einzelne Krankenkasse abhängig von der Anzahl der Versicherten und von dem Krankheitsrisiko der Mitglieder. So erhält eine Krankenkasse mit vielen Patienten, die z. B. an Diabetes leiden, mehr Geld aus dem Gesundheitsfonds als eine Krankenkasse mit gleicher Anzahl Mitglieder, aber weniger Diabeteskranken.

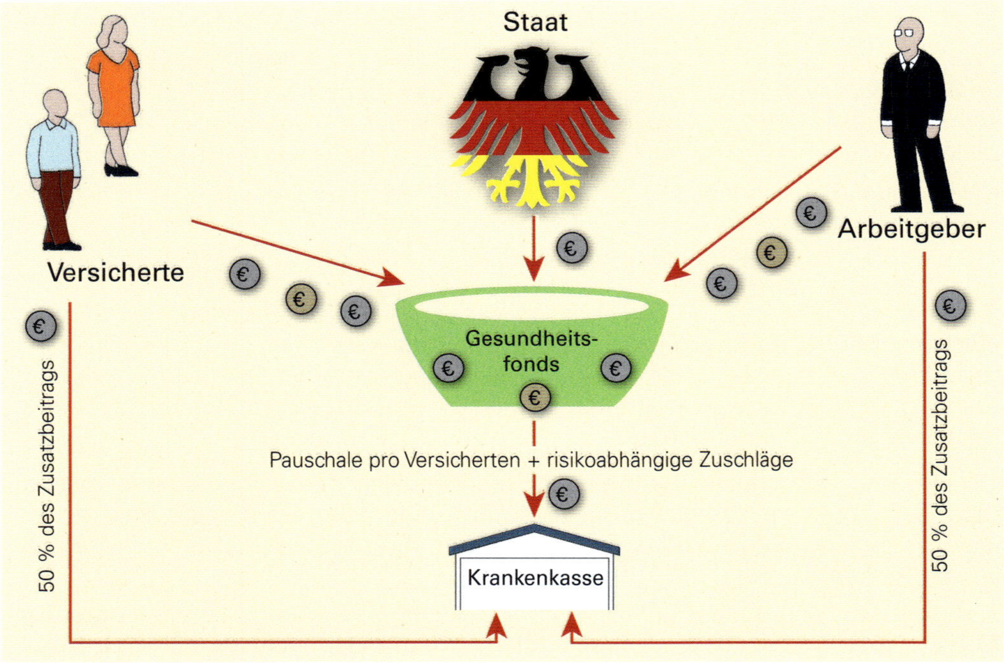

Abb. 1 Finanzierung der Krankenkassen

Übungen

1. Was würden Sie Ihrem Bekannten Tobias Krieger (siehe Fallbeispiel) antworten?
2. Erläutern Sie, warum 90 % der deutschen Bevölkerung bei einer gesetzlichen Krankenkasse versichert sind.
3. Erläutern Sie den Begriff „Versicherungspflichtgrenze". Was bedeutet es, ein Monatsbruttogehalt unterhalb bzw. oberhalb dieser Grenze zu erhalten?
4. Die MFA Gülay Yildiz, mit einem Monatsbruttolohn von 1.532 Euro, ist bei der BARMER mit einem Beitragssatz von 15,7 % krankenversichert. Errechnen Sie daraus den Arbeitgeber- und Arbeitnehmeranteil sowie den Überweisungsbetrag zur Krankenkasse.
5. Erläutern Sie den Begriff „Beitragsbemessungsgrenze". Was bedeutet es, ein Monatsbruttogehalt unterhalb bzw. oberhalb dieser Grenze zu erhalten?

6. Erkundigen Sie sich im Internet nach der derzeitigen Höhe von Beitragsbemessungs- und Versicherungspflichtgrenze.
7. Unter welchen Voraussetzungen sind Kinder und Ehepartner als Familienangehörige kostenfrei in einer gesetzlichen Krankenkasse mitversichert?
8. Die Krankenkassen erhalten ihre Einnahmen aus dem Gesundheitsfonds.
   a) Wer zahlt in den Gesundheitsfonds ein?
   b) Wodurch wird die Höhe der Zuwendung aus dem Gesundheitsfonds bestimmt?

2.1.3 Elektronische Gesundheitskarte (eGK)

Die gesetzlichen Krankenkassen und einige Vertreter der „Sonstigen Kostenträger" geben an ihre Mitglieder **elektronische Gesundheitskarten** aus. Diese gelten in der gesamten Bundesrepublik Deutschland als **Behandlungsausweise.** Die Karten haben die Größe einer Scheckkarte mit weißer Grundfarbe. Das äußere Erkennungszeichen ist ein einheitliches Logo: eine Zeichnung von Leonardo da Vinci (siehe Abb.1 auf der nächsten Seite).

Legt ein Patient in der Praxis seine Karte vor, weist er sich dadurch als **Mitglied** dieser Krankenkasse aus. Mit der Vorlage der gültigen Karte ist der Arzt verpflichtet, den Patienten nach den Grundsätzen der vertragsärztlichen Versorgung zu behandeln und die erbrachten Leistungen abzurechnen. Die Gesundheitskarte gilt nur für die Dauer der Mitgliedschaft bei der ausstellenden Krankenkasse und ist nicht übertragbar.

Die Missbrauchsmöglichkeiten der Gesundheitskarte sind deutlich eingeschränkt. Durch das **aufgedruckte Foto** kann der Versicherte leicht identifiziert werden. Nur Kinder unter 15 Jahre sowie Versicherte, deren Mitwirkung bei der Erstellung eines Fotos nicht möglich ist, erhalten eine Karte ohne Lichtbild. Über die Telematikinfrastruktur (TI) ist ein Online-Abgleich der Versichertendaten mit den Krankenkassen möglich. Die Versichertennummer auf der Gesundheitskarte ist die **persönliche, lebenslang gültige Kennnummer des Versicherten,** die auch bei einem Versicherungswechsel bestehen bleibt.

Der **Prozessor-Speicherchip** der Gesundheitskarte hat viele Funktionsmöglichkeiten, von denen noch nicht alle genutzt werden. Im Chip gespeichert sind die persönlichen Daten des Versicherten, die für Verwaltungsarbeiten genutzt werden können. Im Rahmen des Notfalldatenmanagements können hier auch Notfalldaten wie Allergien oder Blutgruppe gespeichert werden. Weitere Speichermöglichkeiten sind die elektronische Patientenakte, Patientenverfügung oder Organspendeerklärung. Die Nutzbarkeit medizinischer Daten auf der Gesundheitskarte wird durch einen PIN-Code gesichert. Auch Verordnungen und der Medikationsplan können elektronisch auf der Gesundheitskarte hinterlegt werden.

Auf der Rückseite bestätigt der Versicherte durch **Unterschrift** die Mitgliedschaft bei der ausgewiesenen Krankenkasse. Ebenfalls auf der Rückseite befindet sich häufig die **Europäische Krankenversichertenkarte (EHIC),** mit der ein Versicherter seinen Leistungsanspruch im europäischen Ausland nachweisen kann. Die Daten der EHIC enthalten auch das **Geburtsdatum des Versicherten** und das **Gültigkeitsende** der Karte.

Grundsätzlich sollte der Versicherte bei jedem Arztbesuch vor der Behandlung seine Gesundheitskarte vorlegen. Jeder Versicherte über 15 Jahre muss auf der Rückseite der Karte unterschrieben haben, bei jüngeren Mitgliedern unterschreibt der gesetzliche Vertreter. Die MFA überprüft die **Gültigkeit** der Karte mithilfe des Versichertenstammdatenmanagements, das online über die Telematikinfrastruktur automatisch beim Einlesen der Karte erfolgt.

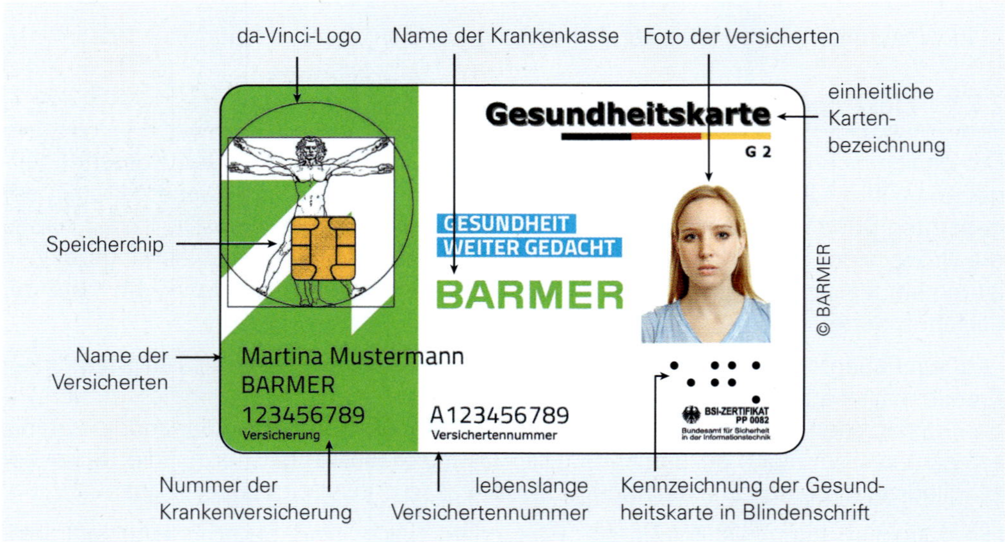

Abb. 1 Elektronische Gesundheitskarte

Das **Einlesedatum der Karte** wird im PC gespeichert und **dokumentiert den Arztbesuch** des Patienten in der Praxis. Die Daten des Versicherten im Speicherchip können nun maschinell auf Vordrucke (Formulare) und in die Abrechnungsunterlagen übertragen werden. Die Maschinenlesbarkeit der Formulare und die maschinelle Bearbeitung von Formularen ermöglichen eine **wirtschaftliche Verwaltung.**

Merke:

Die **elektronische Gesundheitskarte** erfüllt folgende **Aufgaben:**
- Ausweisfunktion,
- Datenübertragungsfunktion und wirtschaftliche Verwaltung.

Im Praxisalltag kann es vorkommen, dass Patienten ihre **Gesundheitskarte vergessen** haben, oder, dass das Verwaltungsstammdatenmanagement eine ungültige Karte ausweist. Auch wenn die Versichertendaten des Patienten im Computer gespeichert sind, muss die Gesundheitskarte mindestens **einmal im Quartal** eingelesen werden. Kann die Behandlung nicht verschoben werden, ist der Arzt berechtigt, die Leistungen privatärztlich abzurechnen, falls der Patient die Gesundheitskarte nicht innerhalb von 10 Tagen nachreicht. Legt der Patient die Gesundheitskarte innerhalb des laufenden Quartals noch vor, werden ihm die Kosten rückerstattet.

Bei einem **Missbrauch** von Versichertendaten eines gesetzlich Krankenversicherten haftet der Vertragsarzt unter Umständen für alle veranlassten Leistungen. Deshalb sollte er bei Patienten ohne Versicherungsnachweis keine Verordnungen, Arbeitsunfähigkeitsbescheinigungen oder Überweisungen zu Lasten einer gesetzlichen Krankenkasse ausstellen. Im Notfall werden Arzneimittel auf Privatrezepten mit dem Vermerk „ohne Versichertennachweis" verordnet.

Übungen

1. Welche Aufgaben erfüllt die elektronische Gesundheitskarte?
2. Wie überprüft die MFA die Gültigkeit einer Gesundheitskarte?
3. Welche der Daten sind auf der Gesundheitskarte sichtbar?
4. Innerhalb welcher Frist muss ein gesetzlich Krankenversicherter seine Gesundheitskarte nachreichen, wenn er seine Karte vergessen hat?
5. Wozu ist der Vertragsarzt berechtigt, wenn der Patient die Frist zum Nachreichen der Karte versäumt?
6. Warum sollte der Arzt keine Verordnungen, Arbeitsunfähigkeitsbescheinigungen oder Überweisungen ausstellen, wenn der Patient seine Gesundheitskarte vergessen hat?

2.1.4 Zuzahlungs- und Befreiungsregelung

Gesetzlich Krankenversicherte müssen bei Verordnungen **Zuzahlungen** leisten. Verordnet werden können

- Arznei- und Verbandmittel
- Heilmittel, z. B. physikalische Therapie
- Hilfsmittel, z. B. Seh- oder Gehhilfen
- Krankenbeförderung
- Krankenhausbehandlung
- Vorsorgekuren, Rehabilitation
- Häusliche Krankenpflege

Die Höhe der Zuzahlung ist je nach Verordnung unterschiedlich und wird im Zusammenhang mit dem entsprechenden Verordnungsformular (siehe Kapitel 3) vorgestellt.

Von der Zuzahlung **befreit** sind folgende Versicherte:

- Patienten, die **unter 18 Jahre** alt sind (Ausnahme bei Verordnung von Krankenbeförderung: hier müssen auch unter 18-jährige Zuzahlung leisten.)
- Frauen, bei denen die Verordnung in unmittelbarem Zusammenhang mit einer **Schwangerschaft** erfolgt,
- Versicherte, die einen gültigen **Befreiungsausweis** vorlegen.

Zuzahlungen sollen niemanden über Gebühr belasten. Deshalb müssen Patienten nicht mehr als zwei Prozent ihres jährlichen Bruttoeinkommens zuzahlen. Für chronisch kranke Menschen, die besonders oft zum Arzt müssen und viele Medikamente benötigen, gilt eine niedrigere Belastungsgrenze. Sie liegt bei einem Prozent des jährlichen Bruttoeinkommens. Die Quittungen über die geleisteten Zuzahlungen sollten die Versicherten aufbewahren, da sie für die Ermittlung der Belastungsgrenzen benötigt werden.

Merke:

Die Belastungsgrenze für Zuzahlungen liegt bei:

- **2 Prozent** des Jahresbruttoeinkommens bzw.
- **1 Prozent** des Jahresbruttoeinkommens bei **schwerwiegend chronisch Kranken.**

Als **schwerwiegend chronisch krank** gilt, wer mindestens ein Jahr lang einmal pro Quartal ärztlich behandelt wurde. Zusätzlich muss eines der folgenden Kriterien zutreffen:

- Schwerbehinderung oder Erwerbsminderung von 60 Prozent oder mehr,
- Pflegebedürftigkeit des Pflegegrades 3, 4 oder 5,
- der Patient muss aus der Sicht des Arztes dauerhaft medizinisch versorgt werden, da sich sonst seine Krankheit lebensbedrohlich verschlimmert, seine Lebenserwartung gemindert oder seine Lebensqualität dauerhaft beeinträchtigt wird.

Nehmen Versicherte an einem für ihre Erkrankung bestehendem DMP teil, gilt grundsätzlich die reduzierte Belastungsgrenze von einem Prozent.

Bei der **Ermittlung der Belastungsgrenze** sind die **Jahresbruttoeinnahmen** zum Lebensunterhalt (z. B. Rente, Gehalt, Arbeitslosengeld) **aller im gemeinsamen Haushalt lebenden Personen** (Ehegatte, Lebenspartner im Sinne des Lebenspartnerschaftsgesetzes, familienversicherte Kinder) zu berücksichtigen.

Von dem Jahresbruttoeinkommen können für jeden Familienangehörigen feste Beträge abgezogen werden.

Um von den Zuzahlungen befreit werden zu können, muss der Versicherte alle Belege über die geleisteten Zuzahlungen sammeln. Hat er seine Belastungsgrenze erreicht, legt er seiner Krankenkasse die Belege vor und erhält dort einen **Befreiungsausweis.** Patienten, die in der Praxis einen Befreiungsausweis vorlegen, sind **bis zum Ablauf des Kalenderjahres von weiteren Zuzahlungen befreit.** Zu Beginn des nächsten Kalenderjahres müssen sie allerdings erneut Zuzahlungen bis zum Erreichen der Belastungsgrenze zahlen, bevor sie erneut einen Befreiungsausweis bei ihrer Krankenkasse beantragen können.

Übungen

1. Welche Versicherte sind grundsätzlich von Zuzahlungen befreit?
2. Unter welchen Voraussetzungen kann sich ein nicht chronisch kranker Versicherter von Zuzahlungen befreien lassen?
3. Wer gilt als „schwerwiegend chronisch krank"?
4. Wann kann sich ein chronisch Kranker von Zuzahlungen befreien lassen?
5. Wo erhält ein Versicherter seinen Befreiungsausweis?
6. Wie lange ist ein Befreiungsausweis gültig?
7. Berechnen Sie, wann sich folgende Personen befreien lassen können sowohl für den Fall, dass sie chronisch krank sind, als auch für den Fall, dass sie nicht chronisch erkrankt sind:
   a) alleinstehende Auszubildende Kristina Beckers mit einem monatlichen Bruttoverdienst von 700 Euro,
   b) alleinerziehende MFA Gülay Yildiz mit einem Kind und einem monatlichen Bruttoverdienst von 1.500 Euro (Abzug vom Jahresbruttolohn: 7.428 Euro),
   c) verheiratete MFA Martina Vogt mit einem monatlichen Bruttoverdienst von 2.300 Euro und einem Ehemann, der 5.300 Euro im Monat verdient (Abzug vom Jahresbruttolohn: 5.481 Euro).

2.1.5 Wahltarife

Heutzutage haben die Krankenkassen die Möglichkeit, den Versicherten **Wahltarife** anzubieten. Sie sollen den Wettbewerb unter den Krankenkassen stärken und sowohl den Kassen als auch den Versicherten finanzielle Vorteile verschaffen. Bei allen Wahltarifen verpflichten sich die Kunden für ein bis drei Jahre bei der Krankenkasse zu bleiben. Wahltarife können folgendermaßen aussehen:

Tabelle: Beispiele für Wahltarife

Tarif	Beispiel
Selbstbehalttarife: Das Mitglied verpflichtet sich, einen Teil der von der Kasse zu tragenden Kosten selbst zu übernehmen, und erhält im Gegenzug eine im Wahltarif vereinbarte Prämie (Bonus) von seiner Krankenkasse. Bindungsfrist: 3 Jahre	Die sportlich aktive MFA Gülay Yildiz wählt einen Selbstbehalttarif, bei dem sie im Krankheitsfall die ersten 1.000 Euro selbst aufbringen muss. Ihre Kasse zahlt jährlich eine Prämie von 400 Euro. Hat sie nur geringe Krankheitskosten selbst zu tragen, rentiert sich für sie der Selbstbehalttarif.

Tarif	Beispiel
Beitragsrückerstattung: Das Mitglied und seine Familienversicherten nehmen ein Jahr lang keine Leistungen der Kasse in Anspruch. Auch in diesen Tarifen erhält das Mitglied einen Bonus. Bindungsfrist: 1 Jahr	Die MFA Stephanie Hilden ist selten krank, meistens kuriert sie kleinere Krankheiten zu Hause aus. Sie geht nur im Notfall zum Arzt und wählt daher einen Tarif, bei dem sie einen Monatsbeitrag von ihrer Kasse als Prämie erstattet bekommt, wenn sie ein Jahr lang keine Kassenleistungen beansprucht.
Teilnahme an besonderen Versorgungsformen wie Disease-Management-Programmen, hausarztzentrierter Versorgung oder integrierter Versorgung: Die Krankenkassen bieten denjenigen Versicherten, die freiwillig an einer besonderen Versorgungsform teilnehmen, einen speziellen Wahltarif an. Die Teilnehmer erhalten von den Krankenkassen Vergünstigungen, z. B. in Form einer Prämienzahlung oder Zuzahlungsermäßigung. Keine Bindungsfrist	Der Vater der MFA Stephanie Hilden ist diabetes-krank und nimmt am **Disease-Management-Programm** für Diabetes Typ II teil. Seine Kasse bietet ihm einen Wahltarif an, bei dem er 40 Euro im Jahr erhält.
Kostenerstattung: Die Patienten treten in der Praxis als Privatpatienten auf und erhalten wie Privatpatienten am Ende der Behandlung eine Privatrechnung (Liquidation). Sie zahlen die Rechnung zunächst selbst und reichen sie anschließend der Krankenkasse zur Erstattung der Kosten ein. Bindungsfrist: 1 Jahr	Die MFA Marina Vogt möchte wie ihr Ehemann als Privatpatient bei Ärzten auftreten. Sie bezahlt die Behandlungskosten zunächst selbst und schickt die Rechnungen ihrer Krankenkasse zur Rückerstattung der Kosten.

Patienten, die **Kostenerstattung** wählen, können nicht damit rechnen, alle Behandlungskosten erstattet zu bekommen. Ihre Behandlungskosten werden nach der **Gebührenordnung für Ärzte (GOÄ)** berechnet, nach der alle **Privatpatienten** abgerechnet werden. Die gesetzlichen Krankenkassen erstatten aber nur Behandlungskosten, die sich aus dem **Einheitlichen Bewertungsmaßstab (EBM),** der Gebührenordnung für gesetzlich Versicherte, ergeben. Der Versicherte ist an die Wahl zur Kostenerstattung ein Jahr gebunden.

Merke:

Gesetzlich Versicherte mit dem Wahltarif **Kostenerstattung** treten in der Praxis als Privatpatienten auf und werden wie **Privatpatienten** abgerechnet.

Übungen

1. Aus welchen Gründen bieten die gesetzlichen Krankenkassen den Versicherten Wahltarife an?
2. Unterscheiden Sie verschiedene Wahltarife und geben Sie jeweils deren Vor- und Nachteile an.
3. Warum bekommen Versicherte, die Kostenerstattung gewählt haben, nicht alle Behandlungskosten erstattet?

2.1.6 Leistungen

Durch die Zahlung der Versichertenbeiträge sind die gesetzlichen Krankenkassen gegenüber ihren Mitgliedern zur Leistung verpflichtet. In der Regel bieten die Kassen Leistungen in Form von **Dienstleistungen** oder **Sachleistungen** an. Die Behandlung eines Patienten durch einen Arzt stellt z. B. eine Dienstleistung dar, während das Arzneimittel, das der Versicherte aufgrund einer ärztlichen Verordnung in der Apotheke erhält, eine Sachleistung ist.

Das Leistungsangebot der gesetzlichen Krankenkassen setzt sich zusammen aus **Pflichtleistungen** (Regelleistungen) und **freiwilligen Leistungen** (Satzungsleistungen). **Freiwillige Leistungen** können sich z. B. auf die Kostenübernahme von zusätzlichen Vorsorgeuntersuchungen, zusätzlichen Impfleistungen oder Naturheilverfahren erstrecken. Das Angebot an freiwilligen Leistungen variiert unter den einzelnen gesetzlichen Krankenkassen stark, was man bei der Wahl seiner Krankenkasse berücksichtigen sollte. Die **Pflichtleistungen** sind im V. Sozialgesetzbuch (SGB) festgeschrieben und müssen von allen gesetzlichen Krankenkassen angeboten werden. Für sämtliche Pflichtleistungen der gesetzlichen Krankenversicherung gilt das **Wirtschaftlichkeitsgebot.**

Das **Wirtschaftlichkeitsgebot** besagt, dass die Leistungen

- ausreichend, zweckmäßig und wirtschaftlich sein müssen und
- das Maß des Notwendigen nicht überschreiten dürfen.

Es **gilt für alle** an der vertragsärztlichen Versorgung **Beteiligten** gleichermaßen:

- Versicherte dürfen andere Leistungen nicht beanspruchen.
- Ärzte dürfen andere Leistungen nicht erbringen.
- Krankenkassen dürfen andere Leistungen nicht gewähren.

Leistungen, die über das Wirtschaftlichkeitsgebot hinausgehen und nicht zum Katalog der freiwilligen Leistungen gehören, sind keine Kassenleistungen und müssen vom Patienten privat bezahlt werden. Hierzu zählen insbesondere die **Individuellen Gesundheitsleistungen (IGeL).** Welche Leistungen dem Wirtschaftlichkeitsgebot entsprechen und in den Pflichtleistungskatalog der gesetzlichen Krankenkassen aufgenommen werden, entscheidet der **Gemeinsame Bundesausschuss (G-BA).**

Abb. 1 auf der nächsten Seite zeigt die **Gliederung der Leistungen** in verschiedene Leistungsarten.

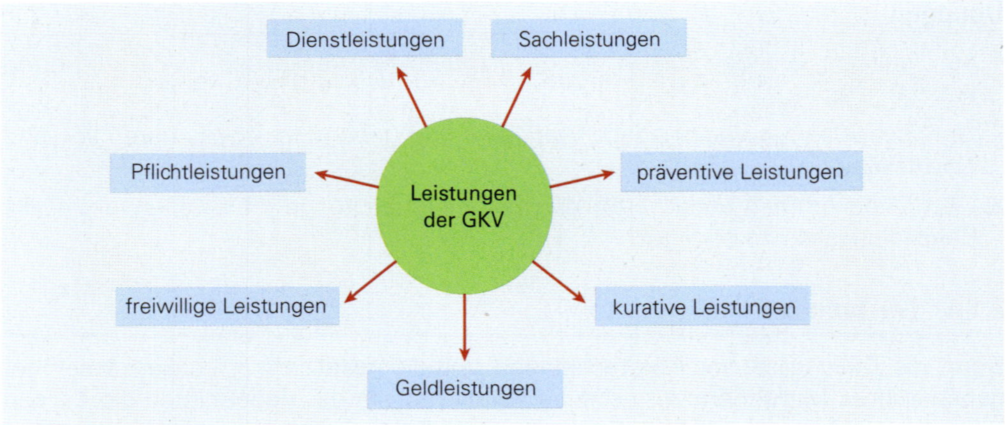

Abb. 1 Leistungen der gesetzlichen Krankenkassen im Überblick

Präventive Leistungen sind Leistungen der Vorsorge und Früherkennungen, durch die Krankheiten verhindert oder im Frühstadium erkannt werden können. Nach überstandener Krankheit soll durch Prävention die Folgen einer Krankheit abgemildert werden. Kosten für Schutzimpfungen werden nur von den gesetzlichen Krankenkassen übernommen, wenn sie vom Robert Koch-Institut in Berlin empfohlen worden sind. Folgende Übersicht zeigt die wichtigsten präventiven Leistungen, die von den gesetzlichen Krankenkassen finanziert werden:

Präventive Leistungen sind beispielsweise

- **Vorsorgekuren**
- Vom Robert Koch-Institut empfohlene **Schutzimpfungen**
- 10 **Kinderfrüherkennungsuntersuchungen** U1 – U9 (einschließlich U7a) bei Kindern bis zu 6 Jahren in festen Abständen
- **Mutterschaftsvorsorgeuntersuchungen** bei Schwangeren nach der Erstuntersuchung alle 4 Wochen, in den letzten beiden Schwangerschaftsmonaten alle 14 Tage, zwei Untersuchungen nach der Schwangerschaft
- **Jugendgesundheitsuntersuchung** J1 für Jugendliche zwischen 12 und 14 Jahren
- **Gesundheitsuntersuchung** einmalig zwischen 18 und 35 Jahren, alle 3 Jahre ab 35 Jahren
- **Hautkrebs-Screening** alle 2 Jahre ab 35 Jahren
- **Krebsfrüherkennungsuntersuchungen** jährlich bei Frauen ab 20 Jahren und bei Männern ab 45 Jahren
- **Vorsorgekoloskopie** (Darmspiegelung) zwei Mal im Abstand von 10 Jahren bei Männern ab 50 Jahren, bei Frauen ab 55 Jahren
- **Screening auf Bauchaortenaneurysmen** einmalig bei Männer ab 65 Jahren
- **Disease-Management-Programme (DMP)** für Patienten mit Diabetes mellitus Typ 1, Diabetes mellitus Typ 2, Brustkrebs, koronare Herzerkrankung (KHK), Asthma bronchiale und chronisch obstruktiver Lungenerkrankung (COPD)

Kurative Leistungen (von lat. „curare" = heilen) dienen der Erkennung (Diagnostik) und Behandlung (Therapie) von Krankheiten. Die gesetzlichen Krankenkassen tragen die Kosten für die **ambulante oder stationäre Behandlung** beim Vertragsarzt, Zahnarzt oder Psychotherapeuten. Weiterhin übernehmen sie die Kosten, die sich aus den verschiedenen **Verordnungen** ergeben. Verordnungen sind in der Regel zuzahlungspflichtig. Folgende Übersicht zeigt wichtige kurative Leistungen der gesetzlichen Krankenkassen.

Kurative Leistungen sind:

- Ärztliche Behandlung
- Versorgung mit Arznei- und Verbandmitteln
- Versorgung mit Heil- und Hilfsmitteln
- Soziotherapie (ambulante Versorgungsleistung für Patienten mit schweren psychischen Störungen)
- Maßnahmen der Rehabilitation
- Häusliche Krankenpflege
- Haushaltshilfe
- Behandlung im Krankenhaus

Außer Dienst- und Sachleistungen gewähren die gesetzlichen Krankenkassen den Versicherten in bestimmten Fällen auch **Geldleistungen.**

Geldleistungen sind:

- Zahlung des **Mutterschaftsgeldes** sechs Wochen vor und acht Wochen nach der Geburt. Die Höhe richtet sich nach dem Verdienst der letzten drei Monate, maximal 13 Euro pro Kalendertag. Der Arbeitgeber zahlt bis zum Erreichen des Nettolohns dazu.
- Zahlung des **Krankengeldes** nach Wegfall der Lohnfortzahlung sechs Wochen nach Krankheitsbeginn für 78 Wochen innerhalb von drei Jahren in Höhe von 70 Prozent des regelmäßig erzielten Bruttoentgeltes.

Übungen

1. Unterscheiden Sie Dienst- und Sachleistungen.
2. Welche Leistungsangebote können bei einer gesetzlichen Krankenkasse variieren, welche sind durch den Gesetzgeber festgelegt?
3. Nennen Sie Beispiele für freiwillige Leistungen der gesetzlichen Krankenkassen.
4. Was versteht man unter dem Wirtschaftlichkeitsgebot der gesetzlichen Krankenkassen?
5. Für wen gilt das Wirtschaftlichkeitsgebot?
6. Wer kommt für die Kosten von IGeLeistungen (Individuelle Gesundheitsleistungen) auf?
7. Wer entscheidet, welche Leistungen in den Pflichtleistungskatalog der gesetzlichen Krankenkassen aufgenommen werden?
8. Unterscheiden Sie präventive und kurative Leistungen.
9. Nennen Sie Beispiele für präventive und kurative Leistungen der GKV.
10. Unter welcher Voraussetzung übernehmen die gesetzlichen Krankenkassen die Kosten für Schutzimpfungen?
11. Welche Geldleistungen gewähren die Krankenkassen?
12. Auf welchen Zeitraum erstreckt sich die Zahlung des Mutterschaftsgeldes?
13. Wann beginnt die Zahlung des Krankengeldes?
14. In welcher Höhe wird Krankengeld gezahlt?

2.2 Privatpatienten

Fallbeispiel:

Sie sitzen mit Ihren Kolleginnen Marina Vogt und Kristina Beckers an der Anmeldung und begrüßen die Grundschullehrerin Frau Beate Königs. Marina ruft die Daten der Patientin im Computer auf, aus denen hervorgeht, dass Frau Königs Privatpatientin ist.

Frau Königs: *Ich wollte mich mal nach der „Klangschalenmassage zur Tiefenentspannung" erkundigen. Meine Kollegin hat mir diese Behandlung empfohlen. Sie meint, dadurch könne man unglaublich gut Stress abbauen, und das ist bei meinem Beruf wirklich nötig, das müssen Sie mir glauben. Ich weiß allerdings nicht, ob meine Beihilfe die Kosten dafür übernimmt. Und eine Grundschullehrerin verdient ja auch nicht gerade das meiste.*

Marina: *Ich kann mir gut vorstellen, dass Sie als Grundschullehrerin genug Stress haben. Am besten fragen Sie Frau Dr. Söhnke nach der Therapie und nach den Kosten.*

Als Frau Königs im Wartezimmer Platz genommen hat, wendet sich Kristina an Marina.

Kristina: *Ich bin etwas verwundert über Frau Königs. Ich dachte, nur Personen mit einem hohen Einkommen wären Privatpatienten.*

Info

Als **Privatpatienten** werden Personen bezeichnet, die mit dem Arzt einen **privaten Behandlungsvertrag** abschließen. Die Behandlungskosten muss der Privatpatient selbst zahlen. Der Arzt ist berechtigt, direkt nach der Behandlung eine **Liquidation** (Privatrechnung) auszustellen, die der Privatpatient sofort und in vollem Umfang begleichen muss.

Die **Abrechnung** der Leistungen erfolgt bei Privatpatienten auf der Grundlage der **Gebührenordnung für Ärzte (GOÄ).** Die GOÄ ist eine von der Bundesregierung erlassene Rechtsverordnung, die für die Vergütung von ärztlichen Leistungen angewendet werden muss, sofern bestimmte Verträge, z. B. der Bundesmantelvertrag für gesetzlich Krankenversicherte, nicht andere Gebührenordnungen, wie beispielsweise den EBM, vorschreiben.

Privatpatienten können sich für die Kostenerstattung bei einer **privaten Krankenversicherung (PVK)** versichern oder zusatzversichern.

Folgende Patienten gelten in der Praxis als **Privatpatienten:**

- Patienten **ohne gültigen Behandlungsausweis**
- gesetzlich Krankenversicherte bei Leistungen, die nicht von der gesetzlichen Krankenkasse übernommen werden **(Individuelle Gesundheitsleistungen)**
- gesetzlich Krankenversicherte, die mit ihrer Krankenkasse eine **„Kostenerstattung"** vereinbart haben
- **privat Krankenversicherte**

Merke:

Privatpatienten sind Selbstzahler. Sie erhalten nach der ärztlichen Behandlung eine **Liquidation** auf der Grundlage der **GOÄ.** Zur **Kostenerstattung** können **private Krankenversicherungen** abgeschlossen werden.

2.2.1 Private Krankenversicherungsunternehmen

Träger der **privaten Krankenversicherung** sind Versicherungsunternehmen mit Gewinnabsichten. Die größten Anbieter in Deutschland sind die Debeka, DVK und Axa.

Die Höhe der **Versicherungsbeiträge** ist nicht, wie bei den gesetzlichen Krankenkassen, vom Einkommen abhängig, sondern von der **Wahl der versicherten Leistungen.** So zahlt der Versicherungsnehmer einen höheren Beitrag, wenn er im Krankenhaus die Chefarztbehandlung und das Einbettzimmer wünscht, oder wenn die Versicherung auch Kosten für Kuren oder alternative Behandlungsmethoden wie Homöopathie übernehmen soll. Bei dieser Art der Beitragskalkulation spricht man vom

- **Äquivalenzprinzip: Je höher der Leistungsanspruch, desto höher der Beitrag.**

Aufgrund des variablen Leistungskatalogs bieten die privaten Krankenversicherungen eine Vielzahl von Tarifen an. Durch bestimmte **Wahltarife** können die Versicherten auch ihren monatlichen Beitrag senken. Beispielsweise übernimmt der Versicherungsnehmer bei einer **Selbstbeteiligung** einen Teil der Behandlungskosten selbst. Werden ein Jahr lang keine medizinischen Leistungen in Anspruch genommen, erhalten die Versicherten eine **Beitragsrückerstattung.**

Zusätzlich berechnen die Versicherungsunternehmen den Beitrag bei Eintritt in eine private Krankenversicherung auf der Grundlage des **vorhandenen Risikos.** Personen mit **chronischen Vorerkrankungen** wie Diabetes mellitus, Übergewicht oder Asthma bronchiale zahlen einen höheren Beitrag als Personen ohne diese Erkrankungen. Da ein höheres Alter auch ein höheres Krankheitsrisiko bedeutet, ist das **Eintrittsalter** in eine private Krankenversicherung von Bedeutung. Je jünger eine Person ist, desto geringer ist der Beitrag. Hier spricht man vom

- **Risikoprinzip: Je höher das vorhandene Risiko, desto höher der Beitrag.**

Merke:

Die privaten Krankenversicherungen kalkulieren ihre Beiträge nach dem **Äquivalenz- und Risikoprinzip.** Die Beiträge orientieren sich

- an der **Art der versicherten Leistungen,**
- am **Eintrittsalter** und
- am grundsätzlichen **Krankheitsrisiko der Versicherten.**

Die privaten Krankenversicherungen sind berechtigt, bei einer erhöhten Kostenbelastung **den Beitrag der Versicherten zu erhöhen.** Durch allgemeine Kostensteigerungen, neue medizinische Behandlungsmethoden und längere Lebenserwartung sind die Kosten im Gesundheitswesen in den letzten Jahren deutlich gestiegen. Da die privaten Krankenkassen die erhöhten Ausgaben durch Beitragserhöhungen sofort wieder ausgleichen, sind in den vergangenen 20 Jahren die Beiträge zur privaten Krankenversicherung doppelt so schnell gestiegen wie bei den gesetzlichen Krankenkassen. Die privaten Krankenversicherungen sind gesetzlich dazu verpflichtet, **Altersrückstellungen** zu bilden, um höheren Beiträgen im Alter entgegenzuwirken.

Privat Krankenversicherte haben **freie Arztwahl,** die private Krankenversicherung übernimmt auch ambulante Behandlungskosten von Nicht-Vertragsärzten. Zuzahlungen bei Verordnungen fallen in der Regel nicht an.

Krankengeld ist im Leistungsumfang der privaten Krankenversicherung nicht eingeschlossen. Dafür müssen privat Krankenversicherte zusätzlich eine **Krankentagegeldversicherung** abschließen.

Privat Krankenversicherte müssen die Behandlungskosten beim Arzt zunächst in voller Höhe selbst bezahlen. Anschließend reichen sie ihrer privaten Krankenversicherung die Arztrechnung zur **Kostenerstattung** ein. Die Höhe der Kostenerstattung ist abhängig vom gewählten Tarif. Die Geldflüsse bei privat Krankenversicherten zeigt folgende Abbildung:

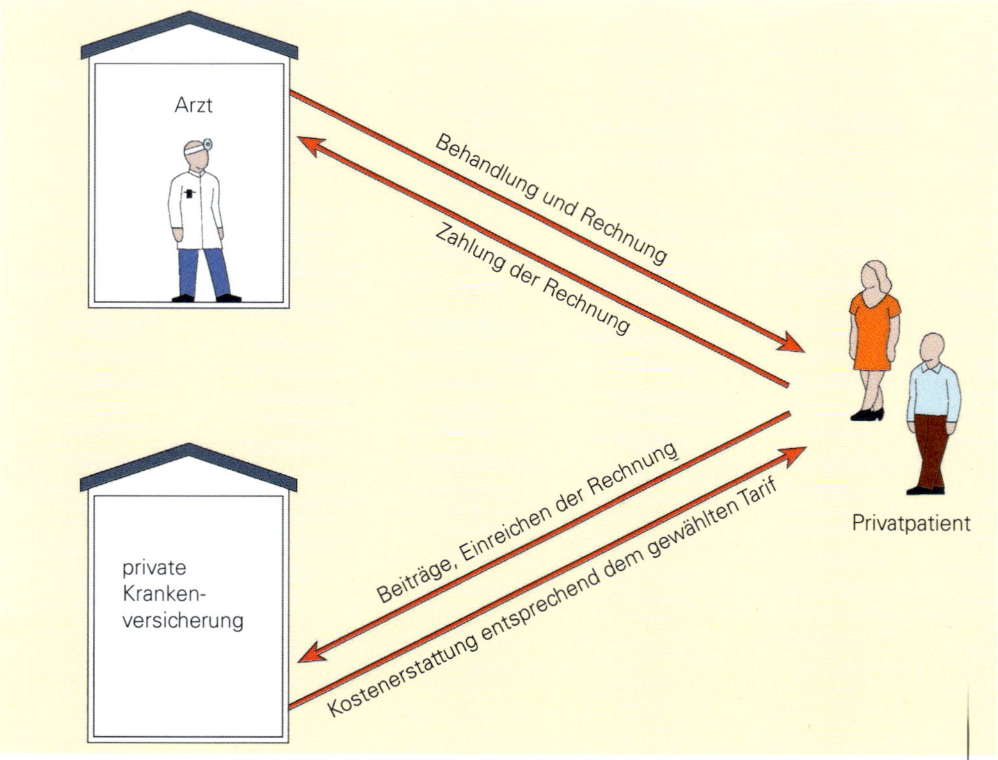

Abb. 1 Geldflüsse bei privat Krankenversicherten

Übungen

1. Nehmen Sie Stellung zu der Vermutung von Kristina, dass Privatpatienten nur Personen mit hohem Einkommen sind.
2. Nennen Sie Personen, die in der Praxis als Privatpatienten abgerechnet werden.
3. Nach welcher Gebührenordnung werden Privatpatienten abgerechnet?
4. Wonach richtet sich die Beitragshöhe einer privaten Krankenversicherung?
5. Warum sind die Beiträge der privaten Krankenkassen in den letzten Jahren deutlicher gestiegen als die der gesetzlichen?
6. Der privat krankenversicherte Herr Wehner möchte seine Liquidation erst begleichen, wenn die Kostenerstattung durch seine Versicherung erfolgt ist. Nehmen Sie Stellung!

2.2.2 Private Vollversicherung

Die meisten deutschen Bürger sind Pflichtmitglieder einer gesetzlichen Krankenkasse. Aber auch für alle anderen Deutschen gilt die **Versicherungspflicht** bei einer Krankenkasse. Sie können als freiwilliges Mitglied einer gesetzlichen Krankenkasse beitreten oder eine **Vollversicherung bei einer privaten Krankenkasse** abschließen. Das gilt insbesondere für:

- **Arbeiter und Angestellte** mit einem Gehalt **oberhalb** der Versicherungspflichtgrenze,
- **Selbstständige, Unternehmer, Freiberufler.**

Familienangehörige dieser Personengruppen sind nicht kostenfrei mitversichert, jedes Familienmitglied benötigt eine eigene private Krankenversicherung mit einem **eigenen Beitrag.**

Privat krankenversicherte Arbeitnehmer erhalten von ihrem **Arbeitgeber** einen **Zuschuss zur privaten Krankenversicherung.** Der Zuschuss liegt bei maximal der Hälfte des Versicherungsbeitrags und ist nicht höher als der Arbeitgeberanteil für eine gesetzliche Krankenversicherung. Bei Rentnern übernimmt die gesetzliche Rentenversicherung den Zuschuss zur privaten Krankenversicherung.

Übungen

1. Welche Personen dürfen in eine private Krankenvollversicherung wechseln?
2. Wie hoch ist der Zuschuss, den der Arbeitgeber seinem Angestellten für die private Krankenversicherung erstatten muss?
3. Vergleichen Sie die gesetzliche und private Krankenversicherung hinsichtlich folgender Punkte:
   a) Kostenfreie Familienversicherung
   b) Versicherter Leistungsumfang
   c) Freie Arztwahl
   d) Zuzahlung
   e) Krankengeld

2.2.3 Beihilfe und private Teilversicherung

Mitarbeiter des **öffentlichen Dienstes** werden in der Regel **verbeamtet.** Arbeitgeber der Mitarbeiter des öffentlichen Dienstes, auch Dienstherren genannt, sind Kommunen, Bundesländer und der Bund. Zum öffentlichen Dienst gehören Tätigkeiten in Versorgungsbetrieben, in der Verwaltung oder als Lehrer an Schulen bzw. Hochschulen.

Beamte haben eine besondere Treuepflicht gegenüber ihren Dienstherren, im Gegenzug verpflichtet sich der Dienstherr, den Beamten im Krankheitsfall und im Ruhestand ausreichend zu versorgen. **Richter und Soldaten** sind keine Beamten, in vielen Bereichen sind sie den Beamten aber gleichgestellt.

In der Regel erhalten Beamte im Krankheitsfall von ihrem Dienstherrn kostenfrei eine finanzielle Unterstützung, die sogenannte **Beihilfe.** Familienangehörige von Beamten sind ebenfalls beihilfeberechtigt, wenn für sie keine Versicherungspflicht in der gesetzlichen Krankenversicherung besteht.

Der Beihilfeberechtigte reicht seine Arztrechnung nach der Behandlung der **Beihilfestelle** ein, die ihm dann **50 – 80 Prozent** der Kosten erstattet. Beihilfefähige Leistungen beschränken sich auf das medizinisch Notwendige, deshalb ist der Umfang der beihilfefähigen Leistungen nicht wesentlich größer als der Umfang von GKV-Leistungen.

20 – 50 Prozent der Behandlungskosten werden von der Beihilfe nicht übernommen. Für diesen verbleibenden Teil der Kosten schließen die Beamten in der Regel eine **private Teilversicherung** ab. Da die private Teilversicherung der Beamten nur einen prozentualen Anteil der Behandlungskosten übernehmen muss, ist der monatliche Versicherungsbeitrag zur privaten Krankenversicherung für die Beamten entsprechend niedrig.

Folgende Abbildung zeigt die Geldflüsse bei Beihilfeberechtigen mit privater Teilversicherung:

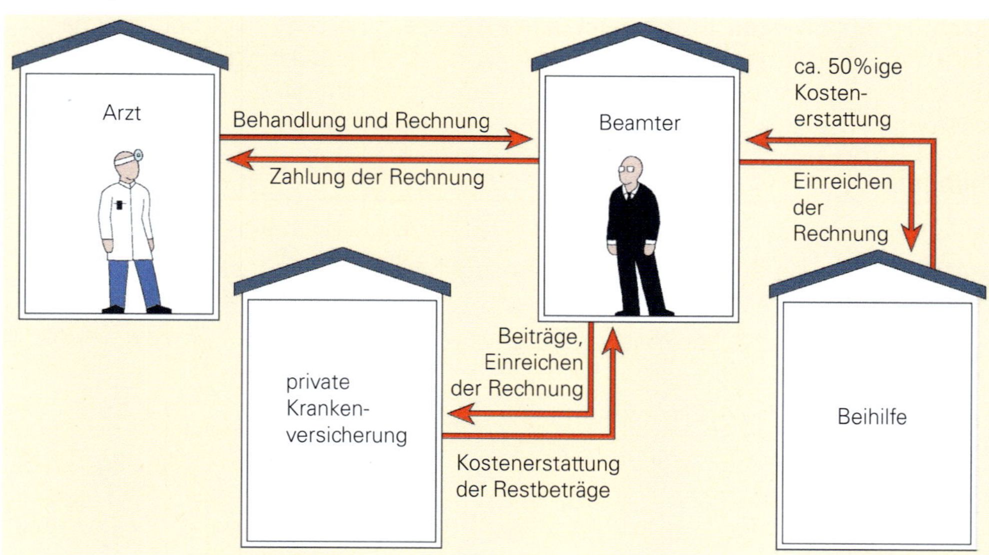

Abb. 1 Geldflüsse bei Beamten

Merke:

Beamte erhalten von ihrem Dienstherrn **kostenfrei** eine finanzielle Unterstützung im Krankheitsfall, die **Beihilfe.** Für die restlichen Behandlungskosten schließen Beamte eine private **Teilversicherung** ab.

Übungen

1. In welchen Tätigkeitsbereichen werden Mitarbeiter häufig verbeamtet?
2. Welche Verpflichtungen übernehmen Beamte und Dienstherr gegenseitig?
3. Wie viel Prozent der Behandlungskosten werden bei Beamten durch die Beihilfe erstattet?
4. Wer kommt bei Beamten in der Regel für die Behandlungskosten auf, die nicht von der Beihilfe übernommen werden?

2.2.4 Private Zusatzversicherung

Die privaten Krankenversicherungen dürfen den gesetzlich Krankenversicherten **private Zusatzversicherungen** für verschiedene Gesundheitsbereiche anbieten. Die Versicherungen bieten eine Vielzahl von Versicherungspolicen an:

- **Krankenhauszusatzversicherung:** Die Versicherten treten im Krankenhaus als Privatpatienten auf, mit Anspruch auf **Chefarztbehandlung** und **Ein- oder Zweibettzimmerunterbringung.** Die private Zusatzversicherung kommt für die zusätzlichen Kosten der Krankenhausbehandlung auf, die nicht von der gesetzlichen Krankenkasse gezahlt werden.
- **Ambulante Zusatzversicherung:** Diese Versicherungen werden für gesetzlich Krankenversicherte angeboten, die mit ihrer Krankenkasse die Kostenerstattung vereinbart haben. Die private Zusatzversicherung kommt für die Kosten auf, die nicht von den gesetzlichen Krankenkassen erstattet werden.
- **Zusatz- und Ergänzungsversicherungen:** Die private Zusatzversicherung kommt für die Zuzahlungen, z. B. bei Zahnersatzbehandlungen, auf. Oder die Versicherungen übernehmen die Kosten für Hilfsmittel, die nicht zum Leistungskatalog der gesetzlichen Krankenkassen gehören, wie Brillen oder Kontaktlinsen.
- **Auslandskrankenversicherung:** Mit den Ländern des europäischen Auslands besteht ein Sozialversicherungsabkommen. Die deutschen gesetzlichen Krankenkassen erstatten bei Auslandsreisen maximal die Behandlungskosten, die auch in Deutschland angefallen wären. Besteht kein Sozialversicherungsabkommen, übernimmt die gesetzliche Krankenkasse gar keine Kosten. Private Versicherer bieten Reisekrankenversicherungen an, die für die zusätzlichen oder für die kompletten Kosten beim Krankheitsfall im Ausland aufkommen.

Übungen

1. Nennen Sie Beispiele für private Zusatzversicherungen, die für gesetzlich Krankenversicherte angeboten werden.
2. Wann ist eine Auslandskrankenversicherung sinnvoll?

2.2.5 Brancheneinheitliche Tarife der privaten Krankenversicherungen

Die privaten Krankenversicherungen sind gesetzlich verpflichtet, brancheneinheitliche Billigtarife anzubieten. Diese Tarife sind für Personen gedacht, die sich die Beiträge zur privaten Krankenversicherung sonst nicht oder nicht mehr leisten können, wie beispielsweise Rentner oder Selbstständige mit geringem Einkommen. Unterschieden werden **Basistarif, Standardtarif und Notlagentarif.**

Basistarif

Seit 2009 wird von den privaten Krankenversicherungen der **Basistarif** angeboten. In den Basistarif können **folgende Personengruppen** wechseln:

- gesetzlich Krankenversicherte, deren Verdienst so gestiegen ist, dass sie von der Versicherungspflicht in die freiwillige Mitgliedschaft der GKV wechseln, innerhalb von 6 Monaten nach Eintritt der freiwilligen Mitgliedschaft
- Beihilfeberechtigte, die einen Ergänzungsschutz für die Beihilfe benötigen
- Personen, die weder in der GKV versicherungspflichtig sind, noch Leistungen nach dem Asylbewerberleistungsgesetz oder Sozialhilfe erhalten
- Privatversicherte, die nach dem 1. Januar 2009 Mitglied einer privaten Krankenversicherung wurden
- Bestandsversicherte einer privaten Krankenversicherung, die schon vor dem 1. Januar 2009 Mitglied waren, unter folgenden Voraussetzungen:

  a) Vollendung des 55. Lebensjahrs

  b) Anspruch auf Rente oder beamtenrechtliche Pension

  c) Hilfebedürftigkeit nach dem SGB II oder SGB XII

Der **Beitrag,** den ein Versicherter im Basistarif zu zahlen hat, darf nicht höher sein als der **Höchstbeitrag zur gesetzlichen Krankenversicherung.** Der individuelle Beitrag kann aber niedriger sein, da das Eintrittsalter in die private Krankenversicherung und die Versicherungsdauer berücksichtigt werden. Für Vorerkrankungen dürfen keine Risikozuschläge oder Leistungsausschlüsse vereinbart werden. **Familienmitglieder** sind **nicht kostenfrei** mitversichert, das heißt, Ehepaare zahlen evtl. zweimal den Höchstbeitrag der gesetzlichen Krankenversicherung. Für **Empfänger von Arbeitslosengeld II oder von Sozialhilfe** muss der **Beitrag halbiert werden.**

Der Umfang der versicherten Leistungen entspricht im Basistarif nahezu dem **Leistungskatalog der gesetzlichen Krankenversicherung.**

Wie gesetzlich Krankenversicherte müssen auch Versicherte im Basistarif **Zuzahlungen** für Verordnungen bis zum Erreichen der Belastungsgrenze leisten. Die Höhe der Zuzahlung unterscheidet sich aber teilweise von den gesetzlichen Krankenkassen:

Verordnung	Zuzahlungsregelung im Basistarif
Arzneimittel	Wie GKV, Zuzahlung auf 6 € je Medikament begrenzt
Heilmittel	2 € je Heilmittel und 10 € je Verordnung
Hilfsmittel	8 € je Hilfsmittel, bei Verbrauchsmaterialien 10 € für den Monatsbedarf
Transport	10 € je Fahrt
Krankenhaus und Rehabilitation	wie GKV

Die **Abrechnung** erfolgt wie bei allen Privatpatienten **direkt mit dem Patienten,** der die Rechnung zur **Kostenerstattung** der privaten Krankenversicherung zusendet. Die Höhe der Gebühren, die der Arzt abrechnen darf, ist niedriger als bei den regulär vollversicherten Privatpatienten.

Die **Sicherstellung** der Behandlung von Patienten im Basistarif ist **Aufgabe der Kassenärztlichen Bundesvereinigung.** Daraus ergibt sich, dass Patienten im Basistarif nur von **Vertragsärzten** behandelt werden können.

Versicherte im Basistarif haben das Recht, **private Zusatzversicherungen** abzuschließen, und behalten somit das Recht, beispielsweise im Krankenhaus wie Privatpatienten mit regulärer Vollversicherung behandelt zu werden.

Standardtarif

In den **Standardtarif** können nur privat Krankenversicherte wechseln, die schon vor 2009 privat versichert waren und folgende Bedingungen erfüllen:

- vollendetes 65. Lebensjahr mit mindestens 10-jähriger Zeit der Vollversicherung in der privaten Krankenversicherung
- vollendetes 55. Lebensjahr mit mindestens 10-jähriger Zeit der Vollversicherung in der privaten Krankenversicherung und einem Einkommen unter der aktuellen Versicherungspflichtgrenze
- Personen, die aufgrund von Erwerbsunfähigkeit vorzeitig in Rente oder Pension gehen müssen. Ihr Einkommen muss unter der aktuellen Versicherungspflichtgrenze liegen und sie müssen bereits 10 Jahre in der PKV oder nach Beihilfetarifen versichert gewesen sein.

Der **Höchstbeitrag** im Standardtarif ist ebenfalls auf den **Höchstbeitrag der gesetzlichen Krankenkassen** begrenzt, fällt aber in der Regel niedriger aus, da die Altersrückstellung voll mit angerechnet werden muss. Ehepaare zahlen nur den 1,5-fachen Beitrag, so dass der Standardtarif **in der Regel günstiger** ist als der Basistarif.

Die **Leistungen** im Standardtarif müssen **mit den Leistungen der gesetzlichen Krankenversicherung vergleichbar** sein. Insgesamt ist der Leistungsumfang aber **geringer als beim Basistarif,** insbesondere werden keine Kosten für Kuren, Haushaltshilfen oder Soziotherapie übernommen. Patienten im Standardtarif dürfen **keine privaten Zusatzversicherungen** abschließen.

Notlagentarif

Zahlt ein privat Krankenversicherter **trotz mehrfacher Mahnungen** seine monatlichen **Beiträge nicht,** ist das Versicherungsunternehmen berechtigt, den **Versicherungsvertrag ruhen zu lassen.** Solange der Vertrag ruht, ist der Versicherungsnehmer im Notlagentarif versichert.

Der **Notlagentarif** sieht ausschließlich die Aufwendungserstattung für Leistungen vor, die **zur Behandlung von akuten Erkrankungen und Schmerzzuständen sowie bei Schwangerschaft und Mutterschaft** erforderlich sind. Für versicherte Kinder und Jugendliche werden zudem die Vorsorgeuntersuchungen zur Früherkennung von Krankheiten und Impfungen erstattet.

Der **monatliche Beitrag** im Notlagentarif liegt **zwischen 100 und 125 €,** wobei ein Teil der Prämie aus der Altersrückstellung des Versicherungsnehmers genommen werden darf.

Zahlt der Versicherte seine **Rückstände einschließlich der Säumniszuschläge zurück,** gelten für ihn wieder die gleichen Versicherungsbedingungen wie vor Eintritt des Ruhens.

Übungen

1. Gegenüber welchen Personengruppen sind die privaten Krankenversicherungen verpflichtet, brancheneinheitliche Tarife anzubieten?
2. Welche drei brancheneinheitlichen Tarife werden unterschieden?
3. Welche Personengruppen dürfen in den Basistarif, welche in den Standardtarif wechseln?
4. Wie hoch darf der Beitrag im Basis- bzw. im Standardtarif maximal sein?
5. Welche Faktoren haben, im Gegensatz zu den regulären Tarifen der privaten Krankenvollversicherung, keinen Einfluss auf die Beitragshöhe im Basis- bzw. Standardtarif?
6. Warum dürfen Patienten im Basis- bzw. Standardtarif nur Vertragsärzte aufsuchen?
7. Nennen Sie Unterschiede von Basis- und Standardtarif.
8. Wann gilt ein privat Versicherter als „im Notlagentarif" versichert?
9. Welche Leistungen sind im Notlagentarif abgedeckt?
10. Wie hoch ist der Beitrag im Notlagentarif?
11. Wann kann der privat Versicherte aus dem Notlagentarif wieder in seinen regulären Tarif wechseln?

2.3 Patienten aus der Gruppe der „Sonstigen Kostenträger"

Fallbeispiel:

Die Auszubildende Kristina Beckers sitzt mit ihrer Kollegin Stephanie Hilden an der Anmeldung, als ein Patient mit schmerzverzerrtem Gesicht die Praxis betritt.

Patient: *Mein Name ist Joop Bakker. Ich machte hier gerade Urlaub. Seit gestern habe ich starke Rückenschmerzen.*

Kristina: *Darf ich bitte Ihre Karte haben?*

Patient: *Sie wollen meine Kreditkarte?*

Kristina zeigt dem Patienten ihre eigene Gesundheitskarte, doch der Patient schüttelt nur fragend den Kopf. Daraufhin dreht Stephanie die Gesundheitskarte um. Als der Patient die Rückseite sieht, erhellt sich sein Gesicht und er überreicht Kristina seine Europäische Krankenversichertenkarte. Erwartungsvoll blickt er auf die beiden Frauen. Kristina wendet sich flüsternd an Stephanie.

Kristina: *Was müssen wir denn jetzt machen?*

Info

Bei den **„Sonstigen Kostenträgern"** handelt es sich um Kostenträger, die nicht zu den gesetzlichen Krankenkassen gehören und deren Anspruchsberechtigte auch keine Privatpatienten sind. Die medizinische Versorgung dieser Patienten ist aufgrund von **gesetzlichen Bestimmungen** geregelt oder durch **Verträge** mit der Kassenärztlichen Vereinigung für den Vertragsarzt verpflichtend. Mit der Zulassung verpflichtet sich der Vertragsarzt, diese Verträge einzuhalten. Da es sich jeweils um individuelle Verträge handelt, gibt es keine einheitlichen Regelungen bezüglich Leistungsanspruch, Versicherungsnachweis oder Zuzahlungen. Zudem kann es zu unterschiedlichen Abrechnungsverfahren bestimmter „Sonstiger Kostenträger" in den einzelnen Bundesländern kommen.

Merke:

Unter dem Begriff **„Sonstige Kostenträger"** werden verschiedene Kostenträger zusammengefasst, die durch jeweils eigenständige Verträge am vertragsärztlichen System teilnehmen. Hinsichtlich Art und Umfang der vertragsärztlichen Versorgung sowie des Abrechnungsverfahrens gibt es keine einheitlichen Regelungen.

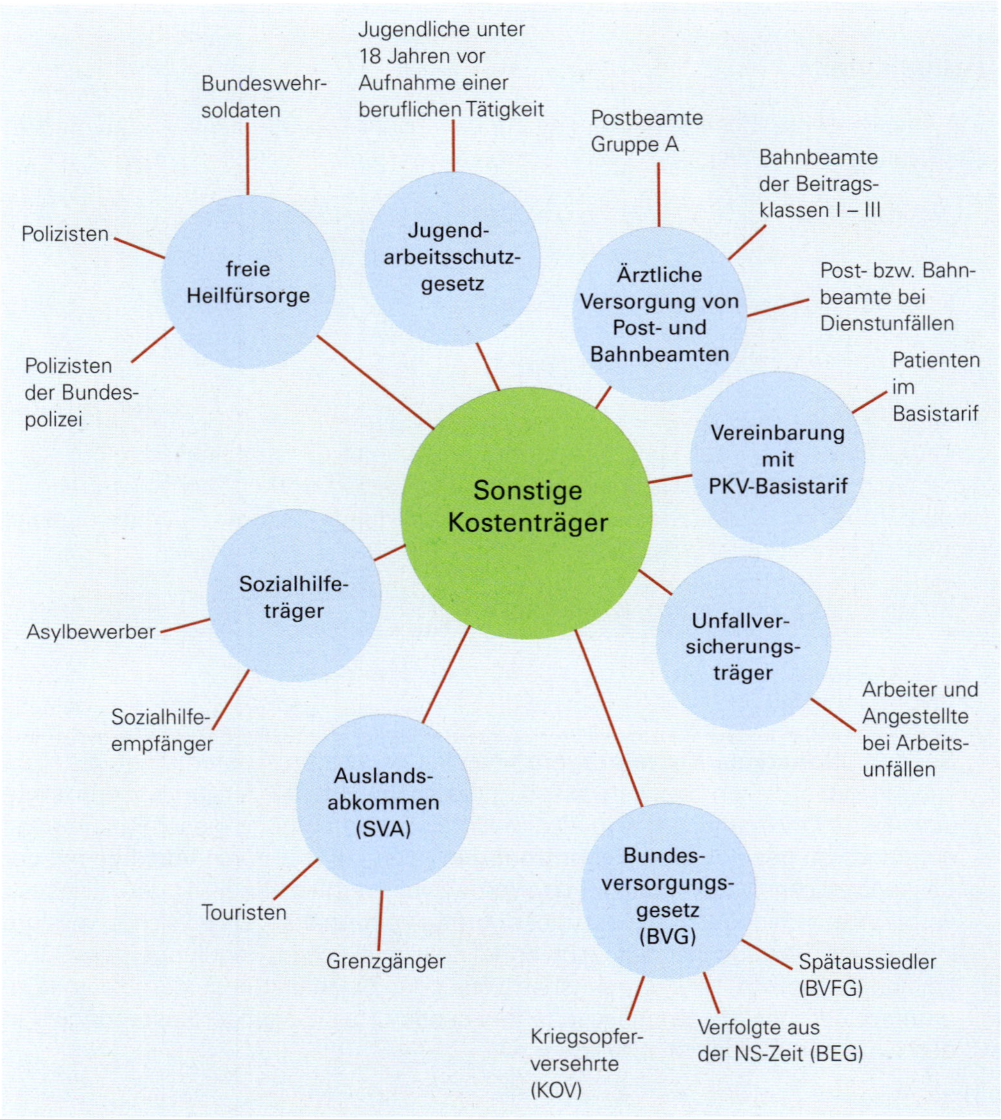

Abb. 1 „Sonstige Kostenträger" im Überblick

Die Medizinische Fachangestellte überprüft vor der Behandlung den **Behandlungsausweis** des Patienten. Als Behandlungsausweise dienen gültige **Versichertenkarten** oder **Vordrucke (Formulare).** Hierbei wird der konkreten Kostenträger bestimmt, mit dem die Leistungen am Ende der Behandlung abgerechnet werden müssen, und welche **Gebührenordnung,** EBM oder GOÄ, zur Anwendung kommt.

Die Abrechnung der Leistungen erfolgt entweder

- nach dem **EBM** quartalsweise über die **Kassenärztliche Vereinigung** oder
- nach der **GOÄ** direkt mit dem **Patienten** oder
- nach der **GOÄ** bzw. **UV-GOÄ** direkt mit dem **Kostenträger.**

Bei einem Teil der „Sonstigen Kostenträger" übernimmt eine **gesetzliche Krankenkasse** die Abrechnung des Anspruchsberechtigens, sodass die Verwaltungsabläufe ähnlich wie bei gesetzlich Krankenversicherten sind.

2.3.1 Freie Heilfürsorge

Bestimmte Beamte haben gegenüber ihrem Dienstherrn Anspruch auf **freie Heilfürsorge** bzw. Anspruch auf unentgeltliche truppenärztliche Versorgung. Dazu gehören:

- **Soldaten der Bundeswehr**
- **Polizeivollzugsbeamte der Bundespolizei (PVB)**
- **Polizeivollzugsbeamte der Länder**

Freie Heilfürsorge bedeutet, dass der Dienstherr für alle anfallenden Krankheitskosten aufkommen muss. Die freie Heilfürsorge erstreckt sich dabei **nicht** auf die Familienangehörigen der Anspruchsberechtigten, eventuell sind die Angehörigen beihilfeberechtigt. Der Dienstherr kann seiner Verpflichtung zur unentgeltlichen Krankenversorgung nachkommen, indem er einen eigenen ärztlichen Dienst zur Verfügung stellt, wie beispielsweise den truppenärztlichen Dienst der Bundeswehr. Kann der Dienstherr keinen ärztlichen Dienst vorweisen, nehmen die Anspruchsberechtigten an der vertragsärztlichen Versorgung teil. Anspruchsberechtigte zahlen mit Ausnahme von Polizisten der Bundespolizei keine Zuzahlung bei Arzneimittelverordnungen. Die Abrechnung erfolgt quartalsweise über die KV nach dem Einheitlichen Bewertungsmaßstab (EBM).

Merke:

Die **freie Heilfürsorge** ist eine unentgeltliche Krankenversorgung für bestimmte Personenkreise und beruht auf der Fürsorgepflicht des Dienstherrn.

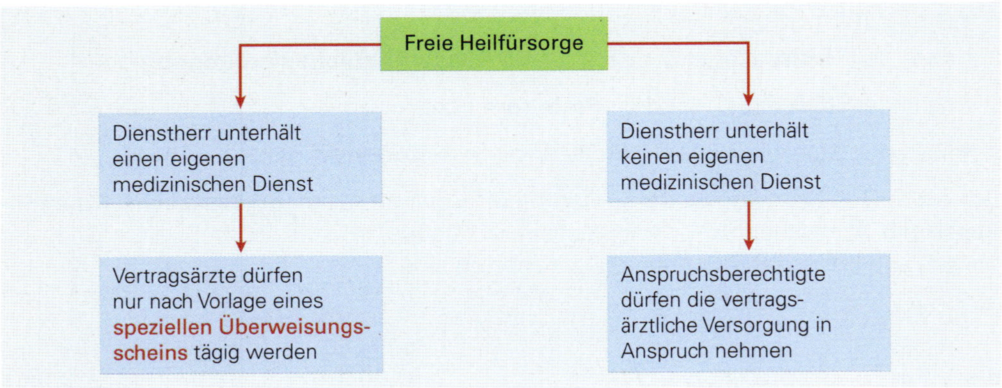

Abb. 1 Freie Heilfürsorge mit und ohne medizinischen Dienst

Bundeswehr

Die unentgeltliche Krankenversorgung der Bundeswehrsoldaten erfolgt in der Regel durch Truppenärzte. Vertragsärzte können nur auf **Überweisung** durch einen Truppenarzt (weiß-blauer Vordruck San/BW/0217) zur Auftragsleistung oder Konsiliaruntersuchung tätig werden. Die Überweisungen erfolgen **namentlich** an einen bestimmten Vertragsarzt. Der Überweisungsschein gilt ab dem Ausstellungsdatum und ist bis zum Ende des laufenden Quartals gültig, falls keine andere Frist vermerkt wurde. Überweisungen zu weiteren Ärzten mit Muster 6 und Verordnungen sind grundsätzlich nicht möglich, ggf. kann der Vertragsarzt dem Truppenarzt formlos eine Verordnungsempfehlung geben. Da sich die Bundeswehr am Sprechstundenbedarf der gesetzlich Krankenversicherten beteiligt, darf dieser für Bundeswehrsoldaten genutzt werden.

Bei **Notfällen** außerhalb des Standortes kann ein Vertragsarzt auch ohne Überweisungsschein in Anspruch genommen werden. Der Soldat muss den Überweisungsschein allerdings anschließend innerhalb von 4 Wochen nachreichen, andernfalls ist der Vertragsarzt berechtigt, eine Privatrechnung auszustellen. Nimmt der Soldat den Arzt in den sprechstundenfreien Zeiten (Notdienst) in Anspruch, erfolgt die Abrechnung auf Muster 19. Als Behandlungsausweis genügt die Vorlage des Dienstausweises. Sind **Verordnungen im Notfall** erforderlich, erfolgen diese auf Muster 16 (Arzneiverordnung) mit dem Vermerk **„Notfall“**. Neben Namen, Vornamen und Geburtdatum ist die Angabe von Dienstgrad, Personenkennziffer, Truppenteil und Standort des Soldaten auf Muster 16 erforderlich.

Anspruchsberechtigter	Behandlungsausweise	Zuzahlung	Gebührenordnung/ Abrechnung über
Soldat der Bundeswehr	**Überweisungsschein** des Truppenarztes	Nein	EBM/KV

Bundespolizei

Im Krankheitsfall müssen Polizeivollzugsbeamte der Bundespolizei zum zuständigen polizeiärztlichen Dienst der Bundespolizei gehen.

Vertragsärzte dürfen nur auf **Überweisung** eines Arztes der Bundespolizei tätig werden und sind an den Auftrag gebunden. Der Überweisungsschein ähnelt Muster 6 der vertragsärztlichen Versorgung und dient auch als Abrechnungsschein. Weitere Überweisungen zu anderen Vertragsärzten mit Muster 6 und Verordnungen sind grundsätzlich nicht möglich, ggf. kann der Vertragsarzt formlos eine Verordnungsempfehlung geben. Auch die Bundespolizei ist am Sprechstundenbedarf der gesetzlich Krankenversicherten beteiligt.

Im **Notfall** ist der Vertragsarzt berechtigt und verpflichtet, auch ohne Überweisungsschein tätig zu werden. Der Polizist der Bundespolizei muss den Schein innerhalb von 4 Wochen nachreichen, ansonsten ist der Vertragsarzt berechtigt, eine Privatrechnung auszustellen. Verordnungen von Arzneimitteln auf Muster 16 (Arzneimittelverordnung) sind im Notfall erlaubt. Auf dem Rezept muss die Dienststelle angegeben und der **Vermerk „Notfall“** gemacht werden. Zu beachten ist, dass Bundespolizisten zuzahlungspflichtig sind! Entsprechend muss das Feld **„Geb.pfl.“** angekreuzt werden.

An Standorten ohne Polizeiärzte der Bundespolizei werden Bundespolizisten mit Versichertenkarten ausgestattet und nehmen wie gesetzlich Versicherte an der vertragsärztlichen Versorgung teil.

Anspruchsberechtigter	Behandlungsausweise	Zuzahlung	Gebührenordnung/ Abrechnung über
Polizeivollzugsbeamter der Bundespolizei (ohne polizeiärztlichen Dienst)	**Versichertenkarte** der Bundespolizei	**Ja**	EBM/KV
Polizeivollzugsbeamter der Bundespolizei (mit polizeiärztlichem Dienst)	**Überweisungsschein** des zuständigen Polizeiarztes der Bundespolizei	**Ja**	EBM/KV

Polizeivollzugsbeamte der Länder (Bereitschaftspolizei)

Wie der Anspruch auf freie Heilfürsorge umgesetzt wird, ist je nach Bundesland **unterschiedlich geregelt.** Müssen Polizisten zunächst den polizeiärztlichen Dienst aufsuchen, läuft das Verfahren ähnlich wie bei der Bundespolizei ab. Auch hier darf im organisierten Notdienst über Muster 19 abgerechnet werden. In Bundesländern **ohne polizeiärztlichen** Dienst erhalten die Polizisten von ihrer Dienststelle eine **Versichertenkarte.** Sie dürfen dann die vertragsärztliche Versorgung in Anspruch nehmen, einschließlich der Vorsorge- und Früherkennungsuntersuchungen. **Impfungen** sind allerdings ausgenommen. In der Regel sind diese Personenkreise von Zuzahlungen befreit, es gibt allerdings KV-regionale Unterschiede. In den meisten Bundesländern darf für die Polizeivollzugsbeamten der Länder der Sprechstundenbedarf der gesetzlich Krankenversicherten mitbenutzt werden. In einigen Bundesländern werden Feuerwehrbeamte oder Beamte der JVA ähnlich abgerechnet.

Anspruchs-berechtigter	Behandlungs-ausweise	Zu-zahlung	Gebührenordnung/ Abrechnung über
Polizeivollzugs-beamte der Länder (in bestimmten Bundesländern)	**Versichertenkarte** der Polizei des Landes	Nein	EBM/KV

Übungen

1. Was versteht man unter der Bezeichnung „Sonstige Kostenträger"?
2. Erläutern Sie, warum es bei den „Sonstigen Kostenträgern" keine einheitlichen Regelungen bezüglich Art und Umfang der vertragsärztlichen Leistungen gibt.
3. Nennen Sie Behandlungsausweise, die Patienten aus der Gruppe der „Sonstigen Kostenträger" vorlegen.
4. Was bedeutet „freie Heilfürsorge"?
5. Nennen Sie Personengruppen, die Anspruch auf freie Heilfürsorge haben. Machen Sie Angaben darüber, ob der entsprechende Personenkreis in vollem Umfang an der vertragsärztlichen Versorgung teilnehmen kann oder ob ein Vertragsarzt nur mit Überweisungsschein aufgesucht werden darf.
6. Ein Bundeswehrsoldat erscheint während seines Heimaturlaubs mit Halsschmerzen bei seinem Hausarzt. Was ist zu beachten?

2.3.2 Sozialversicherungsabkommen (SVA) mit ausländischen Krankenkassen

Unter bestimmten Voraussetzungen haben **im Ausland krankenversicherte Personen** in Deutschland das Recht auf vertragsärztliche Versorgung. Grundlage für dieses Recht sind über- und zwischenstaatliche Sozialversicherungsabkommen (SVA).

Als **Behandlungsausweise** legen die Anspruchsberechtigten folgende Dokumente vor:

- **Gesundheitskarte** einer deutschen gesetzlichen Krankenkasse mit Zusatz **„SVA"** (Sozialversicherungsabkommen) hinter dem Krankenkassennamen und der Statusergänzung „7" bzw. „8" (3. Ziffer des Statusfeldes) oder
- **Europäische Krankenversichertenkarte** (EHIC = European Health Insurance Card) oder provisorische Ersatzbescheinigung (PEB) für die Europäische Krankenversichertenkarte in Verbindung mit einem **Identitätsnachweis** oder
- **Abrechnungsschein** einer deutschen gesetzlichen Krankenkasse (speziell gekennzeichnetes Muster 5).

Können die Patienten diese Behandlungsausweise gar nicht oder nicht vollständig vorlegen, ist der Arzt berechtigt und verpflichtet, die Patienten wie **Privatpatienten** zu behandeln und nach **der GOÄ** abzurechnen. Ggf. kann mit dem Patienten vereinbart werden, dass er das gezahlte Honorar erstattet bekommt, wenn er innerhalb von 10 Tagen seine Behandlungsausweise vollständig vorweisen kann. Die Abrechnung erfolgt quartalsweise über die Kassenärztliche Vereinigung.

Gesundheitskarte einer deutschen Krankenkasse mit Zusatz „SVA"

Eine solche Karte erhalten z. B. **Grenzgänger.** Das sind Personen, die in Deutschland arbeiten und im europäischen Ausland ihren Wohnsitz haben. In bestimmten Fällen stellen deutsche Krankenkassen Gesundheitskarten für Ausländer aus, die zum Zweck der Behandlung nach Deutschland einreisen. Kennzeichen der Gesundheitskarte mit dem Zusatz „SVA" ist die Statusergänzung „7" oder „8". Das heißt, an dritter Stelle der 7-stelligen Nummer, die im Statusfeld beim Ausdruck von Formularen erscheint, steht entweder die Ziffer „7" oder „8". Für Patienten, die sich mit einer Gesundheitskarte ausweisen, gelten die gleichen Bestimmungen wie für alle deutschen gesetzlich Versicherten. Die Abrechnung erfolgt nach dem EBM über die KV. Die deutsche Krankenkasse, die die Karte ausgegeben hat, übernimmt zunächst die Kosten und rechnet anschließend mit der ausländischen Kasse ab.

Anspruchsberechtigter	Behandlungsausweise	Zuzahlung	Gebührenordnung/ Abrechnung über
Patienten aus dem Ausland, z. B. **Grenzgänger**	**Gesundheitskarte** mit Zusatz „SVA" hinter dem Krankenkassennamen und der Statusergänzung „7" oder „8" (3. Ziffer des Statusfeldes)	Ja	EBM/KV

Europäische Krankenversichertenkarte (EHIC) bzw. provisorische Ersatzbescheinigung (PEB)

Eine **Europäische Krankenversichertenkarte (EHIC)** (siehe Abb. 1) bzw. eine provisorische Ersatzbescheinigung (PEB) für eine Europäische Krankenversichertenkarte legen Patienten vor, die sich nur vorübergehend in Deutschland aufhalten und aus einem Land **der Europäischen Union (EU) oder des Europäischen Wirtschaftsraums (EWR) bzw. der Schweiz** kommen. In der Praxis muss die Versichertenkarte bzw. die PEB auf Gültigkeit geprüft werden. Zusätzlich zur Europäischen Krankenversichertenkarte muss der Patient noch einen **Identitätsnachweis** (z. B. Personalausweis oder Reisepass) vorlegen. In der Praxis werden **Versichertenkarte bzw. Ersatzbescheinigung zweimal fotokopiert** und die Kopien mit Datum, Unterschrift und Stempel versehen. Der Patient wählt sich eine **beliebige aushelfende deutsche Krankenkasse,** zu deren Lasten die Leistungen in Deutschland erbracht werden. Eine Direktabrechnung mit der ausländischen Krankenkasse ist nicht möglich.

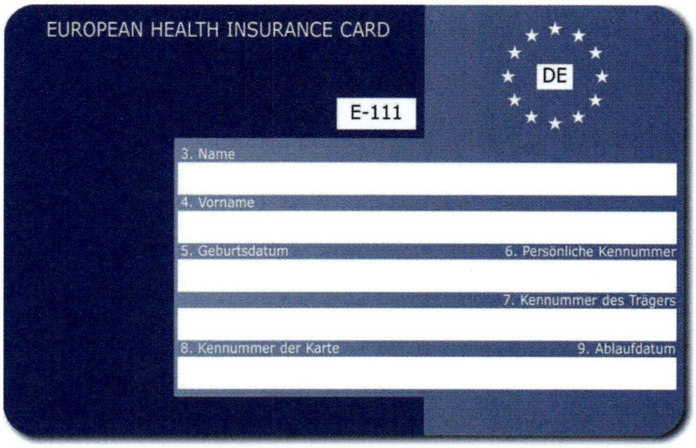

Abb. 1 Europäische Krankenversichertenkarte

Anschließend füllt der Patient die **„Patientenerklärung Europäische Krankenversicherung"** aus und gibt eine von ihm gewählte deutsche Krankenkasse an. Die Patientenerklärung ist direkt in den Praxisverwaltungssystemen in 13 Sprachen hinterlegt und kann bei Bedarf in der jeweiligen Sprache ausgedruckt werden. Die Dokumentation des Behandlungsanspruchs erfolgt nicht quartalsgebunden, sondern mindestens einmal innerhalb von drei Monaten. Die folgende Abbildung zeigt ein Beispiel:

Patientenerklärung Europäische Krankenversicherung
Декларация на пациента Европейско здравно осигуряване

der im EU- bzw. EWR-Ausland oder der Schweiz versicherten Person, die eine
Europäische Krankenversicherungskarte (EHIC) oder eine **Provisorische Ersatzbescheinigung (PEB)** vorlegt.

на лице, осигурено в страна от ЕС респ. от ЕИП или в Швейцария, което представя
Европейска здравноосигурителна карта (ЕЗОК) или **Удостоверение за временно заместване (УВЗ)**.

Bitte vollständig und leserlich ausfüllen. **Моля попълнете изцяло и четливо.**

Ich beabsichtige, mich bis zum
Възнамерявам да пребивавам в Германия до ☐☐☐☐☐☐☐☐ in Deutschland aufzuhalten.

☐ Ich bestätige, dass ich nicht zum Zwecke der Behandlung nach Deutschland eingereist bin.
Потвърждавам, че не съм влязъл в Германия с цел лечение.

Gewählte aushelfende deutsche Krankenkasse
Избрана изпълняваща германска здравноосигурителна каса

Name, Vorname des Patienten
Фамилия, име на пациента

Geschlecht
Пол
☐ weiblich / женски ☐ männlich / мъжки

Anschrift im Heimatstaat
Адрес в държавата по произход
Straße, Hausnummer / улица, номер
PLZ, Ort / пощенски код, населено място
Land / държава

☐ **Vorübergehende Aufenthaltsadresse in Deutschland**
Временен адрес на пребиваване в Германия
oder / или
☐ **Durchreise**
транзитно преминаване

c/o (Hotel, Familie etc.) / на адреса на (хотел, семейство и т.н.)
Straße, Hausnummer / улица, номер
PLZ, Ort / пощенски код, населено място
Tel.-Nr./E-Mail / тел. №/имейл

Identität nachgewiesen durch
Установена самоличност чрез
☐ Reisepass / паспорт ☐ Personalausweis / лична карта
Nr.
№

☐ Ich bestätige die Richtigkeit meiner Angaben
Потвърждавам верността на дадените от мен данни

Datum / Дата ☐☐☐☐☐☐☐☐

Unterschrift des Patienten
Подпис на пациента

Hinweis an den Arzt
Das Original dieser Erklärung sowie eine Kopie der EHIC bzw. PEB bitte unverzüglich an die gewählte deutsche Krankenkasse senden.

(7.2017)

Abb. 1 Patientenerklärung Europäische Krankenversicherung

Ausländische Patienten mit einer europäischen Versichertenkarte haben die gleichen Behandlungsansprüche wie gesetzlich Krankenversicherte in Deutschland. Deshalb dürfen alle vertragsärztlichen Formulare benutzt werden, die im Statusfeld mit den

Ziffern 1070000 gekennzeichnet werden. Die Behandlung wird nach den Regelungen des Ersatzverfahrens über die zuständige KV abgerechnet. Das komplette Vorgehen zeigt folgende Zusammenstellung:

Vorgehen bei ausländischen Patienten aus dem EU- bzw. EWR-Ausland oder der Schweiz, die sich nur vorübergehend in Deutschland aufhalten:

Der Patient

- weist sich in der Praxis mit **Europäischer Krankenversichertenkarte** oder **provisorischer Ersatzbescheinigung** und mit einem **Identitätsnachweis** (Personalausweis, Reisepass) aus,
- wählt sich eine beliebige **aushelfende deutsche Krankenkasse,**
- füllt die „Patientenerklärung Europäische Krankenversicherung" aus,
- leistet Zuzahlungen bei Verordnungen.

Die Praxis

- **fotokopiert** zweimal Versichertenkarte/Ersatzbescheinigung,
- **sendet** eine Fotokopie der Behandlungsausweise und die Patientenerklärung **unverzüglich an die aushelfende deutsche Krankenkasse,**
- füllt ggf. **Formulare** mit den Statusziffern **1070000** aus,
- rechnet die erbrachten Leistungen mit der aushelfenden deutschen Krankenkasse im **Ersatzverfahren** ab (für Fotokopien und Porto dürfen die EBM-Gebührenordnungspositionen 40144 und 40120 abgerechnet werden),
- bewahrt die Fotokopien zwei Jahre in der Praxis auf.

Anspruchs-berechtigter	Behandlungs-ausweise	Zu-zahlung	Gebührenordnung/ Abrechnung über
Patienten aus dem Ausland mit Europäischer Versichertenkarte (EHIC) bzw. provisorischer Ersatzbescheinigung (PEB)	EHIC oder PEB + Identitätsnachweis	Ja	EBM/KV

Speziell gekennzeichneter Abrechnungsschein einer deutschen Krankenkasse

Bestimmte ausländische Personen müssen sich zunächst an eine deutsche Krankenkasse wenden und dort ihren Behandlungsanspruch nachweisen. Zu dieser Gruppe gehören Patienten aus Ländern mit einem **bilateralen Abkommen über Soziale Sicherheit** wie z. B. aus der Türkei, die sich nur vorübergehend in Deutschland aufhalten. Die Krankenkasse prüft die vorgelegten Dokumente und stellt dem Patienten einen **Abrechnungsschein (ähnlich Muster 5)** aus. Auf dem Abrechnungsschein können **ggf. Leistungseinschränkungen** vermerkt sein, die unbedingt beachtet werden müssen. Die Bescheinigung der Arbeitsunfähigkeit (Muster 1), die Verordnung von Krankenhausbehandlung (Muster 2) und die Arzneiverordnungen auf Muster 16 sind erlaubt, Verordnungen von Heil- und Hilfsmitteln müssen von der Krankenkasse vor dem Einlösen genehmigt werden. Das Statusfeld wird durch die Ziffern 1070000 gekennzeichnet. Überweisungen erfolgen auf dem Arzneiverordnungsblatt (Muster 16) und müssen zunächst von der Krankenkasse genehmigt werden.

In der Praxis darf als Behandlungsausweis nur der Abrechnungsschein der deutschen Krankenkasse akzeptiert werden. In Notfällen sollte sich die Praxis telefonisch mit der vom Patienten gewählten deutschen Krankenkasse in Verbindung setzen und sich die Kostenübernahme durch die Krankenkasse per Fax bestätigen lassen.

Anspruchsberechtigter	Behandlungsausweise	Zuzahlung	Gebührenordnung/ Abrechnung über
Patienten aus Ländern mit bilateralem Abkommen über Soziale Sicherheit	**Abrechnungsschein** einer deutschen Krankenkasse mit braunen oder lilafarbenen Diagonalstreifen	Ja	EBM/KV

Übungen

1. Ein ausländischer Patient legt seine Europäische Krankenversichertenkarte (EHIC) vor. Was muss er noch vorlegen, um im Rahmen der vertragsärztlichen Versorgung behandelt werden zu können?
2. Welches Formular muss bei einem Patienten, der sich mit EHIC ausweist, ausgefüllt werden? Was geschieht mit dem Formular?
3. Was versteht man unter einer „aushelfenden deutschen Krankenkasse"?
4. Wie wird das Statusfeld der Formulare bei ausländischen Patienten gekennzeichnet?
5. Ein Tourist aus der Türkei bittet um ärztliche Behandlung. Welchen Behandlungsausweis muss er vorlegen?
6. Ein Tourist aus den USA erscheint mit akuten Bauchschmerzen in der Praxis. Wie wird die Behandlung abgerechnet?

2.3.3 Bundesversorgungsgesetz (BVG)/Kriegsopferversehrte (KOV)

Der Staat ist gesetzlich verpflichtet, für gesundheitliche Schäden durch Kriege, Gewaltherrschaft und Militärdienste aufzukommen. Dabei handelt es sich im Wesentlichen um folgende Gesetze:

- **Bundesversorgungsgesetz (BVG)** für Personen mit gesundheitlichen Schäden aus militärischen oder militärähnlichen Diensten
- **Bundesentschädigungsgesetz (BEG)** für Personen mit gesundheitlichen Schäden durch politische, religiöse oder rassistische Verfolgung durch die Nationalsozialisten
- **Bundesvertriebenengesetz (BVFG),** z.B. für die befristete Krankenversorgung von Spätaussiedlern, bis Mitgliedschaft in einer gesetzlichen Krankenkasse besteht

Leistungsansprüche dem BVG entsprechend finden sich auch in anderen Gesetzen wie z.B. dem Bundesseuchen-, Opferentschädigungs-, Häftlingshilfe- oder SED-Unrechtsbereinigungsgesetz. Durch diese Gesetze haben die betroffenen Personengruppen einen Rechtsanspruch auf Gleichbehandlung mit gesetzlich Krankenversicherten, ohne selbst Versicherte einer deutschen Krankenkasse zu sein. Die Abrechnung nach dem EBM erfolgt quartalsweise über die KV.

Die anspruchsberechtigten Personen legen einen der folgenden **Behandlungsausweise** vor:

- **Elektronische Gesundheitskarte** einer gesetzlichen Krankenkasse mit Zusatz „BVG" hinter dem Krankenkassennamen und mit der Statusergänzung „6" (3. Ziffer des Statusfeldes)
- **KOV-Bundesbehandlungsschein** für Beschädigte (roter Bundesbehandlungsschein)
- **Behandlungsausweis des Landesamtes Berlin** Abt. III Entschädigungsbehörde
- **KOV-Bundesbehandlungsschein** mit Aufdruck „BVFG"

Elektronische Gesundheitskarte einer gesetzlichen Krankenkasse mit Zusatz „BVG"

Eine Gesundheitskarte mit Zusatz „BVG" erhalten **Schwerbeschädigte nach BVG,** ihre Angehörigen, Hinterbliebenen und Pflegepersonen. Von Schwerbeschädigung spricht man bei einer **Erwerbsminderung von 50 Prozent und darüber.** Durch das Bundesversorgungsgesetz besteht Anspruch auf **Kostenübernahme aller Behandlungskosten,** auch von Leiden, die nichts mit der anerkannten Schädigung zu tun haben. Ausdrucke mit dieser Gesundheitskarte weisen die Statusergänzung mit der Ziffer „6" aus.

Auch Schwerbeschädigte mit Leistungsanspruch nach **BEG** und ihre Angehörigen erhalten eine solche Gesundheitskarte zur Behandlung aller nicht verfolgungsbedingten Leiden. Für die Behandlung der verfolgungsbedingten Leiden legen **Anspruchsberechtigte nach BEG** einen Schein **des Landesamtes Berlin (Entschädigungsbehörde)** als Behandlungsausweis vor. Hinweise zu Verordnungen und Überweisungen finden sich auf dem Formular. Zuzahlungen müssen nicht geleistet werden.

Anspruchsberechtigter	Behandlungsausweise	Zuzahlung	Gebührenordnung/ Abrechnung über
Schwerbeschädigte nach **BVG,** Anspruchsberechtigte nach **BEG**	**Gesundheitskarte** mit Zusatz „BVG" und Statusergänzung „6" (3. Ziffer des Statusfeldes)	Nein	EBM/KV
Anspruchsberechtigte nach **BEG** für anerkannte Leiden	**Behandlungsausweis des Landesamtes Berlin**	Nein	EBM/KV

KOV-Bundesbehandlungsschein für Beschädigte (roter Bundesbehandlungsschein)

Bei **Beschädigten nach BVG** liegt die **Minderung der Erwerbsfähigkeit bei unter 50 Prozent.** Sie erhalten Leistungen nach BVG nur für die Gesundheitsstörung aus dem anerkannten Versorgungsleiden. Für die Behandlung des Versorgungsleidens sind sie von Zuzahlungen befreit. Beschädigte, die nicht Mitglied einer gesetzlichen Krankenkasse sind, erhalten, in der Regel von der AOK, für die Behandlung des Versorgungsleidens einen **roten Bundesbehandlungsschein,** der durch den Aufdruck **KOV** gekennzeichnet ist. Teil 1 dieses Scheines ist für die Abrechnung des Vertragsarztes bestimmt, **Teil 2 muss von der Praxis sofort an die Krankenkasse zurückgeschickt werden.** Benötigt ein Beschädigter Medikamente sowohl für sein anerkanntes Versorgungsleiden als auch für eine andere Krankheit, müssen zwei Arzneiformulare ausgestellt werden. Die Patienten dürfen zur Behandlung des Versorgungsleidens nicht weiterüberwiesen werden. Für die Behandlung bei einem weiteren Arzt benötigen sie einen neuen roten Bundesbehandlungsschein.

Anspruchsberechtigter	Behandlungsausweise	Zuzahlung	Gebührenordnung/ Abrechnung über
Beschädigte nach BVG, die *nicht* Mitglied einer gesetzlichen Krankenkasse sind	**Roter Bundesbehandlungsschein** für anerkannte Leiden nach BVG	Nein	EBM/KV

Merke:

- **Schwerbeschädigte** nach BVG weisen sich durch eine **Gesundheitskarte mit Zusatz „BVG"** aus und haben Anspruch auf Kostenübernahme jeglicher Behandlungsmaßnahmen.
- **Beschädigte** nach BVG, die sich mit dem **roten Bundesbehandlungsschein** ausweisen, haben nur Anspruch auf Leistungen aufgrund der anerkannten Kriegsschädigung.

KOV-Bundesbehandlungsschein mit Aufdruck „BVFG“

Anspruchsberechtigte nach BVFG sind z. B. Spätaussiedler aus Ländern der ehemaligen Sowjetunion. Solange sie noch kein Mitglied in einer deutschen Krankenkasse sind, legen sie als Behandlungsausweis in der Praxis den Schein vor, der in der Regel von der örtlichen AOK ausgestellt ist. Zu beachten ist, dass der Behandlungsschein nur eine begrenzte Gültigkeitsdauer besitzt und dass die Patienten **Zuzahlung leisten müssen.**

Anspruchs-berechtigter	Behandlungs-ausweise	Zu-zahlung	Gebührenordnung/ Abrechnung über
Spätaussiedler, die noch nicht Mitglied einer Krankenkasse sind	**Bundesbehandlungsschein mit Aufdruck „BVFG“**	Ja	EBM/KV

Übungen

1. Nennen Sie Personen, die Anspruch auf Leistungen nach dem BVG haben.
2. Unterscheiden Sie Schwerbeschädigte und Beschädigte nach dem BVG. Welche Auswirkung auf die medizinische Versorgung hat diese Einteilung?
3. Wer weist sich in der Praxis mit einem roten Bundesbehandlungsschein aus? Was geschieht in der Praxis mit Teil 1 und Teil 2 dieses Formulars?
4. Welche Statusergänzung (3. Ziffer des Statusfeldes) erhalten Formulare für Anspruchsberechtigte nach dem BVG?

2.3.4 Sozialhilfeempfänger und Asylbewerber

Über Sozialhilfeträger werden Anspruchsberechtigte nach dem SGB XII (Sozialhilfe) abgerechnet.

Anspruchsberechtigte können folgende Behandlungsausweise vorlegen:

- **Elektronische Gesundheitskarte,** die auf Ausdrucken die Statusergänzung „4“ (3. Ziffer des Statusfeldes) ausweist
- **Krankenschein** vom örtlichen Sozialamt

Elektronische Gesundheitskarte einer gesetzlichen Krankenkasse

Anspruchsberechtigte nach **SGB XII (Sozialhilfeempfänger)** erhalten von einer gesetzlichen Krankenkasse eine **Gesundheitskarte mit der Statusergänzung „4“** (3. Ziffer des Statusfeldes) als Behandlungsausweis. Diese Patienten werden wie alle gesetzlich Krankenversicherten behandelt und abgerechnet, das heißt, sie müssen Zuzahlungen wie gesetzlich Versicherte leisten. In manchen Städten erhalten auch Asylbewerber eine Gesundheitskarte mit der Statusergänzung „9“ (3. Ziffer des Statusfeldes).

Anspruchs-berechtigter	Behandlungsausweise	Zu-zahlung	Gebührenordnung/ Abrechnung über
Sozialhilfe-empfänger	**Gesundheitskarte** mit Statusergänzung „4" (3. Ziffer des Statusfeldes)	Ja	EBM/KV

Krankenversorgung von Asylbewerbern

In der Regel erhalten **Asylbewerber** vom örtlich zuständigen Sozialamt bzw. von der Bezirksregierung einen **Krankenschein** für die ärztliche Behandlung. Allgemein gilt, dass die Behandlung unbedingt notwendig und unaufschiebbar sein muss. Überweisungen nach Muster 6 sind nur mit Genehmigungsvermerk des Trägers möglich. Auch Krankenhauseinweisungen müssen mit Ausnahme von Notfalleinweisungen vom Träger genehmigt werden.

Anspruchs-berechtigter	Behandlungsausweise	Zu-zahlung	Gebührenordnung/ Abrechnung über
Asylbewerber	**Krankenschein** vom örtlichen Sozialamt bzw. von der Bezirksregierung evtl. eGK mit Statusergänzung „9" (3. Ziffer des Statusfeldes)	Nein	EBM (regionale Unterschiede möglich)

Übungen

1. Wie weisen sich Anspruchsberechtigte, die über Sozialhilfeträger abgerechnet werden, aus?
2. Was muss bei der Behandlung von Asylbewerbern beachtet werden?

2.3.5 Jugendarbeitsschutzuntersuchung

Jugendliche unter 18 Jahren benötigen **vor Aufnahme eines Beschäftigungsverhältnisses** eine **Untersuchung nach dem Jugendarbeitsschutzgesetz.** Verpflichtend sind eine **Erstuntersuchung** und eine **erste Nachuntersuchung** des Jugendlichen vor Ablauf des ersten Beschäftigungsjahres, es können aber ergänzende Untersuchungen dazukommen.

Als Behandlungsausweis legen die Jugendlichen den entsprechenden **Untersuchungsberechtigungsschein** vor, den sie in der Regel im Bürgerbüro ihrer Stadt oder vom Gesundheitsamt erhalten.

Die Vergütung erfolgt **nach der GOÄ mit einer festgelegten Komplexgebühr** (GOÄ-Nr. 32, einfacher Satz: 23,32 Euro), die nicht gesteigert werden darf. Die Abrechnung erfolgt meistens mit der Stadtverwaltung, regional auch über die KV.

Anspruchsberechtigter	Behandlungsausweise	Zuzahlung	Gebührenordnung/ Abrechnung über
Jugendliche unter 18 Jahren vor Aufnahme einer Beschäftigung	**Untersuchungsberechtigungsschein**		GOÄ (festgelegte Komplexgebühr)/Gewerbeaufsichtsamt (gebietsweise auch KV)

Übungen

1. Welche Personen müssen eine Untersuchung nach dem Jugendarbeitsschutzgesetz durchführen lassen?
2. Welche Untersuchungen sind nach dem Jugendarbeitsschutzgesetz verpflichtend?
3. Wie werden Jugendarbeitsschutzuntersuchungen abgerechnet?

2.3.6 Post- und Bahnbeamte

Deutsche Bundespost und Deutsche Bundesbahn sind als Staatsbetriebe gegründet worden, in denen die Mitarbeiter mehrheitlich verbeamtet wurden. Auch wenn die beiden Staatsbetriebe inzwischen zu Aktiengesellschaften geworden sind, beschäftigen sie die Beamten dort weiter. Der Leistungsanspruch der Beamten richtet sich nach der Besoldungsstufe. Die Krankenversorgung der unteren Besoldungsgruppen, das sind **Postbeamte der Gruppe A** und **Bahnbeamte der Beitragsklassen I–III,** sind durch Verträge mit der KBV (Kassenärztliche Bundesvereinigung) geregelt. Höhere Besoldungsstufen, das heißt, Postbeamte der Gruppe B und Bahnbeamte der Beitragsklasse IV, treten in der Praxis als Privatpatienten auf.

Postbeamte der Mitgliedsgruppe A

Postbeamte der Mitgliedsgruppe A und ihre Angehörigen weisen sich in der Praxis mit einer **Versichertenkarte der Postbeamtenkrankenkasse (PBeakk)** aus.

Ihr Leistungsanspruch ist ähnlich wie der von gesetzlich Krankenversicherten. Sie **müssen bei Verordnungen von Arznei- und Hilfsmitteln Zuzahlung leisten.** Die Abrechnung erfolgt nach dem EBM quartalsweise über die Kassenärztliche Vereinigung.

Anspruchsberechtigter	Behandlungsausweise	Zuzahlung	Gebührenordnung/ Abrechnung über
Postbeamte Gruppe A	**Versichertenkarte** der Postbeamtenkrankenkasse	Ja	EBM/KV

Bahnbeamte der Beitragsklassen I – III

Bahnbeamte der Beitragsklassen I – III sind beihilfeberechtigt. „Die Krankenversorgung für Bahnbeamte" (KVB) kommt für die zusätzlichen Behandlungskosten auf. Die Betroffenen weisen sich durch eine Karte mit der Aufschrift **„KVB Mitgliedsausweis"** aus, auf der die Beitragsklasse I, II oder III vermerkt ist.

Sie treten in der Praxis wie Privatpatienten auf. Die Formulare der vertragsärztlichen Versorgung dürfen **nicht** benutzt werden. Die Abrechnung erfolgt nach der Gebührenordnung für Ärzte (GOÄ) direkt mit dem Versicherten in Form einer **Privatliquidation.** Im Unterschied zu anderen privat Versicherten liegt die maximale Steigerungsmöglichkeit des Einfachsatzes einer GOÄ-Leistung

- für persönliche ärztliche Leistungen beim 2,2-fachen Satz,
- für medizinisch-technische Leistungen beim 1,8-fachen Satz und
- für Laborleistungen beim 1,15-fachen Satz.

Merke:

Postbeamte der Gruppe A haben einen ähnlichen Leistungsanspruch **wie gesetzlich Versicherte.**

Bundesbahnbeamte der Beitragsklassen I – III haben einen ähnlichen Leistungsanspruch wie Privatpatienten.

Anspruchsberechtigter	Behandlungsausweise	Zuzahlung	Gebührenordnung/ Abrechnung über
Bahnbeamte der Beitragsklassen I – III	**Versichertenkarte** mit der Aufschrift „KVB Mitgliedsausweis"	Nein	**GOÄ** mit festgelegtem Steigerungsfaktor einer GOÄ-Leistungsnummer/ **Privatliquidation** an Patienten

Dienstunfall von Post- und Bahnbeamten

Verträge zwischen der KBV (Kassenärztliche Bundesvereinigung) und der „Unfallkasse Post und Telekom" bzw. zwischen KBV und dem „Präsidenten des Bundeseisenbahnvermögens" regeln das Verfahren bei **Dienstunfällen von Post- bzw. Bahnbeamten.** Im Gegensatz zu Arbeitsunfällen bei gewerblichen Arbeitnehmern findet das D-Arzt-Verfahren keine Anwendung, das heißt, dass jeder Vertragsarzt behandeln kann. Die Abrechnung erfolgt nach **GOÄ (nicht nach UV-GOÄ!)** mit festgelegten maximalen Steigerungssätzen:

- Für persönliche ärztliche Leistungen: 1,85-facher Satz
- Für medizinisch-technische Leistungen: 1,8-facher Satz
- Für Laborleistungen: 1,15-facher Satz

Schriftliche Gutachten und Berichte werden mit festen Beträgen vergütet. Die Rechnung erfolgt

- bei Postbeamten an die **Unfallkasse Post und Telekom in Tübingen,**
- bei Bahnbeamten an die **Dienststelle des Bundeseisenbahnvermögens in Berlin.**

Anspruchs-berechtigter	Behandlungs-ausweise	Zu-zahlung	Gebührenordnung/ Abrechnung über
Post- bzw. Bahnbeamte im Rahmen eines **Dienstunfalls**	keine	Nein	**GOÄ** mit festgelegtem Steigerungsfaktor einer GOÄ-Leistungsnummer/ **Privatliquidation** an die entsprechende Unfallkasse

Übungen

1. Welche Postbeamten und welche Bahnbeamten haben Anspruch auf vertragsärztliche Leistungen?
2. Wie weisen Patienten aus beiden Personengruppen ihren Behandlungsanspruch nach?
3. Welche Abrechnungsbestimmungen gelten für beide Personengruppen?
4. Was müssen Sie bei einem Dienstunfall beider Personengruppen beachten?

2.4 Patienten nach einem Arbeitsunfall

Fallbeispiel:

Ein Maurergeselle, der zurzeit auf einer in der Nähe gelegenen Baustelle arbeitet, kommt in die Praxis gehumpelt. Ihre Kollegin Kristina Beckers begrüßt den Patienten wie üblich, bittet um seine Gesundheitskarte und begleitet den Patienten in ein freies Behandlungszimmer. Als Kristina wieder zurück an der Anmeldung ist, spricht die MFA Marina Vogt mit ihr:

Marina: *Hast du daran gedacht, dass Herr Holz möglicherweise einen Arbeitsunfall hatte?*

Kristina: *Spielt das eine Rolle?*

Marina: *Selbstverständlich spielt das eine Rolle!*

Info

Kommt es während der Arbeit zu einem Unfall, muss geprüft werden, ob ein Versicherungsfall der **gesetzlichen Unfallversicherung** vorliegt. Die gesetzliche Unfallversicherung ist Teil des sozialen Netzes in Deutschland und hat ihre Rechtsgrundlage im **Sozialgesetzbuch VII.** Eingeführt wurde die Unfallversicherung erstmals im Rahmen der Bismarck'schen Sozialgesetzgebung im Jahre 1884. Zu ihren Aufgaben gehört nicht nur, im Erkrankungsfall für die Heilungskosten aufzukommen, sondern auch durch die **Unfallverhütungsvorschriften** Arbeitsunfälle zu verhindern. Die gesetzliche Unfallversicherung wird alleine durch **Beiträge des Arbeitgebers** finanziert.

2.4.1 Versicherungsfälle der gesetzlichen Unfallversicherung

Ob ein Kostenträger der gesetzlichen Unfallversicherung für einen Unfallschaden aufkommt, kann mit folgenden Fragen geklärt werden:

- **Lag ein Unfall vor?**

Ein Unfall ist definiert als **„zeitlich begrenztes, von außen auf den Körper einwirkendes, schädigendes Ereignis".**

Nicht jedes plötzliche Ereignis erfüllt die Kriterien eines Unfalls. Bekommt beispielsweise ein Betroffener während der Arbeit einen Hexenschuss, ist das Ereignis zwar plötzlich, die Ursache ist jedoch durch einen chronischen Vorschaden der Wirbelsäule bedingt, sodass der Hexenschuss nicht unbedingt als ein Unfallereignis angesehen werden muss.

- **Führte der Unfall zu einer Verletzung?**

Die gesetzliche Unfallversicherung kommt nur für **Körperschäden** auf, nicht aber für Schäden an Kleidung oder an anderen nicht medizinischen Gegenständen. Schäden an medizinischen Hilfsmitteln wie beispielsweise an Brillen oder Prothesen werden dagegen übernommen.

- **Ist der Patient unfallversichert?**

Wie bei der gesetzlichen Krankenversicherung unterscheidet die gesetzliche Unfallversicherung **Pflichtversicherte** und **freiwillig Versicherte.**

Pflichtversichert sind vor allem abhängig Beschäftigte, also alle **Arbeiter und Angestellten,** unabhängig von der Höhe des Einkommens. Selbst unentgeltlich tätige Personen wie mitarbeitende Ehepartner in der Praxis müssen versichert sein. Weiterhin gehören Schüler, Studenten und Kinder, die Kindertagesstätten besuchen, zu den Pflichtversicherten. Bestimmte ehrenamtliche Tätigkeiten, die dem Gemeinwohl dienen, beispielsweise Hilfeleistung bei Unglücksfällen, Blutspende oder Katastrophenhilfe, sind ebenfalls unfallversichert.

Beamte gehören **nicht** zu den Pflichtversicherten. Für sie gelten besondere Vorschriften zur Unfallfürsorge. **Unternehmer oder Selbstständige** sind von der Versicherungspflicht befreit, können sich aber **freiwillig versichern.** Zu diesen Personenkreisen gehören auch die selbstständig arbeitenden Ärzte.

Abb.1 auf der nächsten Seite zeigt eine Übersicht der Versicherten der gesetzlichen Unfallversicherung.

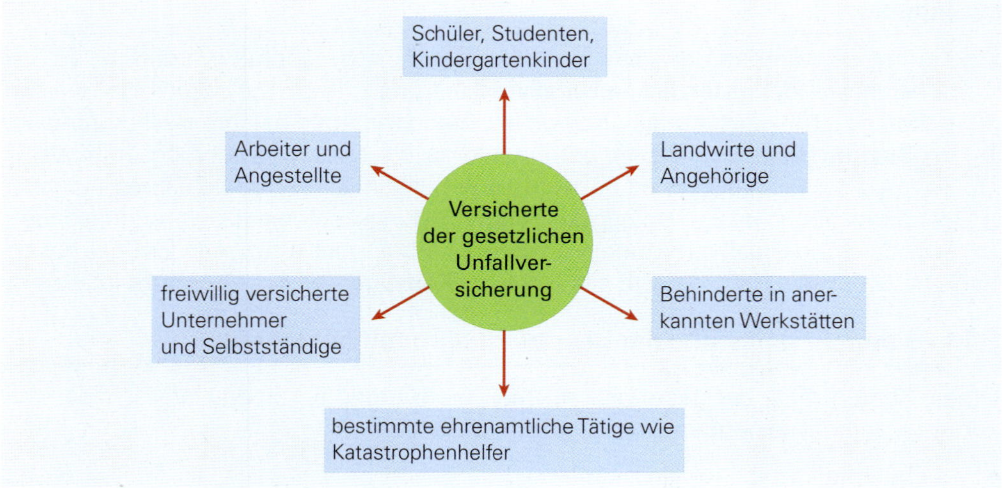

Abb. 1 Versicherte der gesetzlichen Unfallversicherung

• Welche Tätigkeit verrichtete die Person beim Unfall?

Voraussetzung für Leistungen durch die gesetzliche Unfallversicherung ist, dass die versicherte Person bei dem Unfall eine **versicherte berufliche Tätigkeit** ausgeübt hat. Zu den versicherten Tätigkeiten zählen auch Instandhaltung von Arbeitsgeräten, die Teilnahme am Betriebssport oder an Betriebsausflügen und -feiern. Für Unfälle im Privathaushalt oder für private Sportunfälle ist die gesetzliche Unfallversicherung nicht zuständig. Auch private Tätigkeiten während der Arbeitszeit fallen nicht darunter, z. B. wenn ein Tischler für private Zwecke arbeitet und sich dabei verletzt.

Merke:

Die gesetzliche Unfallversicherung ist **nicht zuständig**
- für private Sportunfälle,
- häusliche Unfälle.

• Gibt es andere Gründe, weswegen Leistungen der gesetzlichen Unfallversicherung infrage kommen könnten?

Die gesetzliche Unfallversicherung kommt nicht nur für Arbeitsunfälle auf, sondern auch für Wegeunfälle, Berufskrankheiten und für Unfälle bei bestimmten ehrenamtlichen Tätigkeiten.

Wegeunfälle

Ein Wegeunfall liegt vor, wenn sich ein Versicherter auf dem **direkten Weg** zur Arbeit bzw. von der Arbeit nach Hause befindet. Ein Umweg ist nur dann versichert, wenn eine berufstätige Mutter ihr Kind zur Betreuung bringt und wieder abholt oder wenn Fahrgemeinschaften gebildet werden. Ebenfalls sind Dienstwege versichert.

Berufskrankheiten

Bei Berufskrankheiten handelt es sich um **festgelegte Krankheiten,** die durch die berufliche Tätigkeit auftreten, z. B. die Silikose (Steinstaublunge) bei Bergleuten.

Bestimmte ehrenamtliche Tätigkeiten

Die gesetzliche Unfallversicherung der Städte und Gemeinden kommt bei bestimmten ehrenamtlichen Leistungen, z. B. bei Verletzungen eines Ersthelfers bei Unfällen oder bei Verletzungen während einer Blutspende, für die entstandenen Verletzungskosten auf.

Merke:

Ein **Versicherungsfall der gesetzlichen Unfallversicherung** liegt vor, wenn

- eine **versicherte Person**
- bei einer **versicherten Tätigkeit**
- einen **Unfall** hat,
- der zu einem **Körperschaden** führt.

In der Praxis ist es nicht immer ganz einfach zu klären, ob ein **Versicherungsfall der gesetzlichen Unfallversicherung** vorliegt oder nicht. Im Zweifel darf er angenommen werden. Es ist Aufgabe der Unfallversicherungsträger, den Sachverhalt eindeutig zu klären. Nicht selten werden bestimmte Fälle erst vor Gericht geklärt. Stellt sich später heraus, dass die gesetzliche Unfallversicherung nicht zuständig ist, werden weitere Kosten im Krankheitsfall von der Krankenkasse übernommen.

Tabelle: Fallbeispiele zur gesetzlichen Unfallversicherung

Sachverhalt	Beurteilung
Eine MFA erleidet während der Arbeit plötzlich einen Herzinfarkt.	Es handelt sich um keinen Arbeitsunfall, da ein Herzinfarkt kein Unfallgeschehen ist.
Eine MFA fährt einen Umweg zur Arbeit, um ihre Arbeitskollegin abzuholen. Auf dem Umweg fährt sie vor einen Baum und erleidet ein Schleudertrauma.	Es handelt sich um einen Wegeunfall, da die MFA auf dem Weg zu einer Fahrgemeinschaft war.
Eine MFA schüttet während der Arbeit versehentlich eine farbige Injektionslösung über ihren Kittel, der anschließend unbrauchbar ist.	Es handelt sich um keinen Arbeitsunfall, da kein Körperschaden entstanden ist.
Eine MFA stürzt während eines privaten Volleyballturniers und verletzt sich die rechte Hand.	Es handelt sich um einen privaten Sportunfall, für den die gesetzliche Unfallversicherung nicht zuständig ist.

Übungen

1. Wie könnten Sie beim Maurergesellen (siehe Fallbeispiel) abklären, ob ein Arbeitsunfall vorliegt oder nicht?

2. Welche Umstände sprechen bei dem Maurergesellen (siehe Fallbeispiel) für einen Arbeitsunfall?

3. Welches Gesetzbuch bildet die Rechtsgrundlage für die gesetzliche Unfallversicherung?

4. Nennen Sie Aufgaben der gesetzlichen Unfallversicherung.

5. Aus welchen Beiträgen finanziert sich die gesetzliche Unfallversicherung?

6. Was versteht man unter einem Unfall?

7. Für welche Art von Unfällen ist die gesetzliche Unfallversicherung nicht zuständig?

8. Unterscheiden Sie Pflichtversicherte und freiwillig Versicherte in der gesetzlichen Unfallversicherung.

9. Nennen Sie die Kriterien, die erfüllt sein müssen, damit ein Unfall als Arbeitsunfall anerkannt wird.

10. Unter welchen Voraussetzungen wird der Weg zur Arbeit als Wegeunfall anerkannt?

11. Nennen Sie zwei ehrenamtliche Tätigkeiten, bei denen die gesetzliche Unfallversicherung für entstandene Verletzungskosten aufkommt.

12. Entscheiden Sie, ob bei den dargestellten Sachverhalten ein Versicherungsfall der gesetzlichen Unfallversicherung vorliegt oder nicht und begründen Sie Ihre Entscheidung:

    a) Eine MFA kopiert zunächst ärztliche Befunde und dann für private Zwecke Kochrezepte. Beim Kopieren der Kochrezepte klemmt sie sich den Daumen an dem Gerät.

    b) Eine MFA übernachtet bei ihrem Freund und fährt von dort am nächsten Morgen zur Arbeit. Auf diesem Weg erleidet sie einen Unfall mit einer Kopfplatzwunde.

    c) Eine MFA verletzt sich beim Aufräumen von benutzten Spritzen an einer gebrauchten Kanüle. Der Einstich blutet nur kurz.

    d) Eine MFA verletzt sich während der Arbeitszeit beim Öffnen einer Colaflasche und erleidet eine schwere Augenverletzung.

    e) Eine MFA fährt auf dem Weg zur Arbeit einen Umweg, um ihre kleine Tochter in den Kindergarten zu bringen. Auf dem Umweg hat sie einen Unfall und erleidet ein Schädel-Hirn-Trauma.

f) Eine MFA muss für ihren Chef nach Feierabend Briefe zum Postamt bringen. Auf dem Weg dorthin rutscht sie auf einer Bananenschale aus und bricht sich ein Bein.

g) Eine MFA stolpert während der Arbeitszeit über einen Besen und bricht sich das Handgelenk.

h) Die verbeamtete Lehrerin einer MFA verletzt sich während des Unterrichts an einem Demonstrationsobjekt und erleidet eine Schnittwunde am Finger.

i) Eine MFA hilft ihrem Chef nach Feierabend beim Renovieren seiner Privatwohnung, fällt von der Leiter und erleidet eine Rippenprellung.

j) Eine MFA macht auf dem Weg von der Arbeit einen Umweg zum Supermarkt. Nach dem Einkauf befindet sie sich wieder auf dem direkten Weg nach Hause und erleidet dort einen Unfall mit einer Platzwunde am Arm.

k) Eine MFA leistet auf dem Weg in den Urlaub bei einem Unfall Erste Hilfe und wird dabei selbst schwer verletzt.

2.4.2 Träger der gesetzlichen Unfallversicherung

Wenn der Sachverhalt für einen Versicherungsfall der gesetzlichen Unfallversicherung spricht, muss der zuständige Unfallversicherungsträger gefunden werden. Dieser kann eine gewerbliche oder landwirtschaftliche **Berufsgenossenschaft (BG)** oder ein **Unfallversicherungsträger „der öffentlichen Hand"**, z. B. die Unfallkasse Nordrhein-Westfalen, sein. Die Liste der Unfallversicherungsträger ist sehr lang, sodass es nicht immer ganz einfach ist, den zuständigen Kostenträger zu ermitteln. Falls man ihn nicht durch Befragung des Verletzten bzw. seines Arbeitgebers ermitteln kann, muss man in einem Verzeichnis nachschauen.

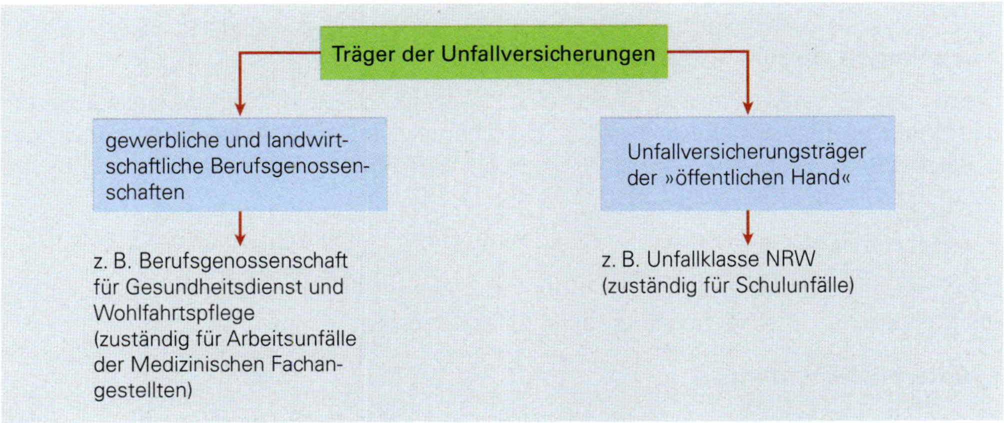

Abb. 1 Träger der gesetzlichen Unfallversicherung

Übungen

1. Nennen Sie die Träger der gesetzlichen Unfallversicherung.
2. Welche Möglichkeiten gibt es, den zuständigen Unfallversicherungsträger eines Patienten zu ermitteln?
3. Welche Unfallversicherung ist für die Medizinische Fachangestellte zuständig
   a) während der Arbeitszeit?
   b) während des Besuchs der Berufsschule?

2.4.3 Leistungen der gesetzlichen Unfallversicherung

Zu den Leistungen, die ein Verletzter nach einem Arbeitsunfall durch die gesetzliche Unfallversicherung erwarten kann, gehören folgende Maßnahmen:

- **Heilbehandlung**

Die Heilbehandlung umfasst die gesamte ärztliche oder zahnärztliche Behandlung. Dazu gehören auch die Versorgung mit Arznei- und Verbandmitteln, Heil- und Hilfsmitteln, stationäre Behandlung in einem Krankenhaus oder in einer Kur- bzw. Rehabilitationsklinik.

- **Häusliche Krankenpflege, Pflegegeld**

Ähnlich wie bei gesetzlich Versicherten kann im Bedarfsfall häusliche Krankenpflege verordnet werden, um Krankenhausbehandlung zu vermeiden. Statt Pflege in Anspruch zu nehmen, kann auch ein Pflegegeld ausgezahlt werden.

- **Verletztengeld**

Das Verletztengeld ist eine Geldleistung ähnlich dem Krankengeld der gesetzlichen Krankenversicherung. Es wird gezahlt, wenn die Lohnfortzahlung durch den Arbeitgeber sechs Wochen nach Krankheitsbeginn aufhört. Es wird für maximal 78 Wochen gewährt.

- **Leistungen zur Teilhabe am Arbeitsleben**

Hierdurch soll einem Patienten nach einem Arbeitsunfall die Wiedereingliederung in das Erwerbsleben ermöglicht werden. Die gesetzliche Unfallversicherung kommt beispielsweise für Hilfsmittel, die eine Arbeit ermöglichen, oder für die Kosten von Umschulungsmaßnahmen auf.

- **Verletztenrente**

Wenn die Erwerbsfähigkeit dauerhaft um mindestens 20 Prozent gemindert ist, zahlt die gesetzliche Unfallversicherung eine Verletztenrente.

- **Hinterbliebenenrente**

Ist der Verletzte an seinen Unfallfolgen gestorben, zahlt die gesetzliche Unfallversicherung den Hinterbliebenen eine Rente.

- **Sterbegeld**

Das Sterbegeld ist eine Geldleistung als Zuschuss zu den Beerdigungskosten.

Übungen

1. Welche Maßnahmen umfasst die Heilbehandlung?
2. Welche Geldleistungen werden bei der gesetzlichen Unfallversicherung unterschieden?
3. Wann erhält ein Patient Verletztengeld und wie lange wird es gezahlt?

2.4.4 Allgemeine Heilbehandlung

Erscheint ein Patient nach einem Arbeitsunfall in der Praxis des **Hausarztes,** ist dieser als Vertragsarzt verpflichtet, alle **Notfallmaßnahmen** durchzuführen. Seine Leistungen kann er anschließend dem entsprechenden Unfallversicherungsträger in Rechnung stellen. Grundlage dafür ist der Vertrag „Ärzte/Unfallversicherungsträger" zwischen der Kassenärztlichen Bundesvereinigung und den Unfallversicherungsträgern.

Nach der Notfallversorgung muss der Arzt prüfen, ob der Patient von ihm weiterbehandelt werden darf oder ob er ihn zu einem **Durchgangsarzt** (D-Arzt) überweisen muss. Durchgangsärzte sind Fachärzte für Allgemeinchirurgie oder für Unfallchirurgie und Orthopädie, die von den Landesverbänden der Deutschen Gesetzlichen Unfallversicherung e.V. (DGUV) zur Versorgung Unfallverletzter beauftragt sind. Die folgende Übersicht zeigt, unter welchen Bedingungen eine Vorstellungspflicht beim D-Arzt besteht.

Vorstellungspflicht beim D-Arzt:

- Die Verletzung führt zur Arbeitsunfähigkeit über den Unfalltag hinaus.
- Die Behandlungsdauer der Verletzung beträgt voraussichtlich länger als eine Woche.
- Eine Verordnung von Heil- oder Hilfsmitteln ist notwendig.
- Es handelt sich um eine Wiedererkrankung an den Unfallfolgen.

Die folgenden **Beispiele** verdeutlichen, wann D-Arzt-Pflicht besteht und wann nicht:

Tabelle: D-Arzt-Pflicht

Sachverhalt	Beurteilung
Eine MFA stürzt während der Arbeit über einen Besen und erleidet eine Prellung am Unterschenkel. Sie kann am nächsten Tag wieder arbeiten.	Es besteht keine D-Arzt-Pflicht, da die Arbeitsunfähigkeit nicht über den Unfalltag hinausgeht.
Eine MFA erleidet auf dem Weg zur Arbeit ein Schleudertrauma. Es wird voraussichtlich Krankengymnastik notwendig werden.	Es besteht Vorstellungspflicht beim D-Arzt, da eine Heilmittelverordnung notwendig ist.
Eine MFA verletzt sich an einer benutzten Kanüle. Sie kann weiterarbeiten, benötigt aber eine medikamentöse Therapie, die mehrere Monate andauern wird.	Es besteht Vorstellungspflicht beim D-Arzt, da die Behandlung länger als eine Woche dauert.

In den meisten Fällen führen Arbeitsunfälle eher zu kleineren Verletzungen wie oberflächlichen Schnittverletzungen, Schürfungen oder Prellungen, die prinzipiell jeder Arzt versorgen könnte. Die Versorgung solcher Verletzungen erfolgt üblicherweise in Form einer allgemeinen Heilbehandlung. Im Vertrag „Ärzte/Unfallversicherungsträger" wird **allgemeine Heilbehandlung** folgendermaßen definiert:

Allgemeine Heilbehandlung ist die ärztliche Versorgung einer Unfallverletzung, die nach Art und Schwere weder eines besonderen personellen, apparativ-technischen Aufwandes noch einer spezifischen unfallmedizinischen Qualifikation des Arztes bedarf.

Allgemeine Heilbehandlung beim Vertragsarzt, der kein D-Arzt ist, kommt in der Regel unter zwei unterschiedlichen Bedingungen zustande:

- Es besteht nach dem Arbeitsunfall **keine** Vorstellungspflicht beim D-Arzt und der Vertragsarzt behandelt den Patienten.
- Der Patient wird vom D-Arzt zur Weiterbehandlung an den Vertragsarzt (zurück-) überwiesen.

Falls ein Vertragsarzt nach einem Arbeitsunfall die allgemeine Heilbehandlung direkt übernimmt, muss er am Tag der ersten Inanspruchnahme durch den Unfallverletzten, spätestens am nächsten Werktag, dem Unfallversicherungsträger die **Ärztliche Unfallmeldung** nach **Formtext 1050** erstatten.

Der Vordruck F 1050 (Ärztliche Unfallmeldung) hat DIN-A4-Größe und besteht aus zwei Seiten:

Seite 1: für die Meldung an die Berufsgenossenschaft,

Seite 2: für die Abrechnung.

Merke:

Die **Ärztliche Unfallmeldung auf F 1050** muss am Tag der ersten Inanspruchnahme, spätestens am nächsten Werktag, ausgefüllt und an die zuständige Berufsgenossenschaft geschickt werden.

Den Vordruck F 1050 kann man wie alle berufsgenossenschaftlichen Vordrucke auf der Internetseite der DGUV herunterladen und am Computer ausfüllen. Abb. 1 auf der nächsten Seite zeigt F 1050.

Ärztliche Unfallmeldung – UV-Träger –

Lfd. Nr.

Unfallversicherungsträger			Eingetroffen am	Uhrzeit	
Name der versicherten Person	Vorname	Geburtsdatum	Krankenkasse	Familienversichert ☐ Nein ☐ Ja: keine Kopie an Kasse	Name des Mitglieds
Vollständige Anschrift			Bei Pflegeunfall Pflegekasse der pflegebedürftigen Person		
Beschäftigt als	Seit		Telefon-Nr.	Staatsangehörigkeit	Geschlecht
Unfallbetrieb (Name, Anschrift und Telefon-Nr. des Arbeitgebers, der Kita, der (Hoch-)Schule, der pflegebedürftigen Person)					
1 Unfalltag	Uhrzeit	Unfallort	Beginn der Arbeitszeit Uhr	Ende der Arbeitszeit Uhr	

Vorstellungspflicht bei einer Durchgangsärztin/einem Durchgangsarzt

☐ Die versicherte Person wird am ______________ bei der D-Ärztin/dem D-Arzt (bitte genaue Anschrift angeben)

____ vorgestellt, weil

- ☐ die Unfallverletzung über den Unfalltag hinaus zur Arbeitsunfähigkeit führt,
- ☐ die Behandlungsbedürftigkeit voraussichtlich mehr als eine Woche beträgt,
- ☐ die Verordnung von Heilmitteln (z. B. Physiotherapie) oder Hilfsmitteln (z. B. Gehstützen) erforderlich ist,
- ☐ eine Wiedererkrankung an Unfallfolgen vorliegt.

☐ Eine Vorstellungspflicht bei einer D-Ärztin/einem D-Arzt besteht nicht, weil keine der oben aufgeführten Voraussetzungen erfüllt ist **(nur in diesem Fall bitte weiter mit Pkt. 1 bis 5)**.

1. Angaben der versicherten Person zum Unfallhergang und zur Tätigkeit, bei der der Unfall eingetreten ist

2. Beschwerden/Klagen

3. Kurze Angabe des Befundes (ggf. mit Ergebnis bildgebender Diagnostik)

4. Diagnose

5. Ist weitere **allgemeine Heilbehandlung** erforderlich?

☐ Nein

☐ Ja,

- ☐ durch mich
- ☐ durch andere Ärztin/anderen Arzt (auch Verlegung/Vorstellung), bitte Name und Anschrift angeben

Ort, Datum | Unterschrift | Anschrift/Stempel

Datenschutz:

Ich habe die Hinweise nach § 201 SGB VII gegeben.

Abb. 1 Ärztliche Unfallmeldung (F 1050)

Folgende Übersicht zeigt die **Praxisabläufe** bei Patienten nach einem Arbeitsunfall, falls **keine D-Arzt-Pflicht** besteht:

Patient erscheint nach Arbeitsunfall beim Vertragsarzt, es besteht keine Vorstellungspflicht beim D-Arzt

↓

Behandlung des Patienten

↓

Ausfüllen der ärztlichen Unfallmeldung auf F 1050

↓

Versenden von Blatt 1 der ärztlichen Unfallmeldung an die zuständige BG/Unfallkasse innerhalb eines Tages

↓

evtl. weitere Behandlung des Patienten

↓

Abrechnung der Behandlungskosten nach UV-GOÄ auf der 2. Seite von F 1050 (alternativ auf F 9990 oder Privatrechnung)

↓

Versenden der Abrechnung an die zuständige BG/Unfallkasse

Abb. 1 Praxisabläufe beim Arbeitsunfall ohne D-Arzt-Pflicht

Besteht nach einem Arbeitsunfall **Vorstellungspflicht beim D-Arzt,** muss der Patient vom erstversorgenden Vertragsarzt zum D-Arzt überwiesen werden. Man spricht in diesem Fall vom **D-Arzt-Verfahren.** Die Überweisung zum D-Arzt erfolgt formlos z. B. mittels Privatrezept oder auf Praxispapier.

Wenn **D-Arzt-Pflicht** besteht, muss die Ärztliche Unfallmeldung vom erstbehandelnden Arzt nicht ausgefüllt werden. Der D-Arzt fertigt einen **D-Arzt-Bericht** an, von dem der erstversorgende Vertragsarzt eine Kopie erhält. Kleinere Unfälle, die der allgemeinen Heilbehandlung zugeordnet werden, überweist der D-Arzt in der Regel an den Hausarzt zurück. Handelt es sich allerdings um schwerere Verletzungen, die einer besonderen Heilbehandlung bedürfen, übernimmt der D-Arzt die gesamte Weiterbehandlung.

Wird ein Patient vom D-Arzt zur Weiterbehandlung **an den Hausarzt (zurück-)überwiesen,** kann der Hausarzt die Abrechnungsseite des Vordrucks F 1050 für seine Abrechnung am Ende der Behandlung benutzen. Das Gleiche gilt für die Abrechnung von Notfallbehandlungen vor Überweisung zum D-Arzt. Auf der Vorderseite des Vordrucks muss der Arzt dann nur den fett eingerahmten Kopf des Formulars mit den Patientendaten ausfüllen. Alternativ kann der Hausarzt in diesen Fällen zur Abrechnung auch den Vordruck F 9990 benutzen oder eine Privatliquidation schreiben. Die Leistungen im Rahmen eines Arbeitsunfalls werden über die **UV-GOÄ** (Gebührenordnung der Unfallversicherungen) abgerechnet. Die Abbildung 1 zeigt die **Praxisabläufe bei D-Arzt-Pflicht.**

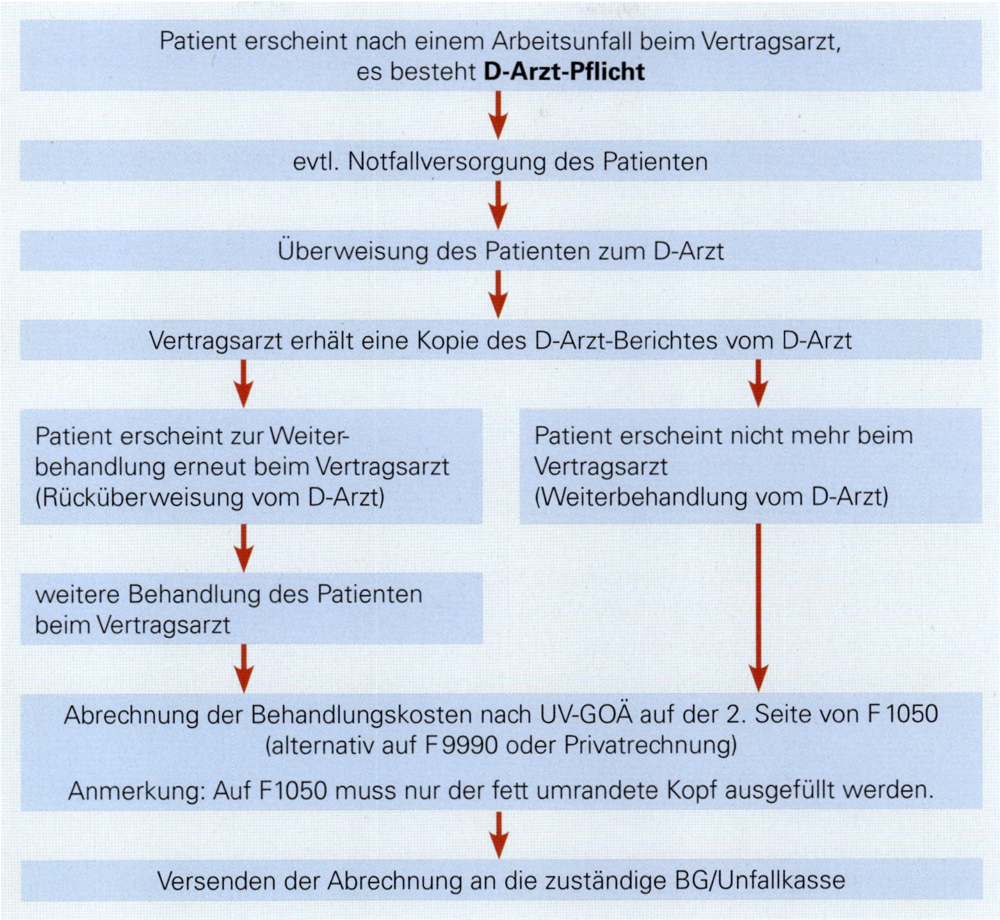

Abb. 1 Praxisabläufe beim Arbeitsunfall mit D-Arzt-Pflicht

Unter bestimmten Voraussetzungen werden Patienten nach einem Arbeitsunfall nicht zum D-Arzt, sondern zu anderen Fachärzten überwiesen. Im Einzelnen gilt:

- Bei isolierten **Augenverletzungen** muss zum **Augenarzt,**
- bei isolierten **Verletzungen im Hals-, Nasen-, Ohren-Bereich** muss zum **HNO-Arzt,**
- bei schwereren **Verletzungen der Hand** muss zum **Handchirurgen,**
- bei Verdacht auf eine **berufsbedingte Hauterkrankung** muss zum **Hautarzt** überwiesen werden.

Die Versorgung übernehmen alle entsprechenden Fachärzte, die an der vertragsärztlichen Versorgung teilnehmen oder von Seiten der Unfallversicherungsträger beteiligt sind.

Bei sehr **schweren Verletzungen** nach einem Arbeitsunfall, wie bei offenen Brüchen des Arms oder durchbohrenden Bauchverletzungen, muss der Betroffene vom erstversorgenden Arzt in ein **Krankenhaus** überwiesen werden, das am sogenannten **Verletzungsartenverfahren der Berufsgenossenschaften** teilnimmt (sogenannte „BG-Kliniken"). Alle Verletzungen, die dem Verletzungsartenverfahren zugeordnet werden müssen, sind in Anhang 1 des Vertrags „Ärzte/Unfallversicherungsträger" aufgeführt. Der D-Arzt des Krankenhauses entscheidet, ob stationäre Behandlung erfolgen muss oder ob die Erkrankung weiter ambulant behandelt werden kann.

Übungen

1. Nennen Sie den Vertrag, der die Behandlung von Verletzten nach einem Arbeitsunfall regelt.
2. Nennen Sie Bedingungen, unter denen nach einem Arbeitsunfall Vorstellungspflicht beim D-Arzt besteht.
3. Mit welchem Formular wird ein Patient zum D-Arzt überwiesen?
4. Entscheiden Sie, ob bei folgenden Fällen Vorstellungspflicht beim D-Arzt besteht. Begründen Sie Ihre Antwort.
   a) Eine Schülerin eines Gymnasiums verletzt sich während des Unterrichts an der Hand. Die Behandlung dauert voraussichtlich 3 Tage.
   b) Eine MFA rutscht während der Arbeitszeit auf dem nassen Praxisfußboden aus und erleidet eine Schulterprellung. Es wird voraussichtlich Krankengymnastik notwendig werden.
   c) Ein Bauarbeiter wurde beim Hausarzt vor 3 Tagen wegen einer arbeitsbedingten Fingerverletzung behandelt. Nun erscheint er erneut beim Hausarzt, weil sich die Wunde stark entzündet hat.
   d) Eine Gartenbauarbeiterin verletzt sich während der Arbeit an einer Stechpflanze. Sie kann am nächsten Tag wieder zur Arbeit gehen, eine längere Behandlungsdauer ist unwahrscheinlich.
   e) Eine MFA verletzt sich an der benutzten Kanüle eines HIV-positiven Patienten. Sie kann weiterarbeiten, benötigt aber eine medikamentöse Therapie, die mehrere Monate andauern wird.
5. Die beschriebene Situation des Maurers zu Beginn des Kapitels lässt offen, ob D-Arzt-Pflicht besteht oder nicht. Beschreiben Sie das Vorgehen und füllen Sie die entsprechenden Formulare aus:
   a) für den Fall, dass keine D-Arzt-Pflicht besteht.
   b) für den Fall, dass D-Arzt-Pflicht vorliegt.

Patientendaten:

Rainer Holz, wohnhaft Ottostr. 4 in 41464 Neuss, Telefon: 02131/45321, geboren am 24.11.1979; krankenversichert bei der AOK Rheinland/Hamburg; beschäftigt bei dem

Bauunternehmen HOCHTIEF AG seit 1998; Unfallversicherungsträger: Bau-BG; Beginn der Arbeitszeit um 7:30 Uhr, Ende der Arbeitszeit: 16:30 Uhr, Unfallereignis am 3. Mai des Jahres um 11 Uhr, eingetroffen in der Praxisgemeinschaft bei Frau Dr. Söhne um 11:05 Uhr.

6. Was versteht man unter „allgemeiner Heilbehandlung"?
7. Unter welchen beiden Bedingungen kann ein Vertragsarzt, der kein D-Arzt ist, eine allgemeine Heilbehandlung durchführen?
8. Unter welchen Voraussetzungen muss dieser Vertragsarzt die Ärztliche Unfallmeldung (F 1050) vollständig ausfüllen?
9. An wen und innerhalb welcher Frist muss die vollständig ausgefüllte Ärztliche Unfallmeldung (F 1050) gesendet werden?
10. Mit welchem Formular kann dieser Vertragsarzt seine Leistungen am Ende der Behandlung abrechnen?
11. Wohin werden Patienten mit Augenverletzungen oder Verletzungen im HNO-Bereich nach einem Arbeitsunfall überwiesen?
12. Was muss ein Hausarzt machen, wenn der Verdacht auf eine beruflich bedingte Hauterkrankung besteht?

2.4.5 Besondere Heilbehandlung

Eine zentrale Rolle bei der Behandlung von Arbeitsunfällen spielt der **Durchgangsarzt (D-Arzt).** Die Erlaubnis zur Teilnahme am D-Arzt-Verfahren erhält ein Arzt von den Landesverbänden der Deutschen Gesetzlichen Unfallversicherung, die Teilnahme ist nur unter bestimmten Voraussetzungen möglich. So muss der Arzt **Facharzt für Chirurgie oder Facharzt für Unfallchirurgie und Orthopädie** sein, die Praxis muss Operations- und Röntgenräume aufweisen und auch das Personal muss entsprechend qualifiziert sein. Der D-Arzt muss zur Übernahme bestimmter Pflichten bereit sein. Fachärzte für Chirurgie oder Fachärzte für Unfallchirurgie und Orthopädie, die keine zugelassenen D-Ärzte sind, müssen Patienten ebenfalls zum D-Arzt überweisen, wenn Vorstellungspflicht beim D-Arzt besteht.

Nach einem Arbeitsunfall beurteilt der D-Arzt zunächst die Verletzung und fertigt den **D-Arzt-Bericht auf F 1000** an. Bei bestimmten Verletzungen muss er zusätzliche Ergänzungsberichte anfertigen. Der erstversorgende Arzt erhält vom D-Arzt-Bericht eine Durchschrift.

Der D-Arzt entscheidet, ob die Behandlung des Verletzten im Rahmen der allgemeinen Heilbehandlung durchgeführt werden kann oder ob **besondere Heilbehandlung** veranlasst werden muss. Ca. 80 Prozent aller Fälle von Verletzungen im D-Arzt-Verfahren sollen der allgemeinen Heilbehandlung zugeordnet werden. In diesen Fällen kann der D-Arzt den Patienten zum Hausarzt (zurück-)überweisen.

Bei schweren Verletzungen, wie z. B. bei Knochenbrüchen, offenen und tiefen Weichteilverletzungen, Nerven- und Sehnenverletzungen, schweren Quetschungen oder schweren Zerrungen, leitet der D-Arzt besondere Heilbehandlung ein. **Besondere Heilbehandlung** muss der D-Arzt persönlich übernehmen. Im Vertrag „Ärzte/Unfallversicherungsträger" ist besondere Heilbehandlung in folgender Weise definiert:

Besondere Heilbehandlung ist die fachärztliche Behandlung einer Unfallverletzung, die wegen Art und Schwere besondere unfallmedizinische Qualifikation verlangt.

Außer D-Ärzten dürfen auch Handchirurgen bei speziellen Handverletzungen besondere Heilbehandlung einleiten. Weiterhin kann besondere Heilbehandlung durch den Unfallversicherungsträger veranlasst werden, wenn dieser aufgrund der Unfallberichte der Meinung ist, dass besondere Heilbehandlung sinnvoll erscheint.

Merke:

Besondere Heilbehandlung darf nur veranlasst werden durch

- Unfallversicherungsträger,
- D-Ärzte,
- Handchirurgen.

Übungen

1. Welche Voraussetzungen muss ein Arzt erfüllen, um als D-Arzt tätig werden zu dürfen?
2. Unterscheiden Sie allgemeine und besondere Heilbehandlung.
3. Wer darf besondere Heilbehandlung veranlassen?

2.4.6 Weitere Formulare im Rahmen eines Arbeitsunfalls

Verordnungen

Bei Verordnungen im Rahmen von Arbeitsunfällen sind bestimmte Vorschriften zu beachten. Einige Formulare der vertragsärztlichen Versorgung dürfen neben Formtexten der Unfallversicherungsträger benutzt werden; bestimmte Maßnahmen dürfen nur D-Ärzte verordnen. Zuzahlungen fallen für die Patienten nicht an.

- **Arznei- und Verbandmittel** werden auf **Muster 16** (Arzneiverordnungsblatt) der vertragsärztlichen Versorgung verordnet. Dabei muss im Kostenträgerfeld die zuständige Berufsgenossenschaft eingetragen werden, es sind der Unfalltag und der Unfallbetrieb im unteren Teil des Formulars zu vermerken und es müssen „Gebühr frei" und „Arbeitsunfall" angekreuzt werden.
- **Krankentransporte** werden auf **Muster 4** der vertragsärztlichen Versorgung verordnet. Im Kostenträgerfeld muss die zuständige Berufsgenossenschaft angegeben und das Feld „Gebühr frei" neben dem Personalienfeld markiert werden. Rechts neben dem Personalienfeld muss das Feld „Arbeitsunfall/Berufskrankheit" angekreuzt werden.
- **Heilmittel** dürfen nur auf den Formularen der Unfallversicherungsträger verordnet werden: Krankengymnastik/physikalische Therapie mittels Vordruck F 2400, erweiterte ambulante Physiotherapie (EAP) mittels Vordruck F 2410. Sie können nur von D-Ärzten verschrieben werden, andere Ärzte bedürfen einer Genehmigung des Unfallversicherungsträgers. Liegt eine solche Genehmigung vor, entfällt die Vorstellungspflicht beim D-Arzt.
- **Hilfsmittel,** außer Seh- oder Hörhilfen, dürfen nur von D-Ärzten auf Muster 16 verordnet werden. Dabei gelten die gleichen Ausfüllvorschriften wie bei den Arznei- und Verbandmitteln. Für Seh- oder Hörhilfen verwendet der Augenarzt/HNO-Arzt Muster 8 bzw. Muster 15.

Arbeitsunfähigkeitsbescheinigung (Muster 1)

Im Falle von Arbeitsunfähigkeit im Zusammenhang mit einem Arbeitsunfall oder einer Berufskrankheit ist der behandelnde Arzt verpflichtet, diese mithilfe von Muster 1 (Arbeitsunfähigkeitsbescheinigung) der vertragsärztlichen Versorgung zu bescheinigen. Beim Ausstellen ist im Kopf der AU die **gesetzliche Krankenkasse** einzutragen, das Feld „Arbeitsunfall, Arbeitsunfallfolge, Berufskrankheit" und evtl. das Feld „Dem D-Arzt zugewiesen" sind anzukreuzen. Teil 1 der AU wird an die gesetzliche Krankenkasse geleitet, die nach 6 Wochen die Auszahlung des Verletztengeldes übernimmt. Bei privat versicherten Patienten wird Teil 1 der AU an die zuständige BG/Unfallkasse geleitet.

Übungen

1. Welche Verordnungen dürfen nur D-Ärzte ausstellen?
2. Welche Besonderheiten sind bei Verordnungen auf Muster 16 (Arzneimittelverordnung) im Rahmen eines Arbeitsunfalls zu beachten?
3. Welchen Kostenträger notieren Sie auf Muster 1 (Arbeitsunfähigkeitsbescheinigung) im Rahmen eines Arbeitsunfalls?
4. Welche Felder müssen in der Regel auf Muster 1 im Rahmen eines Arbeitsunfalls angekreuzt werden?

Lernfeld 2:
Patienten empfangen und begleiten

3 Formulare

Thematische Einordnung in den Rahmenlehrplan

Als weiteres Thema nennt das Lernfeld 2 die „Nutzung der eingegebenen Patientendaten zur Bearbeitung von Formularen".[1]

Die MFA wird täglich mit der Vorbereitung und dem Ausfüllen von kassenärztlichen Vordrucken konfrontiert. Hierbei müssen viele Vorgaben und Bestimmungen beachtet werden, die in der Vordruckvereinbarung des Bundesmantelvertrags zwischen der Kassenärztlichen Bundesvereinigung und den Bundesverbänden der Krankenkassen und den Verbänden der Ersatzkassen geregelt sind. In Kapitel 3 werden die Formulare thematisiert. Die Auszubildende lernt die wichtigsten Regeln im Umgang mit kassenärztlichen und anderen Formularen kennen und lernt, diese Vorschriften richtig anzuwenden. Aufgrund der Vielzahl der kassenärztlichen Formulare beschäftigt sich das Kapitel 3 mit den Formularen, die im Praxisalltag der Medizinischen Fachangestellten häufig Verwendung finden.

3.1 Vordruckvereinbarungen

Fallbeispiel

Es ist Dienstagmorgen, wie jeden Dienstag haben die MFA viel zu tun.

Gülay: *Kannst du bitte das EKG bei Herrn Scheidmann schreiben?*

Kristina: *Einen kleinen Moment muss Herr Scheidmann noch warten, ich muss eben noch für Frau Behrend eine Überweisung zum Kardiologen ausstellen und eine Arbeitsunfähigkeitsbescheinigung vorbereiten. Ich kann allerdings die Überweisungsvordrucke nicht finden. Außerdem habe ich auch noch keine neuen Vordrucke für die Arbeitsunfähigkeitsbescheinigungen bestellt, weil ich nicht wusste, woher man diese Formulare beziehen kann. Warum kann ich eigentlich nicht einfach eine formlose Überweisung ausstellen? Gestern sollte ich für einen Patienten eine Quittung für ein Attest ausstellen. Da ich den Block mit den Vor-drucken nicht finden konnte, habe ich doch auch einfach eine formlose Quittung ausgestellt. Hauptsache, es sind alle wichtigen Informationen enthalten!*

[1] Siehe Rahmenlehrplan zur Medizinischen Fachangestellten/zum Medizinischen Fachangestellten 2006, Seite 10

Info

Das Formularwesen in der vertragsärztlichen Praxis wird in der **Vordruckvereinbarung des Bundesmantelvertrags** (BMV-Ä) zwischen der Kassenärztlichen Bundesvereinigung (KBV) und dem GKV-Spitzenverband geregelt. Die Verwendung bestimmter Formulare im Rahmen der vertragsärztlichen Versorgung ist **verbindlich.** Sowohl die Bezeichnung, der Inhalt und Aufbau als auch die Farbe und die Abmessungen der Vertragsarztformulare sind **bundeseinheitlich** festgelegt. Die Vordrucke enthalten jeweils eine **einheitliche Muster-Nummer.**

Die **Herstellungskosten** für die Kassenformulare tragen die **Krankenkassen.** Die **Kassenärztlichen Vereinigungen**, in bestimmten Regionen auch die Druckereien, übernehmen die **Auslieferung** an die Vertragsarztpraxen. Das Arzneiverordnungsblatt (Muster 16) sowie das Betäubungsmittelrezept stellen dabei eine Ausnahme dar. Muster 16 wird von den Arztpraxen über bestimmte autorisierte Fachverlage bezogen. Der Bezug ist für die Arztpraxen kostenlos, die Kosten für den gewünschten Aufdruck des Arztstempels muss allerdings der Arzt übernehmen. Privatrezepte muss der Arzt ebenfalls selbst finanzieren. Die Betäubungsmittelrezepte bezieht der Arzt kostenlos über das **Bundesinstitut für Arzneimittel und Medizinprodukte:**

Bundesopiumstelle, Kurt-Georg-Kiesinger-Allee 3, 53175 Bonn

Der Formularversand der KV Nordrhein stellt den Mitgliedern eine Vielzahl an Formularen, Flyern sowie Muster für Teilnahmeerklärungen an Verträgen zur Verfügung. Einige Formulare sind auch per Download auf der entsprechenden Homepage verfügbar. Hierdurch wird die Formularplanung in den Praxen flexibler und der Vordruckbestand kann gesenkt werden.

3.1.1 Allgemeine Bestimmungen

Die Vertragsärzte dürfen nach den Bestimmungen des Bundesmantelvertrags die **Formulare auch auf ihrem Praxiscomputer** selbst **herstellen.** Dieses Verfahren heißt **Blanko-Formularbedruckung (BFB).** Hierbei müssen jedoch einige Voraussetzungen erfüllt werden. Der Vertragsarzt muss

- von der Kassenärztlichen Bundesvereinigung genehmigte Software benutzen,
- spezielles Sicherheitspapier mit einem Wasserzeichen und einem aufgedruckten Barcode verwenden.

Die Kosten für das spezielle Sicherheitspapier tragen die Krankenkassen; das Papier wird auf dem gleichen Weg wie die herkömmlichen Formulare bezogen.

Alle Formulare dürfen erst nach ihrem vollständigen Ausfüllen, also **nicht blanko,** unterschrieben werden. Das bedeutet, dass eine **Vorratshaltung an der Anmeldung** der Arztpraxis von nicht ausgefüllten, aber unterschriebenen Vordrucken, **verboten** ist. Weiterhin dürfen die Vertragsarztformulare nicht an Ärzte, die keine Kassenzulassung haben, weitergegeben werden und in der Regel auch nicht für Privatpatienten verwendet werden. Arbeitsunfälle werden nicht über die gesetzliche Krankenkasse des Versicherten abgerechnet, aus diesem Grund dürfen die üblichen Vertragsarztformulare hier auch nicht verwendet werden. Ausnahmen bilden dabei u. a.:

- die Arbeitsunfähigkeitsbescheinigung (Muster 1),
- die Verordnung einer Krankenbeförderung (Muster 4) und
- das Arzneiverordnungsblatt (Muster 16).

Die folgende Tabelle listet die Formulare der Vordruckvereinbarung mit den entsprechenden Muster-Nummern auf. Im weiteren Verlauf des Kapitels werden die Formulare, die jede Medizinische Fachangestellte kennen sollte, ausführlich vorgestellt.

Tabelle: Formulare

Muster-Nummer	Formularbezeichnung
Muster 1	Arbeitsunfähigkeitsbescheinigung
Muster 2	Verordnung von Krankenhausbehandlung
Muster 3	Zeugnis über den mutmaßlichen Tag der Entbindung
Muster 4	Verordnung einer Krankenbeförderung
Muster 5	Abrechnungsschein
Muster 6	Überweisungsschein
Muster 7	Überweisung vor Aufnahme einer Psychotherapie zur Abklärung somatischer Ursachen
Muster 8	Sehhilfenverordnung
Muster 8A	Verordnung von vergrößernden Sehhilfen
Muster 9	Bescheinigung einer Frühgeburt oder einer Behinderung des Kindes
Muster 10	Überweisungsschein für Laboratoriumsuntersuchungen als Auftragsleistung
Muster 10A	Anforderungsschein für Laboratoriumsuntersuchungen bei Laborgemeinschaften
Muster 11	Bericht für den Medizinischen Dienst
Muster 12	Verordnung häuslicher Krankenpflege
Muster 13	Heilmittelverordnung: Maßnahmen der Physikalischen Therapie/ Podologischen Therapie
Muster 14	Heilmittelverordnung: Maßnahmen der Stimm-, Sprech- und Sprachtherapie

Muster-Nummer	Formularbezeichnung
Muster 15	Ohrenärztliche Verordnung einer Hörhilfe
Muster 16	Arzneiverordnungsblatt
Muster 18	Heilmittelverordnung: Maßnahmen der Ergotherapie/ Ernährungstherapie
Muster 19	Notfall-/Vertretungsschein
Muster 20	Stufenweise Wiedereingliederung in das Erwerbsleben (Wiedereingliederungsplan)
Muster 21	Ärztliche Bescheinigung für den Bezug von Krankengeld bei Erkrankung eines Kindes
Muster 22	Konsiliarbericht vor Aufnahme einer Psychotherapie
Muster 25	Anregung einer ambulanten Vorsorgeleistung in anerkannten Kurorten gemäß § 23 Abs. 2 SGB V
Muster 26	Verordnung Soziotherapie gemäß §37a SGB V
Muster 27	Soziotherapeutischer Betreuungsplan
Muster 28	Verordnung bei Überweisung zur Indikationsstellung für Soziotherapie
Muster 36	Empfehlung zur verhaltensbezogenen Primärprävention
Muster 39	Früherkennung Zervix-Karzinom
Muster 40	Dokumentationsvordruck für Krebsfrüherkennungsuntersuchung Männer
Muster 50	Anfrage zur Zuständigkeit einer anderen Krankenkasse
Muster 51	Anfrage zur Zuständigkeit eines sonstigen Kostenträgers
Muster 52	Bericht für die Krankenkasse bei Fortbestehen der Arbeitsunfähigkeit
Muster 53	Anfrage zum Zusammenhang von Arbeitsunfähigkeitszeiten

Muster-Nummer	Formularbezeichnung
Muster 55	Bescheinigung einer schwerwiegenden chronischen Erkrankung gem. § 62 SGB V
Muster 56	Antrag auf Kostenübernahme für Rehabilitationssport/Funktionstraining
Muster 61	Teil A: Beratung zu medizinischer Rehabilitation/Prüfung des zuständigen Rehabilitationsträgers Teil B bis D: Verordnung von medizinischer Rehabilitation
Muster 63	Verordnung spezialisierter ambulanter Palliativversorgung (SAPV)
Muster 64	Verordnung medizinischer Vorsorge für Mütter oder Väter gemäß § 24 SGB V
Muster 65	Ärztliches Attest Kind
Muster 70	Behandlungsplan für Maßnahmen der künstlichen Befruchtung
Muster 70A	Folge-Behandlungsplan für Maßnahmen der künstlichen Befruchtung
Muster 85	Nachweis der Anspruchsberechtigung bei Ruhen des Anspruchs gemäß § 16 Absatz 3a SGB V
Muster 86	Weiterleitungsbogen für angeforderte Befunde an den MDK

Übungen

1. Erklären Sie, warum Kristina (siehe Fallbeispiel) keine formlose Überweisung ausstellen kann.
2. Welches Dokument regelt das Formularwesen in der vertragsärztlichen Praxis?
3. Wer trägt die Kosten für die Herstellung der Kassenformulare?
4. Wer übernimmt die Auslieferung der Kassenformulare an die Vertragsärzte?
5. Woher bezieht der Vertragsarzt Muster 16 (Arzneiverordnungsblatt)?
6. Wer kommt für die Herstellungskosten der Privatrezepte auf?
7. Woher bezieht der Arzt die Rezepte für die Verordnung von Betäubungsmitteln?
8. Unter welchen Voraussetzungen kann der Vertragsarzt das Verfahren der „Blanko-Formularbedruckung" anwenden?

3.1.2 Normiertes Personalienfeld

Die Vordrucke werden mittels der elektronischen Gesundheitskarte des Patienten mithilfe des Kartenlesegerätes und des Druckers ausgefüllt.

Mit der Gesundheitskarte wird das normierte Personalienfeld der Vordrucke einheitlich ausgedruckt:

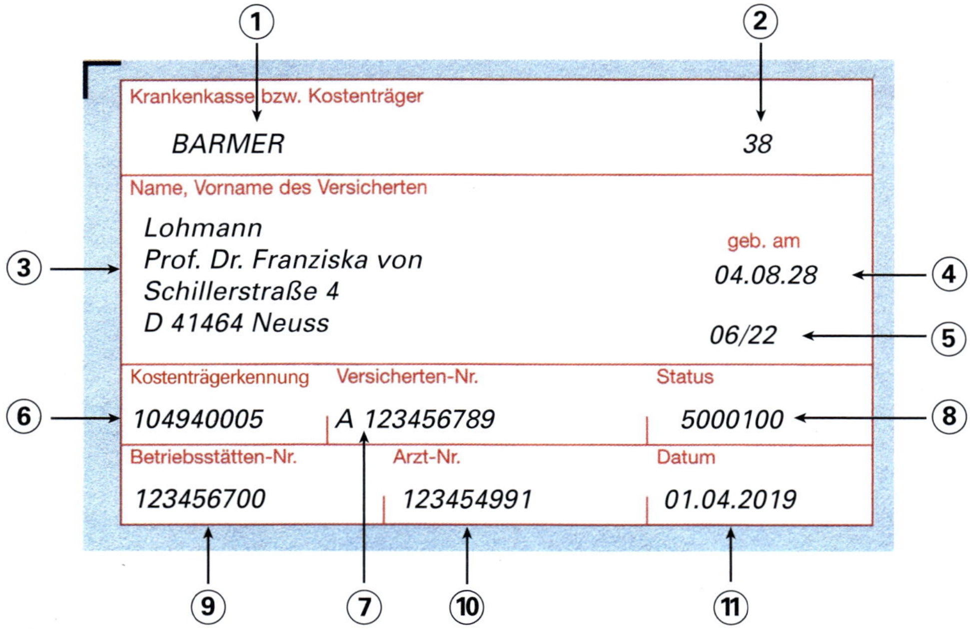

Abb. 1 Normiertes Personalienfeld bei Formularen

Folgende Daten sind im **Speicherchip** enthalten:

1 Bezeichnung der Krankenkasse

2 WOP-Kennzeichnung (Anmerkung: WOP steht für Wohnortprinzip): Sie dient der Zuordnung des Versicherten zu einem KV-Bereich.

3 Vollständiger Name und Adresse des Versicherten, einschließlich Namenszusätze (Prof., Dr., Graf von und zu etc.) und Länderkennung beispielsweise „D" für Deutschland

4 Geburtsdatum des Versicherten

5 Monat und Jahr, an dem die Gültigkeit der Gesundheitskarte abläuft

6 9-stellige Institutionskennnummer (IK) der abrechnenden Krankenkasse: Hierüber wird der Zahlungsverkehr gesteuert.

7 Lebenslange Versichertennummer des Versicherten (Versicherten-ID): Die Versichertennummer bleibt auch bei einem Wechsel der Krankenkasse des Versicherten bestehen.

8 7-stellige Statuskennzeichnung (Hinweis: die Bedeutung der einzelnen Ziffern wird im Folgenden erläutert.)

Durch den Praxiscomputer werden folgende Daten ergänzt:

9 9-stellige Betriebsstättennummer (BSNR): Sie wird durch die KV vergeben und kennzeichnet den Ort der Leistungserbringung.

10 9-stellige lebenslange Arztnummer (LANR): Sie wird bundesweit an jeden vertragsärztlich tätigen Arzt vergeben und kennzeichnet den Arzt, der die Leistung erbracht hat.

11 Tagesdatum

Das **Statusfeld** weist **sieben Ziffern** aus. Leere Felder im Statusfeld werden mit der **Ziffer „0"** bedruckt, um Fehler beim Einlesen der elektronischen Gesundheitskarte zu vermeiden. Liegen beispielsweise bei einem Patienten neben der Versichertenart 5 (Rentner) keine weiteren Statusangaben vor, so werden die sechs Stellen nach der 5 mit der Ziffer „0" bedruckt und es ergibt sich somit der Status 5000000.
An der **ersten Stelle** steht die **Versichertenart** mit folgenden möglichen Kennziffern:

1 = Mitglied
3 = Familienangehöriger
5 = Rentner

Die **zweite** und **dritte Stelle** werden angezeigt, wenn der Kostenträger zu den **„besonderen Kostenträgern"** zählt. Die gesetzliche Krankenkasse ist hier im Auftrag eines anderen Leistungsträgers tätig. Folgende Ziffern können hier stehen:

04 = BSHG (Bundessozialhilfegesetz) § 264 SGB V
06 = BVG (Gesetz über die Versorgung der Opfer des Krieges)
07 = SVA-Kennzeichnung für zwischenstaatliches Krankenversicherungsrecht, Personen mit Wohnsitz im Inland (Abrechnung nach Aufwand)
08 = SVA-Kennzeichnung (Abrechnung pauschal)

Die **vierte** und **fünfte Stelle** kennzeichnen Personen, die an einem DMP teilnehmen:

01 = Diabetes mellitus Typ 2
02 = Brustkrebs
03 = Koronare Herzkrankheit
04 = Diabetes mellitus Typ 1
05 = Asthma bronchiale
06 = COPD

Die **sechste** und **siebte Stelle** dokumentieren zusätzliche Statuskennzeichen:

01 = Behandlung im Rahmen der ambulanten spezialfachärztlichen Versorgung (ASV-Fall)
04 = Entlassmanagement-Fall
07 = Terminservicestellen-Fall (TSS-Fall)

Übungen

1. Welche der Daten, die im normierten Personalienfeld der Vordrucke erscheinen, werden vom Praxisdrucker automatisch hinzugefügt?
2. Wo wird im Personalienfeld die WOP-Nummer ausgewiesen und welche Bedeutung hat sie?
3. Welche Information enthalten die Ziffern 3000600 im Statusfeld?
4. Ein Patient ist anerkannter Kriegsopferversehrter und nimmt am DMP für Diabetes mellitus Typ 2 teil. Welche Ziffern erscheinen im Statusfeld?

3.1.3 Abrechnungsschein (Muster 5) und Ersatzverfahren

Im Praxisalltag ist es manchmal nicht möglich, die Gesundheitskarte einzulesen. In diesen Fällen wird das sogenannte **Ersatzverfahren** angewendet. Darunter versteht man **die Abrechnung ohne eingelesene Gesundheitskarte.** Es gibt verschiedene Gründe, weswegen das Ersatzverfahren Anwendung findet. Dazu gehören:

- Im Rahmen einer Notfallbehandlung kann der Patient keine Gesundheitskarte vorlegen.
- Das Neugeborene hat noch keine Gesundheitskarte.
- Der Versichertenstatus hat sich geändert, die Daten sind auf der Gesundheitskarte aber noch nicht geändert worden.
- Die Gesundheitskarte ist defekt.
- Das Kartenterminal bzw. der Drucker ist defekt.
- Dem Arzt steht beim Hausbesuch kein mobiles Lesegerät zur Verfügung.

Hat der Patient seine Gesundheitskarte vergessen, darf das Ersatzverfahren **nicht** angewendet werden.

Die Abrechnung im Ersatzverfahren erfolgt auf dem **Abrechnungsschein (Muster 5).** Ausgenommen davon sind Notfallbehandlungen, die mittels Muster 19 abgerechnet werden. Der Patient ist verpflichtet, den Abrechnungsschein zu unterschreiben. Mit seiner Unterschrift bestätigt er seine Mitgliedschaft bei der angegebenen Krankenkasse. Eine Unterschrift ist nicht erforderlich, wenn der Patient jünger als 15 Jahre ist oder wenn er zur Unterschriftsleistung nicht in der Lage ist. Im normierten Personalienfeld sollten mindestens folgende Daten eingetragen werden:

- Bezeichnung der Krankenkasse
- Geburtsdatum des Versicherten
- Versichertenstatus
- Krankenkassen-Nummer (wenn bekannt)
- Name des Versicherten
- Postleitzahl des Wohnortes des Versicherten
- Krankenversicherten-Nummer (wenn bekannt)

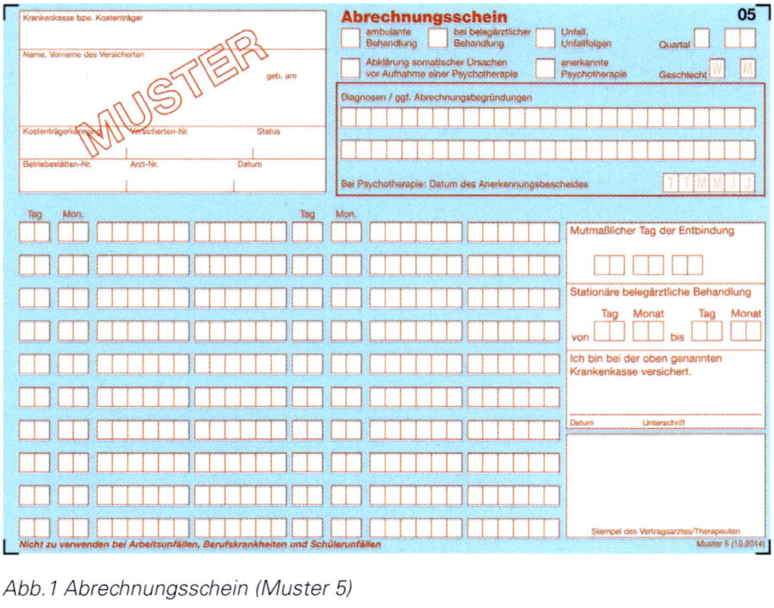
Krankenkasse bzw. Kostenträger
Name, Vorname des Versicherten
geb. am
MUSTER
Kostenträgerkennung
Versicherten-Nr.
Status
Betriebsstätten-Nr.
Arzt-Nr.
Datum
Abrechnungsschein
05
ambulante Behandlung
bei belegärztlicher Behandlung
Unfall, Unfallfolgen
Quartal
Abklärung somatischer Ursachen vor Aufnahme einer Psychotherapie
anerkannte Psychotherapie
Geschlecht W M
Diagnosen / ggf. Abrechnungsbegründungen
Bei Psychotherapie: Datum des Anerkennungsbescheides T T M M J J
Tag Mon. Tag Mon.
Mutmaßlicher Tag der Entbindung
Stationäre belegärztliche Behandlung
von Tag Monat bis Tag Monat
Ich bin bei der oben genannten Krankenkasse versichert.
Datum Unterschrift
Stempel des Vertragsarztes/Therapeuten
Nicht zu verwenden bei Arbeitsunfällen, Berufskrankheiten und Schülerunfällen
Muster 5 (10.2014)

Abb. 1 Abrechnungsschein (Muster 5)

Übungen

1. Was versteht man unter dem Ersatzverfahren?
2. Nennen Sie Umstände, unter denen das Ersatzverfahren Anwendung findet.
3. Wie wird im Rahmen des Ersatzverfahrens abgerechnet?
4. Warum muss der Patient den Abrechnungsschein im Rahmen des Ersatzverfahrens unterschreiben?

3.2 Überweisungen

Fallbeispiel

Dr. Söhnke beauftragt Sie, die folgenden Überweisungen vorzubereiten:

Der Patient Hugo Hansen wird wegen chronischer Kopfschmerzen von Dr. Söhnke an einen Neurologen überwiesen. Bei der Patientin Anette Kaiser sollen die Schilddrüsenwerte T3 und T4 in einem Fremdlabor bestimmt werden. Bei der Patientin Erna Nussbaum soll der Blutzuckerwert bestimmt werden. Frau Nussbaum leidet an einem manifesten Diabetes mellitus Typ II. Die Untersuchung soll in der Laborgemeinschaft durchgeführt werden.

Info

Für Überweisungen stehen dem Vertragsarzt verschiedene Formulare zur Verfügung. Am häufigsten finden folgende Überweisungsvorducke Anwendung:

- Muster 6 (Überweisungsschein)
- Muster 10 (Überweisungsschein für Laboratoriumsuntersuchungen als Auftragsleistung)
- Muster 10A (Anforderungsschein für Laboratoriumsuntersuchungen bei Laborgemeinschaften)

3.2.1 Überweisungsschein (Muster 6)

Bei dem **Überweisungsschein (Muster 6)** handelt es sich um ein Formular, das für die **Überweisung eines Patienten von einem Vertragsarzt an einen anderen Vertragsarzt, an einen ermächtigten Arzt oder an ein Medizinisches Versorgungszentrum** verwendet wird. Muster 6 befindet sich auf der Rückseite vom Abrechnungsschein. Der überweisende Arzt kann auf Muster 6 wichtige Informationen für den annehmenden Arzt dokumentieren und bestimmte diagnostische und/oder therapeutische Leistungen gezielt veranlassen.

Der überweisende Arzt darf Muster 6 nur ausstellen, wenn der Patient eine gültige Gesundheitskarte bzw. einen anderen gültigen Behandlungsausweis, der die Berechtigung zur Weiterüberweisung beinhaltet, vorgelegt. Notfälle, in denen eine Überweisung dringend erforderlich ist, stellen hier eine Ausnahme dar.

Der Versicherte ist verpflichtet seine **elektronische Gesundheitskarte** beim Arztbesuch auch dann vorzulegen, wenn er den Arzt mit einem Überweisungschein aufsucht.

Bei der Überweisung eines Patienten sind folgende **Grundsätze** zu beachten:

- Bestimmte Arztgruppen dürfen **nur auf Überweisung** tätig werden.
  Hierzu zählen Ärzte für
  - Nuklearmedizin,
  - Pathologie,
  - Radiologische Diagnostik,
  - Strahlentherapie,
  - Laboratoriumsmedizin, Transfusionsmedizin, Mikrobiologie und Infektionsepidemiologie.
- Überweisungen an **Zahnärzte** sind nicht zulässig.
- Überweisungen an einen Arzt **derselben Arztgruppe** sind nur in Ausnahmefällen zulässig, nämlich dann, wenn
  - der behandelnde Arzt eine bestimmte Untersuchung oder Behandlungsmethode nicht erbringen kann,
  - der Patient seinen Wohnort wechselt.

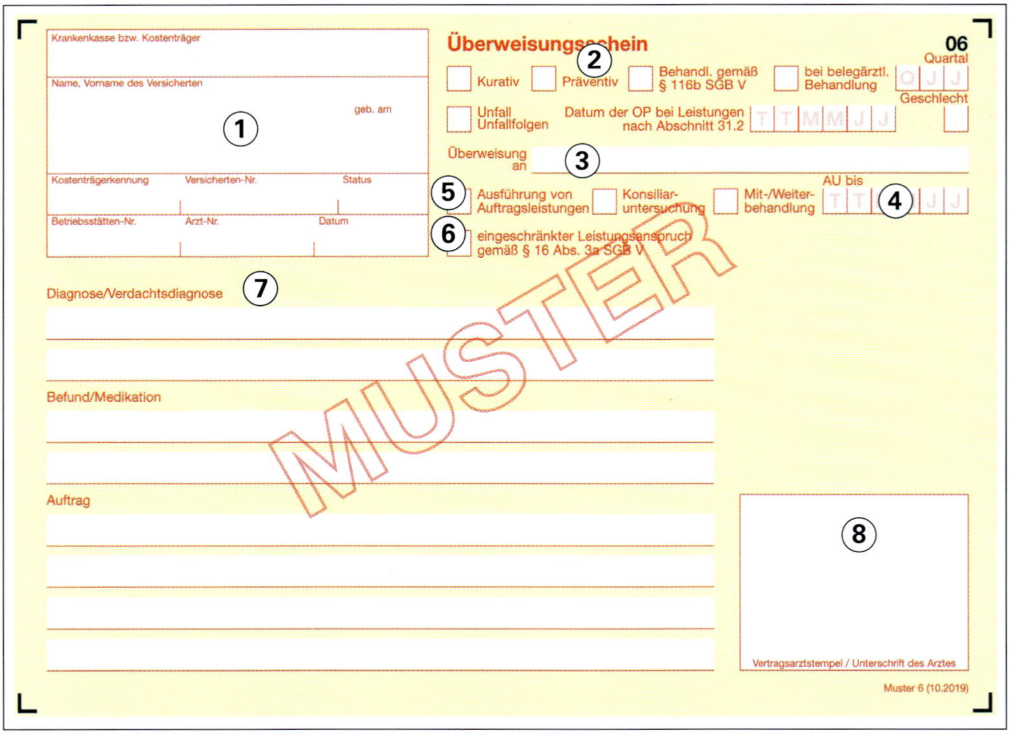
Krankenkasse bzw. Kostenträger
Name, Vorname des Versicherten
geb. am
①
Kostenträgerkennung | Versicherten-Nr. | Status
Betriebsstätten-Nr. | Arzt-Nr. | Datum

Überweisungsschein ②
06
Quartal
Kurativ | Präventiv | Behandl. gemäß § 116b SGB V | bei belegärztl. Behandlung | Q J J
Geschlecht
Unfall Unfallfolgen | Datum der OP bei Leistungen nach Abschnitt 31.2 | T T M M J J
Überweisung an ③
⑤ Ausführung von Auftragsleistungen | Konsiliaruntersuchung | Mit-/Weiterbehandlung | AU bis T T ④ J J
⑥ eingeschränkter Leistungsanspruch gemäß § 16 Abs. 3a SGB V

Diagnose/Verdachtsdiagnose ⑦

Befund/Medikation

Auftrag

⑧
Vertragsarztstempel / Unterschrift des Arztes

Muster 6 (10.2019)

MUSTER

Abb. 1 Muster 6 (Überweisungsschein)

Beim Ausfüllen des Überweisungsscheins ist im Einzelnen Folgendes zu beachten:

1 Einbringen der **Personalien** mit der Gesundheitskarte.

2 Hier wird der entsprechende Behandlungsbereich markiert.

- **Präventiv:** Die erwünschte Leistung ist dem Bereich der Vorsorge zuzuordnen.
- **Kurativ:** Die erwünschte Leistung erfolgt im Rahmen der Diagnostik/Therapie einer bestehenden Erkrankung. Falls eine kurative **und** eine präventive Leistung durchgeführt werden sollen, müssen zwei Überweisungsscheine ausgefüllt werden.
- **Behandlung gemäß § 116b SGB V:** Hierbei handelt es sich um die **Ambulante Spezialfachärztliche Versorgung (ASV)**. Die ASV umfasst die Diagnostik und Therapie **bestimmter schwerer beziehungsweise seltener Erkrankungen**. Die Behandlung erfolgt durch ein genehmigtes Team, in dem Ärzte aus verschiedenen Fachbereichen zusammenarbeiten.
- **bei belegärztl. Behandlung:** Die Überweisung erfolgt zur Hinzuziehung eines Arztes bei belegärztlicher Behandlung.
- **Unfall/Unfallfolgen:** Das Feld wird bei einem privaten/häuslichen Unfall gekennzeichnet und gibt Auskunft darüber, ob ggf. ein anderer Kostenträger als die gesetzliche Krankenversicherung ermittelt werden muss. Bei einem Autounfall sind unter Umständen die Behandlungskosten von der Haftpflichtversicherung des Unfallverursachers zu übernehmen. Bei Arbeitsunfällen ist der Vordruck nicht zu verwenden.
- **Datum der OP bei Leistungen nach Abschnitt 31.2 (EBM):** Erfolgt die Überweisung im Rahmen einer ambulanten oder belegärztlichen Operation, wird das Operationsdatum hier vermerkt.
- **Geschlecht:** Folgende Kürzel werden hier eingetragen: W = weiblich, M = männlich, D = divers, X = unbestimmt
- **Quartal:** Das aktuelle Quartal wird hier vermerkt. Beginnt der auf Überweisung tätig werdende Arzt die Behandlung erst im folgenden Quartal, kann der vorliegende Überweisungsschein verwendet werden. Die Voraussetzung hierfür ist, dass der Patient eine **gültige Versichertenkarte** oder einen anderen gültigen Behandlungsausweis vorlegt.

3 Überweisung an: Hier wird die gewünschte **Facharztbezeichnung** (z. B. Arzt für Innere Medizin) **oder eine Schwerpunktbezeichnung** (z. B. Arzt für Gynäkologische Onkologie) **oder auch eine Zusatzbezeichnung** (z. B. Arzt für Homöopathie) angegeben. Der Name eines bestimmten Arztes darf hier nicht notiert werden, um das Recht auf freie Arztwahl zu gewährleisten. Ausgenommen von dieser Regelung sind Überweisungen an einen ermächtigten Arzt oder an eine ermächtigte Einrichtung zur Durchführung bestimmter diagnostischer und therapeutischer Methoden.

4 AU bis: Besteht eine Arbeitsunfähigkeit, so wird hier das voraussichtliche Ende der Arbeitsunfähigkeit notiert. Dadurch wird vermieden, dass der annehmende Arzt eine weitere Arbeitsunfähigkeitsbescheinigung ausstellt.

5 Die **Überweisungsart** muss hier gekennzeichnet werden, wobei immer nur eine der drei Überweisungsarten angekreuzt werden darf.

- Die Überweisungsart **„Ausführung von Auftragsleistungen"** erfordert die präzise Beschreibung der Leistung nach Art und Umfang. (Beispiel: Röntgen des Thorax in 2 Ebenen gemäß GOP 34220 des EBM). Der annehmende Arzt ist prinzipiell an den Auftrag gebunden. Ein Abweichen von der angegebenen Auftragsleistung ist nur aus einer medizinischen Notwendigkeit heraus möglich und muss mit dem überweisenden Arzt abgestimmt werden. Der Überweisungsschein muss dann vom überweisenden Arzt entsprechend geändert bzw. neu ausgestellt werden.
- Die Überweisungsart **Konsiliaruntersuchung** beinhaltet, dass **ausschließlich diagnostische Leistungen** erbracht werden dürfen. Therapeutische Maßnahmen sind nicht berechnungsfähig. Der annehmende Arzt kann unter Berücksichtigung des Wirtschaftlichkeitsgebots über Art und Umfang der Leistung entscheiden. Er führt die Untersuchungen durch, die notwendig sind, um eine Verdachtsdiagnose zu bestätigen oder zu entkräften und verfasst einen entsprechenden Bericht für den überweisenden Arzt, der die weitere Behandlung des Patienten übernimmt bzw. veranlasst. Beispiel: Ein Arzt für Allgemeinmedizin überweist einen Patienten an einen Kardiologen zum Ausschluss einer koronaren Herzerkrankung. Der Kardiologe führt ein EKG, eine Ergometrie sowie eine Echokardiographie durch und verfasst einen Bericht.
- Bei der Überweisung zur **Mit-/Weiterbehandlung** werden dem annehmenden Arzt **diagnostische und therapeutische Tätigkeiten** übertragen. Die **Mitbehandlung** bezieht sich dabei in der Regel auf die Überweisung in einen anderen Fachbereich (Beispiel: Ein Arzt für Allgemeinmedizin überweist an einen Gynäkologen). Die **Weiterbehandlung** umfasst die gesamte Diagnostik und Therapie, die dem annehmenden Arzt übertragen wird, beispielsweise beim Wohnortwechsel eines Patienten.

6 eingeschränkter Leistungsanspruch gemäß § 16 Abs. 3a SGB V: Der überweisende Arzt markiert das Feld, um den Arzt, der auf Überweisung tätig wird, über den eingeschränkten Leistungsanspruch des Patienten zu informieren.

Ein eingeschränkter Leistungsanspruch besteht bei Versicherten, die mit der Zahlung der von ihnen selbst zu tragenden Beiträgen im Rückstand sind. Selbstzahler sind beispielsweise Selbstständige und Studenten.

Die Patienten können in diesem Fall ausschließlich die Gesundheitsuntersuchung, Kinderuntersuchungen, Leistungen bei Schwangerschaft und Mutterschaft sowie Leistungen zur Behandlung von akuten Erkrankungen und Schmerzzuständen zu Lasten der gesetzlichen Krankenkasse in Anspruch nehmen.

Der überweisende Arzt wird mittels Muster 85 (Nachweis der Anspruchsberechtigung bei Ruhen des Anspruches gemäß § 16 Abs. 3a SGB V) von den gesetzlichen Krankenkassen über den eingeschränkten Leistungsanspruch informiert.

7 Diagnose/Verdachtsdiagnose; Befund/Medikation; Auftrag: Hier kann der überweisende Arzt die entsprechenden Angaben machen, um den auf Überweisung tätig werdenden Arzt über Vorbefunde etc. zu informieren, und somit Mehrfachuntersuchungen vermeiden. Erfolgt die Überweisung zur Ausführung von Auftragsleistungen, wird die gewünschte Leistung hier notiert.

Überweisungen, die aus **medizinischer Sicht dringlich** sind, können mit einem **Überweisungscode** gekennzeichnet werden. Dringliche Überweisungen können beispielsweise vorliegen bei

- einer zunehmenden Verschlechterung einer Symptomatik,
- Versagen einer begonnenen Therapie oder
- anhaltender Arbeitsunfähigkeit zur Abklärung des weiteren Behandlungsprozederes.

Die Überweisungscodes erhält der Vertragsarzt über den Formularversand der KV. Der Code wird auf der Überweisung in dem Feld „Auftrag" neben der gewünschten Auftragsleistung geklebt. Der Code ist 12-stellig und enthält keine Daten.

Der Patient erhält durch den Überweisungscode einen Anspruch auf die Vermittlung eines Facharzttermins **innerhalb von vier Wochen**. Der Termin wird über eine **Termin-Servicestelle (TSS)** vermittelt, die den Code abfragt. Die Patienten können **keinen Wunscharzt** angeben, bekommen aber einen qualifizierten Arzt in der Nähe ihres Wohnortes vermittelt.

Abb. 1 zeigt den Ablauf der Terminvergabe bei dringlicher Überweisung:

Hausarzt oder **Facharzt** entscheidet über die Dringlichkeit der Überweisung

↓

Patient erhält eine **Überweisung (Muster 6)** mit Angabe eines Dringlichkeitscodes im Auftragsfeld.

↓

Patient kontaktiert die **Termin-Servicestelle (TSS)** und hält die Überweisung bereit

↓

TSS versucht im Zeitraum von einer Woche einen Termin für den Patienten **innerhalb von vier Wochen** zu erhalten

↓

TSS findet einen **Termin**

↓

- Patient muss den Termin telefonisch in der Praxis **bestätigen**
- Arzt erhält auf Wunsch eine E-Mail

↓

TSS findet **keinen Termin**

↓

TSS vermittelt Patient an ein **Krankenhaus**

Nimmt ein Patient an einem **DMP (Disease-Management-Programm)** teil, muss der koordinierende Vertragsarzt die Teilnahme auf dem Überweisungsformular dokumentieren. Der Arzt vermerkt im Bereich „Diagnose/Verdachtsdiagnose" beispielsweise „DMP COPD".

8 Der ausstellende Arzt bringt hier seinen **Vertragsarztstempel** auf und bestätigt mit seiner **Unterschrift** die Richtigkeit seiner Angaben.

3.2.2 Überweisungsschein für Laboratoriumsuntersuchungen als Auftragsleistung (Muster 10)

Vertragsärzte haben unterschiedliche Möglichkeiten, Laboruntersuchungen durchzuführen bzw. zu veranlassen:

- Laborleistungen in der eigenen Praxis (Präsenzlabor), keine Überweisung notwendig
- Laborleistungen im Fremdlabor, Überweisung auf Muster 10
- Laborleistungen in der Laborgemeinschaft, Überweisung auf Muster 10A

Bei dem **Überweisungsschein für Laboratoriumsuntersuchungen als Auftragsleistung (Muster 10)** handelt es sich um ein weiß-rotes Formular, das ausschließlich bei Überweisungen an andere Ärzte zur Erbringung von Laborleistungen an ein Fremdlabor verwendet wird. Muster 10 **muss** für diese Zwecke verwendet werden, keinesfalls darf hierbei der Überweisungsschein (Muster 6) verwendet werden.

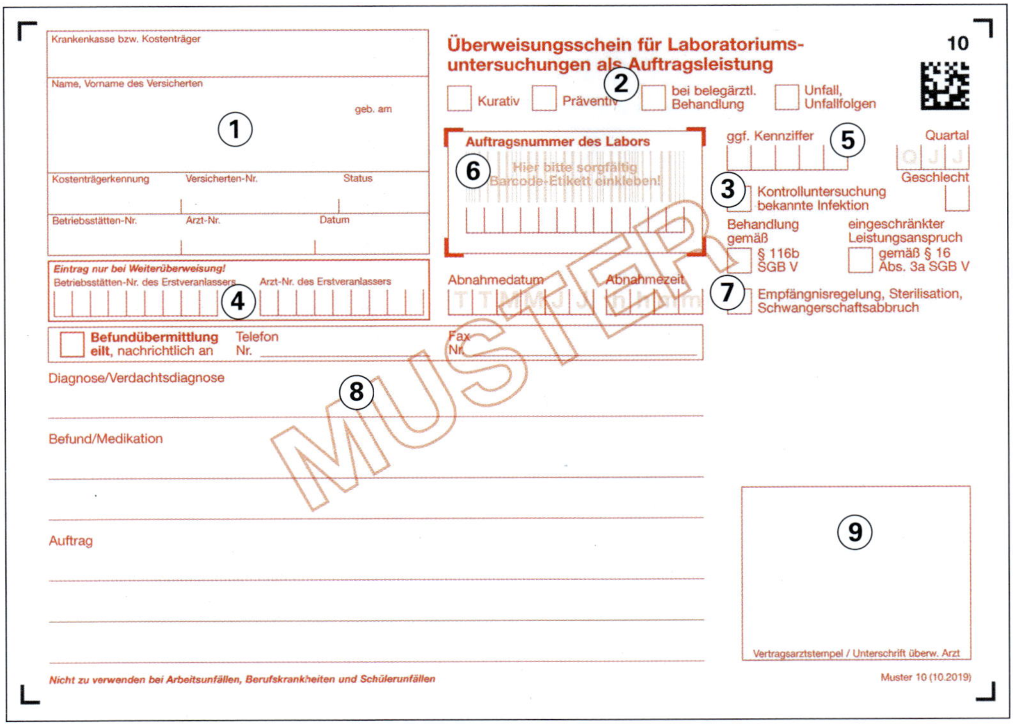
Krankenkasse bzw. Kostenträger
Name, Vorname des Versicherten
geb. am
①
Kostenträgerkennung | Versicherten-Nr. | Status
Betriebsstätten-Nr. | Arzt-Nr. | Datum
Eintrag nur bei Weiterüberweisung!
Betriebsstätten-Nr. des Erstveranlassers ④ Arzt-Nr. des Erstveranlassers
Befundübermittlung eilt, nachrichtlich an | Telefon Nr. | Fax Nr.
Diagnose/Verdachtsdiagnose ⑧
Befund/Medikation
Auftrag
Nicht zu verwenden bei Arbeitsunfällen, Berufskrankheiten und Schülerunfällen

Überweisungsschein für Laboratoriumsuntersuchungen als Auftragsleistung ②
10
Kurativ | Präventiv | bei belegärztl. Behandlung | Unfall, Unfallfolgen
Auftragsnummer des Labors ⑥
Hier bitte sorgfältig Barcode-Etikett einkleben!
ggf. Kennziffer ⑤
Quartal
Q J J
Geschlecht
③ Kontrolluntersuchung bekannte Infektion
Behandlung gemäß § 116b SGB V
eingeschränkter Leistungsanspruch gemäß § 16 Abs. 3a SGB V
Abnahmedatum T T M M J J
Abnahmezeit h h m m
⑦ Empfängnisregelung, Sterilisation, Schwangerschaftsabbruch
⑨
Vertragsarztstempel / Unterschrift überw. Arzt
Muster 10 (10.2019)
MUSTER

Abb. 1 Muster 10 (Überweisungsschein für Laboratoriumsuntersuchungen)

Beim Ausfüllen von **Muster 10** ist im Einzelnen Folgendes zu beachten:

1 Einbringen der **Personalien** mittels Gesundheitskarte.

2 Hier wird der entsprechende **Behandlungsbereich** markiert. Auf die Bedeutung der unterschiedlichen Behandlungsbereiche und der weiteren hier zu markierenden Felder wurde bereits ausführlich im Zusammenhang mit Muster 6 eingegangen.

3 Ist bei dem Patienten eine chronische Infektion bekannt (z. B. eine Hepatitis), wird das Feld **„Kontrolluntersuchung einer bekannten Infektion"** markiert. In diesem Fall ist im Freitextfeld von Muster 10 (vgl. Punkt **8**) der Sachverhalt zu erläutern.

4 Der den Auftrag ausführende Arzt hat die Möglichkeit, bestimmte Untersuchungen, die er selbst nicht erbringen kann, von einem anderen Arzt ausführen zu lassen. Das heißt, der beauftragte Laborarzt kann eine Weiterüberweisung veranlassen. Hierbei wird ein weiterer Vordruck von Muster 10 von ihm ausgefüllt, er trägt **die Betriebsstätten-Nummer und die Arzt-Nummer des erstveranlassenden Arztes** ein.

5 Ein Eintrag der Kennziffer auf Muster 10 und Muster 10A ist seit der Laborreform 2018 nicht mehr notwendig.

6 Das **Barcode-Etikett** wird hier eingeklebt, um die Proben dem entsprechenden Überweisungsschein zuordnen zu können. Alternativ kann hier die Auftragsnummer des Labors notiert werden. Das Feld kann fakultativ genutzt werden.

7 Erfolgt die Überweisung im Rahmen einer **Empfängnisregelung,** einer **Sterilisation** oder eines **Schwangerschaftsabbruchs,** so wird das Feld markiert.

8 **Diagnose/Verdachtsdiagnose; Befund/Medikation; Auftrag:** Hier kann der überweisende Arzt die entsprechenden Angaben machen, um den auf Überweisung tätig werdenden Arzt über Vorbefunde etc. zu informieren. Der überweisende Arzt muss die in Auftrag gegebene Leistung genau benennen. Hierfür wird die Gebührenordnungsposition aus dem EBM angegeben oder die Leistung wird präzise bezeichnet.

9 Der überweisende Arzt bestätigt mit seinem **Vertragsarztstempel** und seiner **Unterschrift** die Richtigkeit seiner Angaben.

3.2.3 Anforderungsschein für Laboratoriumsuntersuchungen bei Laborgemeinschaften (Muster 10A)

Die aus einer **Laborgemeinschaft** bezogenen Leistungen werden über die Laborgemeinschaft **direkt mit der zuständigen Kassenärztlichen Vereinigung** abgerechnet.

Laboraufträge an eine Laborgemeinschaft werden über **Muster 10A „Anforderungsschein für Laboratoriumsuntersuchungen bei Laborgemeinschaften"** erteilt. Muster 10A ist mit dem Untersuchungsmaterial der Laborgemeinschaft zu übermitteln und dient der Laborgemeinschaft als Informations- und Abrechnungsgrundlage.

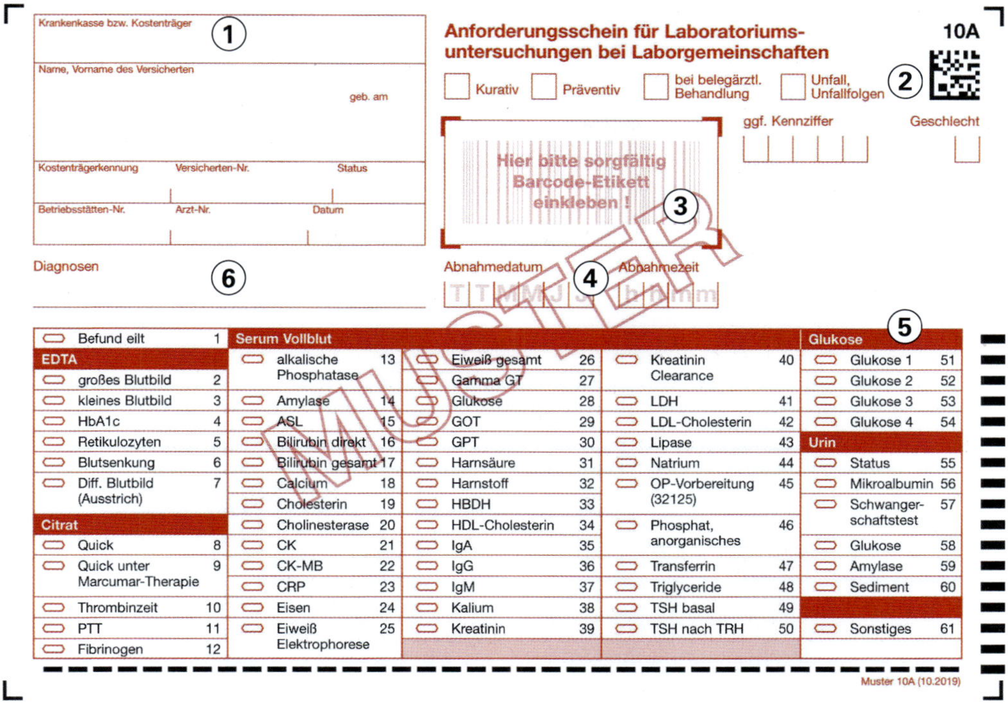

Krankenkasse bzw. Kostenträger ①
Name, Vorname des Versicherten
geb. am
Kostenträgerkennung | Versicherten-Nr. | Status
Betriebsstätten-Nr. | Arzt-Nr. | Datum

Anforderungsschein für Laboratoriumsuntersuchungen bei Laborgemeinschaften 10A

Kurativ | Präventiv | bei belegärztl. Behandlung | Unfall, Unfallfolgen ②

Hier bitte sorgfältig Barcode-Etikett einkleben! ③

ggf. Kennziffer | Geschlecht

Diagnosen ⑥

Abnahmedatum ④ T T M M J J | Abnahmezeit h h m m

MUSTER

Befund eilt 1	**Serum Vollblut**			**Glukose** ⑤
EDTA	alkalische Phosphatase 13	Eiweiß gesamt 26	Kreatinin Clearance 40	Glukose 1 51
großes Blutbild 2		Gamma GT 27		Glukose 2 52
kleines Blutbild 3	Amylase 14	Glukose 28	LDH 41	Glukose 3 53
HbA1c 4	ASL 15	GOT 29	LDL-Cholesterin 42	Glukose 4 54
Retikulozyten 5	Bilirubin direkt 16	GPT 30	Lipase 43	**Urin**
Blutsenkung 6	Bilirubin gesamt 17	Harnsäure 31	Natrium 44	Status 55
Diff. Blutbild (Ausstrich) 7	Calcium 18	Harnstoff 32	OP-Vorbereitung (32125) 45	Mikroalbumin 56
	Cholesterin 19	HBDH 33		Schwangerschaftstest 57
Citrat	Cholinesterase 20	HDL-Cholesterin 34	Phosphat, anorganisches 46	
Quick 8	CK 21	IgA 35		Glukose 58
Quick unter Marcumar-Therapie 9	CK-MB 22	IgG 36	Transferrin 47	Amylase 59
	CRP 23	IgM 37	Triglyceride 48	Sediment 60
Thrombinzeit 10	Eisen 24	Kalium 38	TSH basal 49	
PTT 11	Eiweiß Elektrophorese 25	Kreatinin 39	TSH nach TRH 50	Sonstiges 61
Fibrinogen 12				

Muster 10A (10.2019)

Abb. 1 Muster 10A (Anforderungsschein für Laboratoriumsuntersuchungen bei Laborgemeinschaften)

Beim Ausfüllen von **Muster 10A** ist im Einzelnen Folgendes zu beachten:

1 Einbringen der Personalien mittels Gesundheitskarte.

2 Hier werden der entsprechende **Behandlungsbereich** sowie das Geschlecht des Patienten markiert.

3 Das **Barcode-Etikett** wird hier eingeklebt, um die Proben dem entsprechenden Anforderungsschein zuordnen zu können.

4 Sowohl das **Datum der Blutabnahme** bzw. der Urinabgabe als auch die genaue **Uhrzeit der Abgabe** werden hier notiert.

5 Die in Auftrag gegebenen Untersuchungen werden mit einem waagerechten Strich entweder manuell oder mittels Drucker markiert. Zusätzlich kann die Dringlichkeit der Laboruntersuchung durch Markieren des Feldes **„Befund eilt"** verdeutlicht werden.

6 Im **Diagnosefeld** werden die Diagnose bzw. Verdachtsdiagnose und wichtige Befunde/Medikationen eingetragen. Die Veranlassung von Leistungen der Mutterschaftsvorsorge gemäß den Mutterschafts-Richtlinien bei Vertretung, im Notfall oder bei Mit-/Weiterbehandlung nach den kurativen Gebührenordnungspositionen muss entweder durch Angabe der Kennnummer 32007 oder durch Angabe im Feld „Auftrag" kenntlich gemacht werden.

Übungen

1. Der Patient Hugo Hansen (versichert bei der DAK), geboren am 28.09.1958, wohnhaft in der Ludwigstraße 5 in 40229 Düsseldorf wird am 19.08. wegen chronischer Kopfschmerzen von Dr. Söhnke an einen Neurologen überwiesen. Herr Hansen ist noch für sieben Tage arbeitsunfähig geschrieben. Stellen Sie für den Patienten eine entsprechende Überweisung aus.
2. In welchen Fällen kann ein Vertragsarzt einen Patienten an einen Kollegen, der derselben Arztgruppe angehört, überweisen?
3. Konzipieren Sie jeweils ein Beispiel für eine Überweisung aus dem Behandlungsbereich „kurativ" und dem Behandlungsbereich „präventiv".
4. Erläutern Sie, was man unter einer „Überweisung bei belegärztlicher Behandlung" versteht.
5. Konzipieren Sie jeweils ein Beispiel für eine Überweisung zur „Ausführung von Auftragsleistungen", zur „Konsiliaruntersuchung" und zur „Mit-/Weiterbehandlung".
6. Ein Patient überreicht Ihnen einen Überweisungsschein, auf dem die Überweisungsarten „Ausführung von Auftragsleistungen" und „Mit-/Weiterbehandlung" markiert sind. Wie verhalten Sie sich in diesem Fall?
7. Frau Dr. Söhnke überweist ihre Patientin Gertrud Schmittken zum Kardiologen mit der Bitte um Durchführung einer RR-Langzeit-Messung (Auftragsleistung). Der Kardiologe Dr. Müller hält es für notwendig, dass bei Frau Schmittken zusätzlich eine Echokardiographie durchgeführt wird. Erläutern Sie, wie Dr. Müller vorgehen muss, damit er die Zusatzleistung durchführen und abrechnen kann.
8. Warum ist es wichtig, dass der überweisende Arzt ggf. das Feld „Unfall, Unfallfolgen" markiert?
9. Die Patientin Barbara Zimmermann leidet unter häufig auftretenden Migräneanfällen. Die medikamentöse Therapie, die Dr. Söhnke eingeleitet hat, zeigt leider keinen Erfolg. Da die Patientin über einen zunehmenden Leidensdruck klagt, stellt die Hausärztin Frau Zimmermann eine Überweisung zum Neurologen aus. Was kann Frau Dr. Söhnke tun, um Frau Zimmermann einen Termin beim Neurologen innerhalb der kommenden vier Wochen zu ermöglichen?
10. Erläutern Sie den Ablauf der Terminvergabe bei einer dringlichen Überweisung.
11. Bei der Patientin Anette Kaiser (versichert bei der BARMER), geboren am 27.05.1968, wohnhaft in der Ottostraße 5 in 40229 Düsseldorf sollen am 19.08. die Schilddrüsenwerte T3 und T4 bestimmt werden. Stellen Sie die entsprechende Überweisung aus.
12. Der Arzt für Labormedizin Dr. Lübke erhält eine Überweisung zur Bestimmung verschiedener Laborparameter. Zwei der gewünschten Laborwerte kann er in seinem Labor nicht bestimmen. Dr. Lübke möchte gerne das Labor seines Kollegen Dr. Baumann mit der Bestimmung dieser Werte beauftragen. Was muss Dr. Lübke veranlassen, um die gewünschten Laboruntersuchungen durchführen zu lassen?

13. Dr. Helbig möchte Laboruntersuchungen aus der Laborgemeinschaft anfordern und bittet Sie, das entsprechende Überweisungsformular vorzubereiten.

a) Welchen Vordruck verwenden Sie für die Überweisung an die Laborgemeinschaft?

b) Auf welchem Weg rechnet die Laborgemeinschaft ihre erbrachten Leistungen ab?

c) Welche Funktion hat das Feld „Diagnosen" auf Muster 10A?

d) Wie können Sie bei der Anforderung von Laborleistungen bei einer Laborgemeinschaft die Dringlichkeit eines Laborbefundes deutlich machen?

14. Der Patient Wolfgang Reutling leidet an einer chronischen Hepatitis. Dr. Söhnke nimmt dem Patienten Blut ab, um die Leberwerte zu kontrollieren. Sie werden gebeten, die Überweisung für die Laboruntersuchung vorzubereiten. Welche Besonderheit müssen Sie beim Ausfüllen der Überweisung für das Labor beachten?

3.3 Notfall-/Vertretungsschein (Muster 19)

Fallbeispiel

Frau Dr. Söhnke ist an diesem Wochenende zum organisierten Notdienst eingeteilt. Die Auszubildende Kristina Beckers und die MFA Stephanie Hilden sitzen an der Anmeldung und nehmen die Patienten in Empfang. Als Erstes betritt der 10-jährige Max Jansen mit seiner Mutter die Praxis. Max ist vor zwei Tagen beim Spielen gestürzt und hat sich eine Platzwunde am Kopf zugezogen. Nachdem Dr. Söhnke die Wunde vor zwei Tagen verbunden hat und dem kleinen Patienten eine Injektion zur Tetanus-Prophylaxe verabreicht hat, soll heute ein Verbandwechsel vorgenommen werden.

Weiterhin sucht die Patientin Martina Raschke die Praxis auf. Die Patientin klagt über starke Kopf- und Halsschmerzen, sie hustet und hat Fieber. Frau Raschke ist Stammpatientin des hausärztlichen Internisten Dr. Peters und sucht heute die Praxis von Dr. Söhnke erstmalig auf.

Die Auszubildende Kristina ist verunsichert und fragt ihre erfahrene Kollegin: „Sag mal Stephanie, wie rechnet Frau Dr. Söhnke die ganzen Leistungen, die sie heute erbracht hat, ab? Und wir müssen doch auch noch für Frau Raschke eine Karteikarte anlegen." Stephanie will ihrer Kollegin gerade den Sachverhalt erklären, als Dr. Söhnke die MFA zur Assistenz in das Sprechzimmer ruft.

Info

Beim Notfall-/Vertretungsschein handelt es sich um ein dreiteiliges Formular, das im Rahmen des organisierten Notfalldienstes, bei Urlaubs- und Krankheitsvertretungen sowie bei einem Notfall Verwendung findet.

- Teil 19a ist für die Abrechnung bestimmt. Der Formularteil, in dem die Befunde und die Therapie des Patienten eingetragen werden, ist aus datenschutzrechtlichen Gründen geschwärzt. Dieser Teil des Vordrucks ist nach Hochklappen des ersten Blattes auf dem zweiten Blatt (Teil 19b) auszufüllen.
- Teil 19b ist für die Information des weiterbehandelnden Arztes (in der Regel der Hausarzt) bestimmt.
- Teil 19c verbleibt in der Praxis des vertretenden Arztes und dient als Ersatz für eine Karteikarte. Für die Aufbewahrung gilt die allgemeine Frist von 10 Jahren.

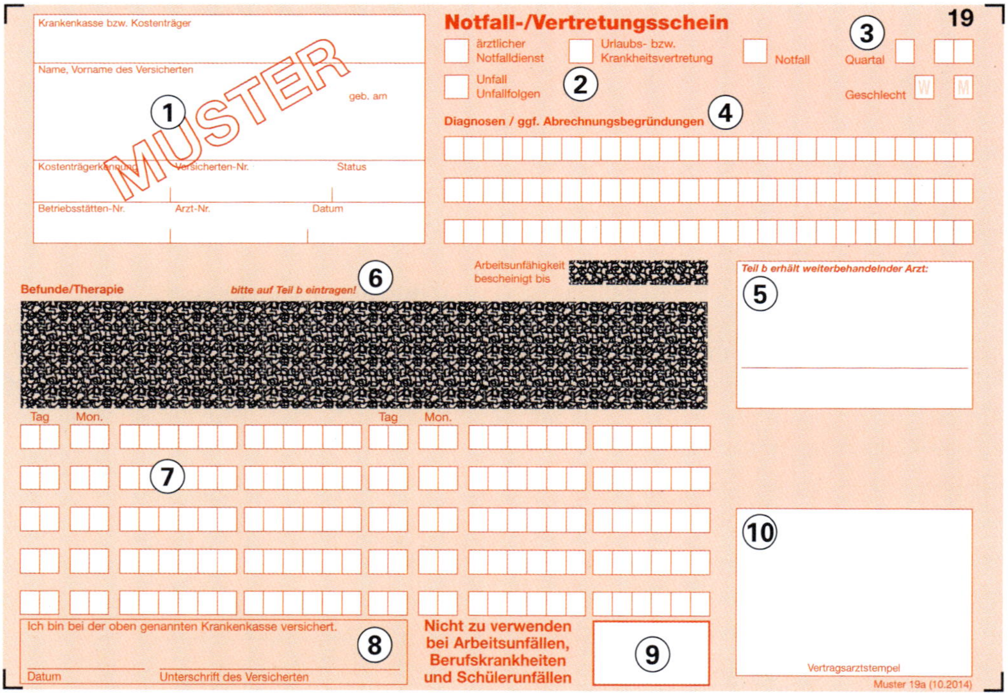
Krankenkasse bzw. Kostenträger
Name, Vorname des Versicherten
geb. am
MUSTER
Kostenträgerkennung | Versicherten-Nr. | Status
Betriebsstätten-Nr. | Arzt-Nr. | Datum

Notfall-/Vertretungsschein 19
ärztlicher Notfalldienst | Urlaubs- bzw. Krankheitsvertretung | Notfall | Quartal
Unfall Unfallfolgen | Geschlecht W M
Diagnosen / ggf. Abrechnungsbegründungen

Arbeitsunfähigkeit bescheinigt bis [redacted]

Befunde/Therapie *bitte auf Teil b eintragen!*
[redacted]

Teil b erhält weiterbehandelnder Arzt:

Tag Mon. Tag Mon.

Ich bin bei der oben genannten Krankenkasse versichert.
Datum | Unterschrift des Versicherten

Nicht zu verwenden bei Arbeitsunfällen, Berufskrankheiten und Schülerunfällen

Vertragsarztstempel
Muster 19a (10.2014)

Abb. 1 Muster 19a (Notfall-/Vertretungsschein)

Beim Ausfüllen von **Muster 19** ist im Einzelnen Folgendes zu beachten:

1 Einbringen der **Personalien** mittels Gesundheitskarte.

2 Ankreuzen der entsprechenden Felder:

- **ärztlicher Notfalldienst:** Behandlung erfolgt im Rahmen des organisierten Notfalldienstes (Wochenende, Feiertag). Die Abrechnung der Leistungen auf Muster 19 ist auf zwei Tage beschränkt. Die hierbei erbrachten Leistungen belasten nicht das Praxisbudget des Vertragsarztes.
- **Urlaubs- bzw. Krankheitsvertretung:** Behandlung erfolgt im Rahmen einer Vertretung, wenn der eigentlich behandelnde Arzt wegen Urlaubs oder eigener Erkrankung verhindert ist. Die Abrechnung der Leistungen auf Muster 19 ist zeitlich nicht beschränkt.
- **Notfall:** Behandlung erfolgt bei einem Notfall außerhalb des organisierten Notdienstes und nicht im Rahmen einer Urlaubs- bzw. Krankheitsvertretung. Der Patient ist ansonsten nicht in Behandlung des auf Muster 19 abrechnenden Arztes. Die Abrechnung der Leistungen auf Muster 19 ist auf zwei Tage beschränkt.
- **Unfall, Unfallfolgen:** Behandlung erfolgt im Rahmen eines privaten Unfalls. Muster 19 darf nicht bei Arbeits-/Schulunfällen und bei Berufskrankheiten verwendet werden.

3 Eintragen des entsprechenden Quartals und Angabe des Geschlechts im rechten Kasten (W = weiblich, M = männlich, D = divers, X = unbestimmt)

4 Eintragen der Diagnosen, verschlüsselt nach ICD-10.

5 Eintragen des Namens des weiterbehandelnden Arztes.

6 Hochklappen des Blattes 19a und Eintragen von Befunden/Therapie auf Blatt 19b. Eintragen der Dauer der Arbeitsunfähigkeit.

7 Eintragen der entsprechenden Abrechnungsziffern mit Datum.

8 Unterschrift des Patienten als Bestätigung dafür, dass die Angaben zu seinen Personalien und der Krankenkasse zutreffend sind.

9 Eintragen der gefahrenen Kilometer bei Hausbesuchen (vom Praxissitz bis zum Einsatzort) im Rahmen des organisierten Notfalldienstes.

10 Einbringen des Vertragsarztstempels.

Übungen

1. Die Patientin Martina Raschke sucht die Praxis von Dr. Söhnke im Rahmen des organisierten Notfalldienstes mit Hals- und Kopfschmerzen auf. Frau Raschke ist Stammpatientin des hausärztlichen Internisten Dr. Peters. Auf welchem Formular rechnet Frau Dr. Söhnke ihre Leistungen ab und welche Kästchen müssen auf diesem Formular markiert werden?

2. Mit welchem Formular kann Dr. Söhnke den Hausarzt der Patientin Martina Raschke über deren Befund und Therapie informieren?

3. Füllen Sie entsprechend der folgenden Angaben das richtige Formular zur Abrechnung der am 19.08. erbrachten Leistungen aus: Frau Martina Raschke, geboren am 02.03.1957, wohnhaft Thomas-Mann-Straße 132 in 40470 Düsseldorf, versichert bei der TK (123456789), Versichertennummer: A123456789. Dr. Söhnke hat bei der Patientin im Rahmen des ärztlichen Notfalldienstes einen grippalen Infekt mit einer Infektion der Luftwege diagnostiziert (ICD-10: J06.9). Die Patientin erhält für drei Tage eine Arbeitsunfähigkeitsbescheinigung und eine Verordnung über Ambroxol acis®-Tropfen, 50 ml, 2x 60 Tropfen. Der weiterbehandelnde Hausarzt von Frau Raschke ist Dr. Peters. Für die Behandlung darf die EBM-Nr. 01212 abgerechnet werden.

4. Der Patient Max Jansen sucht die Praxis von Frau Dr. Söhnke, die zum organisierten Notfalldienst eingeteilt ist, auf (siehe Fallbeispiel). Können die erbrachten Leistungen auf Muster 19 abgerechnet werden? Begründen Sie Ihre Entscheidung.

5. Frau Dr. Söhnke nimmt während ihrer regulären Sprechstunde die Erstversorgung eines ihr bisher unbekannten Patienten, der auf der Straße einen Unfall hatte, vor. Auf welchem Formular rechnet die Ärztin ihre Leistungen ab und welche Kästchen müssen auf diesem Formular markiert werden?

6. Warum ist es wichtig, dass Dr. Söhnke auf Muster 19 das entsprechende Feld „ärztlicher Notfalldienst", „Urlaubs- bzw. Krankheitsvertretung" oder „Notfall" markiert?

7. Warum ist das Feld „Befunde/Therapie" auf Muster 19a geschwärzt?

8. Wann wird auf Muster 19 das Feld „Unfall, Unfallfolgen" angekreuzt?

9. Der Gärtner Frank Mahler sucht Frau Dr. Söhnke im organisierten Notdienst in ihrer Praxis auf, da er im Rahmen seiner beruflichen Tätigkeit beim Beschneiden eines Baumes gestürzt ist und sich eine Platzwunde zugezogen hat. Dr. Söhnke nimmt die Erstversorgung des Patienten vor. Kann Dr. Söhnke ihre Leistungen auf Muster 19 abrechnen? Begründen Sie Ihre Entscheidung.

3.4 Arbeitsunfähigkeitsbescheinigung (Muster 1)

Fallbeispiel

Die Patientin Petra Heiderich, geboren am 28.01.1978, wohnhaft in der Grafenberger Allee 24 in 40237 Düsseldorf sucht die Praxisgemeinschaft auf. Frau Heiderich berichtet, dass sie schon seit vier Tagen starken Husten, Luftnot und Schmerzen beim Atmen habe und seitdem auch ihrer Arbeitsstelle ferngeblieben sei. Frau Dr. Söhnke untersucht die Patientin und diagnostiziert eine akute Bronchitis (ICD-10: J20.9). Frau Heiderich soll zunächst für weitere sechs Tage krankgeschrieben werden. Sie erhalten den Auftrag, die Arbeitsunfähigkeitsbescheinigung für Frau Heiderich vorzubereiten. Die Patientin ist Mitglied der Hanseatischen Krankenkasse.

Info

Bei der Arbeitsunfähigkeitsbescheinigung handelt es sich um ein **vierteiliges gelbes Formular,** das der Vertragsarzt verwendet, um die Arbeitsunfähigkeit eines Arbeitnehmers aufgrund einer Erkrankung zu dokumentieren.

- Muster 1a ist zur Vorlage bei der **Krankenkasse** des Patienten bestimmt.
- Muster 1b ist zur Vorlage beim **Arbeitgeber** des Patienten bestimmt. Es besteht aus Datenschutzgründen nur aus der oberen Hälfte des gesamten Formulars, das heißt, dass dieser Teil **keine Diagnose** enthält.
- Muster 1c erhält der **Patient.**
- Muster 1d ist zum **Verbleib in der Praxis** des ausstellenden Arztes bestimmt und muss **mindestens 12 Monate** aufbewahrt werden.

Eine nachträgliche Bescheinigung der Arbeitsunfähigkeit eines Patienten ist grundsätzlich nicht möglich. In Ausnahmefällen kann die Arbeitsunfähigkeit, nach gewissenhafter Prüfung durch den Arzt, **rückwirkend bis zu drei Tagen** bescheinigt werden.

Krankenkasse bzw. Kostenträger

Name, Vorname des Versicherten

geb. am

①

Kostenträgerkennung | Versicherten-Nr. | Status

Betriebsstätten-Nr. | Arzt-Nr. | Datum

Arbeitsunfähigkeits-bescheinigung **1**

☐ **Erstbescheinigung** ②

☐ **Folgebescheinigung**

☐ Arbeitsunfall, Arbeitsunfall-folgen, Berufskrankheit ③

☐ dem Durchgangsarzt zugewiesen

arbeitsunfähig seit ④

voraussichtlich arbeitsunfähig bis einschließlich oder letzter Tag der Arbeitsunfähigkeit ⑤

festgestellt am ⑥

⑦

Vertragsarztstempel / Unterschrift des Arztes

Ausfertigung zur Vorlage bei der Krankenkasse

AU-begründende Diagnose(n) ***(ICD-10)*** ⑧

ICD-10 - Code | ICD-10 - Code | ICD-10 - Code

ICD-10 - Code | ICD-10 - Code | ICD-10 - Code

☐ sonstiger Unfall, Unfallfolgen ⑨

☐ Versorgungs-leiden (z.B. BVG)

Es wird die Einleitung folgender besonderer Maßnahmen für erforderlich gehalten

☐ Leistungen zur medizinischen Rehabilitation ⑩

☐ stufenweise Wiedereingliederung

☐ Sonstige

⑪ ⑫

Im Krankengeldfall ☐ ab 7. AU-Woche oder sonstiger Krankengeldfall ☐ Endbescheinigung

Muster 1a (1.2016)

Abb. 1 Muster 1a (Arbeitsunfähigkeitsbescheinigung)

Beim Ausfüllen von Muster 1 ist im Einzelnen Folgendes zu beachten:

1 Einbringen der **Personalien** mittels Gesundheitskarte.

2 **Erstbescheinigung** wird bei der erstmaligen Feststellung der Arbeitsunfähigkeit angekreuzt. Folgen zwei Arbeitsunfähigkeitszeiten mit unterschiedlicher Diagnose unmittelbar aufeinander, dann ist für die zweite Arbeitsunfähigkeit eine Erstbescheinigung auszustellen. Tritt eine neue Erkrankung auf oder hat in der Zwischenzeit Arbeitsfähigkeit bestanden, wird ebenfalls „Erstbescheinigung" markiert. In allen anderen Fällen wird das Kästchen **„Folgebescheinigung"** markiert.

3 Im Falle eines Arbeitsunfalls wird das entsprechende Feld **„Arbeitsunfall, Arbeitsunfallfolgen, Berufskrankheit"** markiert. Besteht Arbeitsunfähigkeit, die über den Unfalltag hinausgeht, muss der Patient dem Durchgangsarzt zugewiesen werden. In diesem Fall wird das Kästchen **„dem Durchgangsarzt zugewiesen"** markiert.

4 Das Datum, ab dem die Arbeitsunfähigkeit besteht, wird in das Feld **„arbeitsunfähig seit"** eingetragen. Falls es sich um eine Folgebescheinigung handelt, kann die Eintragung unterbleiben. Eine **Rückdatierung** des Beginns der Arbeitsunfähigkeit kann nur **ausnahmsweise** und nur nach gründlicher Prüfung durch den Arzt **bis zu drei Tagen** erfolgen. Bei bestehender Arbeitsunfähigkeit an arbeitsfreien Tagen (z. B. an Samstagen, Sonntagen, Feier- oder Urlaubstagen) ist auch für diese Tage die Arbeitsunfähigkeit zu bescheinigen.

5 Das Datum, bis zu dem die Arbeitsunfähigkeit voraussichtlich besteht, wird in dem Feld **„voraussichtlich arbeitsunfähig bis einschließlich oder letzter Tag der Arbeitsunfähigkeit"** eingetragen. Der Vertragsarzt hat hierbei besondere Sorgfalt walten zu lassen, da das bescheinigte Datum für die Lohnfortzahlung von Bedeutung ist. Die Prognose der Dauer der Arbeitsunfähigkeit soll in der Regel nicht für einen mehr als zwei Wochen in der Zukunft liegenden Zeitraum bescheinigt werden. In Ausnahmefällen kann die Arbeitsunfähigkeit bis zu einer Dauer von einem Monat attestiert werden. Die Daten werden 6-stellig eingetragen. Ist mit der Ausstellung der Arbeitsunfähigkeitsbescheinigung eine Krankenhauseinweisung verbunden, wird statt des voraussichtlichen Endes der Arbeitsunfähigkeit der Vermerk **„stationäre Krankenhausbehandlung"** eingetragen.

6 Im Feld **„festgestellt am"** wird das Datum eingetragen, an dem die Arbeitsunfähigkeit ärztlich festgestellt worden ist. Die Feststellung der Arbeitsunfähigkeit darf weder vor- noch rückdatiert werden. Das Feststelldatum ist wichtig für den lückenlosen Nachweis des Fortbestehens der Arbeitsunfähigkeit. Ein lückenhafter Nachweis durch eine verspätete Feststellung der Arbeitsunfähigkeit kann zu Krankengeldverlust für den Versicherten führen.

7 Der **Vertragsarztstempel** des ausstellenden Arztes wird hier aufgebracht. Der ausstellende Arzt hat hier die Arbeitsunfähigkeitsbescheinigung zu **unterschreiben.**

8 Beim Ausfüllen der Felder **„AU-begründende Diagnose(n)"** werden alle Diagnosen angegeben, die zu der aktuellen Arbeitsunfähigkeit führen. Die Diagnosen müssen nach ICD 10 verschlüsselt werden. Zusätzliche Angaben als Klartext/Freitext sind nur dann zulässig, wenn weitere Angaben, die außerhalb der ICD-10-Kodierung liegen, notwendig sind.

9 Führte ein privater/häuslicher Unfall zur Arbeitsunfähigkeit des Patienten, so wird das Kästchen **„sonstiger Unfall, Unfallfolgen"** markiert. Das Kästchen **„Versorgungsleiden (BVG)"** wird markiert, wenn ein vom Bundesversorgungsamt anerkanntes Leiden zu der Arbeitsunfähigkeit führte.

10 Die Felder **„Leistungen zur medizinischen Rehabilitation"** bzw. **„stufenweise Wiedereingliederung"** werden markiert, wenn der Arzt die Einleitung der entsprechenden Maßnahmen für notwendig hält. Während der Wiedereingliederung ist eine regelmäßige Untersuchung durch den behandelnden Arzt erforderlich. Die Arbeitsunfähigkeit besteht während der Zeit der Wiedereingliederung fort. Das Feld **„Sonstige"** wird markiert bzw. ausgefüllt, wenn der Arzt beispielsweise ein betriebliches Eingliederungsmanagement (BEM) für erforderlich hält.

11 Die Bescheinigung für die Krankengeldzahlung ist in die Arbeitsunfähigkeitsbescheinigung integriert worden. Beträgt die durchgängige Dauer der Arbeitsunfähigkeitsbescheinigung mehr als 6 Wochen, markiert der behandelnde Arzt das Kästchen **„ab 7. AU-Woche oder sonstiger Krankengeldfall"**.

12 Liegt ein Krankengeldfall vor und steht bereits bei der Ausstellung der Bescheinigung fest, dass die Arbeitsunfähigkeit tatsächlich an dem im Feld „voraussichtlich arbeitsunfähig bis einschließlich oder letzter Tag der Arbeitsunfähigkeit" angegebenen Datum enden wird, markiert der Arzt das Feld **„Endbescheinigung"**.

Übungen

1. Stellen Sie für die Patientin Petra Heiderich (siehe Fallbeispiel) die entsprechende Arbeitsunfähigkeitsbescheinigung aus. Die Untersuchung erfolgt am 19.08.
2. Wer erhält die vier Teile der Arbeitsunfähigkeitsbescheinigung?
3. Wie lange muss Frau Dr. Söhnke ihren Teil der Arbeitsunfähigkeitsbescheinigung mindestens aufbewahren?
4. Unter welcher Voraussetzung und für welchen Zeitraum kann eine Arbeitsunfähigkeitsbescheinigung rückdatiert werden?
5. Darf das Datum, das bei „Festgestellt am" auf der Arbeitsunfähigkeitsbescheinigung eingetragen wird, vom Tag des Praxisbesuchs abweichen? Begründen Sie Ihre Entscheidung.
6. Eine Patientin wird von Frau Dr. Sönhke in ein Krankenhaus eingewiesen und erhält eine Arbeitsunfähigkeitsbescheinigung. Was notieren Sie in der Zeile „voraussichtlich arbeitsunfähig bis einschließlich"?

7. Ein Patient wurde bis zum 18. März wegen einer Tonsillitis arbeitsunfähig geschrieben. Am 18. März sucht der Patient seine Hausärztin erneut auf und wird wegen einer Luxation des Knöchels für weitere sieben Tage krankgeschrieben. Handelt es sich bei der zweiten Arbeitsunfähigkeitsbescheinigung um eine Erst- oder eine Folgebescheinigung? Begründen Sie Ihre Antwort.
8. Die Auszubildende Kristina trägt in das Feld „AU-begründende Diagnose(n)“ der Arbeitsunfähigkeitsbescheinigung eines Patienten „Zustand nach Luxation des rechten Knöchels“ ein. Nehmen Sie Stellung.
9. Eine Patientin stürzt während der Arbeitszeit und zieht sich schwere Prellungen zu. Die Patientin benötigt eine Arbeitsunfähigkeitsbescheinigung. Welche Felder müssen Sie zusätzlich auf der Arbeitsunfähigkeitsbescheinigung markieren?
10. In welchem Fall müssen Sie das Feld „Versorgungsleiden (BVG)“ auf der Arbeitsunfähigkeitsbescheinigung markieren?
11. Welche Voraussetzungen müssen erfüllt sein, damit ein Patient Anspruch auf Krankengeld erhält?

3.5 Verordnungen

Fallbeispiel

Die Sekretärin Xenia Mahler, geboren am 15.03.1963, wohnhaft in der Schillerstraße 5 in 41464 Neuss, versichert bei der AOK Rheinland/Hamburg, ist in ihrer Küche auf dem nassen Fußboden ausgerutscht und gestürzt. Mit starken Schmerzen im rechten Bein sucht sie Dr. Helbig auf. Nachdem Frau Mahlers Bein untersucht und geröntgt worden ist, diagnostiziert der Orthopäde Frakturen der Fibula (ICD-10: S82.4). Mit Bedauern teilt der Arzt der Patientin mit, dass er sie sofort in ein Krankenhaus einweisen und sie sich eventuell einer Operation unterziehen müsse. Nachdem Frau Mahler das Krankenhaus wieder verlassen durfte, sucht sie erneut Dr. Helbig auf. Dr. Helbig verordnet seiner Patientin Krankengymnastik und Unterarmgehstützen. Da Frau Mahler noch über Schmerzen klagt, erhält sie eine Verordnung über Ibuprofen. Dr. Helbig bittet Sie, die notwendigen Formulare vorzubereiten.

Info

Die Krankenkassen sind gegenüber ihren Mitgliedern zu Leistungen verpflichtet, die in Form von Dienst- oder Sachleistungen angeboten werden. Einige Leistungen erhält der Patient aufgrund ärztlicher Verordnungen. Für die Verordnungen muss der Versicherte Zuzahlung leisten.

3.5.1 Zuzahlungsregelungen

Gesetzlich Krankenversicherte müssen bei Verordnungen Zuzahlungen leisten. Von dieser Zuzahlung **befreit** sind:

- Patienten, die unter 18 Jahre alt sind (außer bei der Verordnung von Krankentransporten),
- Frauen, bei denen die Verordnung in unmittelbarem Zusammenhang mit einer Schwangerschaft erfolgt,
- Versicherte, die einen gültigen Befreiungsausweis ihrer Krankenkasse in der Praxis vorlegen.

Die Zuzahlung für Arznei-, Verband-, Hilfsmittel und Krankenbeförderung beträgt **10 Prozent des Abgabepreises, mindestens 5 Euro und maximal 10 Euro.** Der Patient zahlt jedoch nie mehr, als die tatsächlichen Kosten betragen.

tatsächliche Kosten:	0 – 5 Euro	5 – 50 Euro	50 – 100 Euro	ab 100 Euro
Zuzahlung:	wie tatsächliche Kosten: 0 – 5 Euro	5 Euro	10 % der tatsächlichen Kosten: 5 – 10 Euro	10 Euro

Abb. 1 Zuzahlung zu Arzneimitteln

Beispiele

Ein Medikament kostet **3 Euro:** *Der Preis liegt zwischen 0 und 5 Euro, der Versicherte zahlt die tatsächlichen Kosten von **3 Euro.***

Ein Medikament kostet **22 Euro:** *Der Preis liegt zwischen 5 und 50 Euro, der Versicherte zahlt die Mindestgebühr von **5 Euro.***

Ein Medikament kostet **89 Euro:** *Der Preis liegt zwischen 50 und 100 Euro, der Versicherte zahlt 10 Prozent der Kosten, also **8,90 Euro.***

Ein Medikament kostet **230 Euro:** *Der Preis liegt über 100 Euro, der Versicherte zahlt den Höchstbetrag von **10 Euro.***

Bei der **Verordnung von Heilmitteln,** z. B. bei einer Verordnung von Krankengymnastik, fallen **10 % der Kosten** zuzüglich **10 Euro je Verordnung** an Zuzahlung für die Versicherten an.

Rechenbeispiel

- Ein Versicherter erhält eine Verordnung über 6-mal Krankengymnastik zu je 12 Euro.
- Die Gesamtkosten für die Behandlung belaufen sich demnach auf 6 x 12 Euro = 72 Euro.
- Davon zahlt der Versicherte 10 %, also 7,20 Euro.
- Hinzu kommen noch 10 Euro Rezeptgebühr.
- Die Zuzahlung beträgt insgesamt 17,20 Euro (7,20 Euro plus 10 Euro).

Die Zuzahlung erfolgt nicht in der Praxis, sondern beim Leistungserbringer, z. B. bei Arzneiverordnungen in der Apotheke. Aus diesem Grund müssen die Verordnungen entsprechend gekennzeichnet werden, indem entweder das Feld „Gebühr frei" oder „Geb.-pfl." auf den Formularen angekreuzt wird. Die folgende Tabelle fasst die wichtigsten Verordnungen und ihre Zuzahlungsbestimmungen zusammen.

Tabelle: Verordnungen und ihre Zuzahlungsbestimmungen

Verordnung über	Erläuterungen	Zuzahlungsregelungen
Arzneimittel (z. B. Tabletten, Injektionslösungen)	Arzneimittel sind Stoffe, die am oder im menschlichen Organismus eine Wirkung hervorrufen. Verordnet werden dürfen in der Regel nur verschreibungspflichtige Medikamente. Nur bei bestimmten schwerwiegenden Erkrankungen dürfen auch apothekenpflichtige Medikamente verordnet werden, wenn sie als Therapiestandard gelten, wie z. B. die Verordnung von Abführmitteln bei Tumorleiden.	**10 Prozent des Abgabepreises,** **mindestens 5 Euro und** **maximal 10 Euro,** **jedoch höchstens die tatsächlichen Kosten**
Verbandmittel (z. B. Mullbinden, Pflaster)	Verbandmittel sind Materialien, die eine Heilung oder Linderung einer Krankheit fördern.	Wie bei Arzneimitteln
Heilmittel (z. B. physikalische Therapie, Stimm-, Sprech- und Sprachtherapie, Ergotherapie/ Ernährungstherapie)	Heilmittel sind Dienstleistungen wie Massagen oder Bäder (physikalische Therapie), durch die ein krankhafter Zustand geheilt, gelindert oder eine Verschlimmerung verhütet werden kann.	**10 Prozent der Kosten** zuzüglich **10 Euro je Verordnung.**

Verordnung über	Erläuterungen	Zuzahlungsregelungen
Hilfsmittel (z. B. Brillen, Hörgeräte, Rollstühle, Kompressionsstrümpfe, Prothesen, orthopädische Schuhe, Spritzen)	Hilfsmittel sind Geräte, durch die der Erfolg einer Behandlung gesichert oder eine Behinderung ausgeglichen werden kann. Auch Instrumente, die dazu dienen, z. B. Arzneimittel in den Körper zu bringen, zählen zu den Hilfsmitteln. Kosten für Brillengestelle werden von den Kassen nicht mehr übernommen. Brillengläser zahlen die Krankenkassen nur bei unter 18-Jährigen und bei Erwachsenen nur bei einer schweren Beeinträchtigung der Sehkraft.	Wie bei Arzneimitteln, außer für **Hilfsmittel,** die zum **Verbrauch** bestimmt sind (z. B. Inkontinenzartikel): Dafür fallen **10 Prozent je Packung** an, **maximal 10 Euro je Indikation pro Monat.**
Krankenbeförderung	Krankenbeförderung darf nur aus **zwingenden medizinischen Gründen** verordnet werden, wenn sie im Zusammenhang mit Krankenhausbehandlung oder ambulanten Operationen steht. Fahrten zu ambulanten Behandlungen dürfen grundsätzlich nicht verordnet werden. Ausnahmen werden nur in ganz bestimmten Fällen gestattet, z. B. für Fahrten zur ambulanten Chemotherapie bei Tumorleiden. Verordnungen zu ambulanten Behandlungen müssen zuvor von der Krankenkasse genehmigt werden	Wie bei Arzneimitteln Achtung: Auch Patienten unter 18 Jahren müssen Zuzahlung zu Fahrtkosten leisten!
Krankenhausbehandlung und Anschlussrehabilitation	Krankenhausbehandlung darf nur verordnet werden, wenn medizinische Notwendigkeit besteht und wenn durch andere Maßnahmen, wie z. B. durch die Verordnung von häuslicher Krankenpflege, das Therapieziel nicht erreicht werden kann. Anschlussrehabilitationen schließen direkt an eine Krankenhausbehandlung an.	10 Euro je Kalendertag für längstens 28 Tage im Kalenderjahr

Verordnung über	Erläuterungen	Zuzahlungsregelungen
Stationäre Vorsorgeleistungen (Vorsorgekuren) und **ambulante und stationäre Rehabilitationsleistungen**	Die gesetzliche Krankenversicherung übernimmt z. B. die Kosten von Vorsorgekuren bei Müttern. Unter Rehabilitation versteht man alle Maßnahmen, die dazu beitragen, einen Menschen nach überstandener Krankheit in sein gewohntes Leben zurückzuführen.	**10 Euro je Kalendertag ohne zeitliche Begrenzung**

Übungen

1. Geben Sie an, wie hoch die Zuzahlung bei einem Medikament mit folgendem Abgabepreis ist:

   a) 4,50 Euro b) 14,50 Euro c) 75,00 Euro d) 120,00 Euro

2. Dr. Helbig verordnet einem Patienten sechs Massagen (Heilmittelverordnung) à 20 Euro. Wie viel muss der Patient insgesamt zuzahlen?

3. Berechnen Sie die Gesamtzuzahlung. Herr Müller (49 Jahre, versichert bei der AOK Rheinland/Hamburg) hat im letzten Quartal folgende medizinische Leistungen in Anspruch genommen:

   - 14 Tage Krankenhausaufenthalt wegen einer Knieoperation,
   - Anschlussrehabilitation für 21 Tage nach der Knieoperation,
   - Fahrtkosten von 120 Euro für die Fahrt zur Anschlussrehabilitation,
   - Arzneimittelverordnung über ein 27 Euro teures Medikament,
   - Arzneimittelverordnung über ein 60 Euro teures Medikament,
   - Heilmittelverordnung über 6-mal Krankengymnastik à 35 Euro.

3.5.2 Verordnung von Krankenhausbehandlung (Muster 2)

Bei der **Verordnung von Krankenhausbehandlung (Muster 2)** handelt es sich um ein Formular, das verwendet wird, wenn der behandelnde Vertragsarzt festgestellt hat, dass der Zustand des Patienten eine stationäre Behandlung notwendig macht. Bevor der Vertragsarzt Krankenhausbehandlung verordnet, muss er alle notwendigen Maßnahmen treffen und veranlassen, um die Einweisung in ein Krankenhaus zu vermeiden. Es muss beispielsweise geprüft werden, ob ggf. häusliche Krankenpflege anstelle der Krankenhausbehandlung ausreicht. Die Begründung für die medizinische Notwendigkeit des stationären Aufenthaltes sollte sich aus der angegebenen Diagnose ergeben (z. B. akuter Ileus). Es besteht kein Anspruch auf Krankenhausbehandlung zulasten der gesetzlichen Krankenkasse bei einem Pflegefall, bei sozialer Indikation oder beispielsweise zum Zweck einer „Schönheitsoperation".

Muster 2 besteht aus **drei Teilen:**

- **Muster 2a** ist für das **Krankenhaus,** in dem der Patient stationär aufgenommen wird, bestimmt.
- **Muster 2b** ist für den behandelnden **Arzt im Krankenhaus** bestimmt.
- **Muster 2c** ist zum Verbleib in der **Praxis** des ausstellenden Arztes bestimmt und muss mindestens zehn Jahre aufbewahrt werden.

Bei Aushändigung des Formulars muss der Vertragsarzt den Patienten darauf hinweisen, dass der Teil 2a **vor dem stationären Aufenthalt** des Patienten seiner **Krankenkasse** vorgelegt werden muss, die die **Kostenübernahme für den stationären Aufenthalt genehmigt.** In Notfällen oder bei einer Entbindung entfällt diese Genehmigungspflicht. Muster 2a besteht nur aus der oberen Hälfte des gesamten Formulars.

Auf Teil 2b dokumentiert der Vertragsarzt die **notwendigen Informationen für den Krankenhausarzt.** Die Informationen stellen für den im Krankenhaus behandelnden Arzt eine **Hilfestellung für die Diagnostik und Therapie** des Patienten dar. Darüber hinaus wird gewährleistet, dass Untersuchungen nicht doppelt veranlasst werden und ein **wirtschaftliches und plausibles Vorgehen** sichergestellt wird. Der Vertragsarzt entscheidet jeweils im Einzelfall, ob er dem Patienten Muster 2b offen oder in einem verschlossenen Umschlag aushändigt.

Wird eine **Arbeitsunfähigkeitsbescheinigung** (Muster 1) erforderlich, ist diese vom Vertragsarzt auszustellen, auch wenn der Beginn der Arbeitsunfähigkeit mit dem Tag der stationären Aufnahme zusammenfällt. In dem Kästchen „voraussichtlich arbeitsunfähig bis" wird dann kein Datum eingetragen, sondern der Vermerk **„stationäre Krankenhausbehandlung".** Für die weiteren Tage des stationären Aufenthaltes gilt, dass der Patient gleichzeitig auch arbeitsunfähig ist, eine Bescheinigung der Arbeitsunfähigkeit auf Muster 1 ist für diese Tage nicht erforderlich.

Während der Zeit des stationären Aufenthaltes können **keine ambulanten Leistungen** abgerechnet werden. Das heißt, dass in diesem Zeitraum auch **keine Arzneiverordnungen** für den Patienten ausgestellt werden dürfen; die medikamentöse Versorgung übernimmt das Krankenhaus.

Die Kostenverpflichtungserklärung gegenüber dem Krankenhaus bleibt der Krankenkasse vorbehalten; deshalb bitte diese Verordnung vor Aufsuchen des Krankenhauses der zuständigen Krankenkasse vorlegen.

Geschieht das nicht, so kann die Kostenübernahme durch die Krankenkasse abgelehnt werden; es sei denn, es liegt ein Notfall vor, und ein Leistungsanspruch besteht.

Vom Krankenhaus auszufüllen:

Krankenhausaufnahme

erfolgt(e) am ______________ 20___

Stempel des Krankenhauses und Unterschrift

Abb. 1 Muster 2a, Rückseite (Verordnung von Krankenhausbehandlung)

Verordnung von Krankenhausbehandlung **2**

(Nur bei medizinischer Notwendigkeit zulässig)

Krankenkasse bzw. Kostenträger

Name, Vorname des Versicherten ① geb. am

MUSTER

Kostenträgerkennung | Versicherten-Nr. | Status

Betriebsstätten-Nr. | Arzt-Nr. | Datum

② Belegarztbehandlung ③ Notfall

④ Unfall, Unfallfolgen ⑤ Versorgungsleiden (BVG)

Nächsterreichbare, geeignete Krankenhäuser

⑥

Diagnose

⑦

Vertragsarztstempel / Unterschrift des Arztes

Bitte dem Patienten gesondert mitgeben!

Untersuchungsergebnisse

Bisherige Maßnahmen (z. B. Medikation)

Fragestellung/Hinweise (z. B. Allergie)

Mitgegebene Befunde

Ausfertigung für den Krankenhausarzt! Vertraulich!

Muster 2b (10.2014)

Abb. 1 Muster 2, vollständig (Verordnung von Krankenhausbehandlung)

Beim Ausfüllen der **Verordnung von Krankenhausbehandlung** ist im Einzelnen Folgendes zu beachten:

1 Einbringen der **Personalien** mittels Gesundheitskarte.

2 Erfolgt die Einweisung durch einen Belegarzt, der den Patienten auf seine Station einweist, so wird das Feld **„Belegarztbehandlung“** markiert.

3 Erfolgt die Einweisung wegen einer akuten Erkrankung, die eine sofortige stationäre Behandlung erforderlich macht, so wird das Feld **„Notfall“** markiert.

4 Bei einem Unfall im privaten/häuslichen Bereich, der eine stationäre Einweisung erforderlich macht, wird das Feld **„Unfall, Unfallfolgen“** markiert.

5 Das Kästchen **„Versorgungsleiden (BVG)“** wird markiert, wenn ein vom Bundesversorgungsamt anerkanntes Leiden eine stationäre Aufnahme notwendig macht.

6 In das Feld **„Nächsterreichbare, geeignete Krankenhäuser“** werden alternativ die Namen zweier Krankenhäuser eingetragen. Bei der Auswahl der beiden Krankenhäuser müssen zwei Kriterien berücksichtigt werden: Zunächst müssen die angegebenen Krankenhäuser für die Erkrankung des Patienten geeignet sein. So sollte ein Patient, bei dem die Diagnose „Verdacht auf Prostatakarzinom“ gestellt wird, einem Krankenhaus zugewiesen werden, das eine urologische Abteilung führt. Weiterhin müssen die geeigneten Krankenhäuser die nächsterreichbaren sein.

7 Der **Vertragsarztstempel** des ausstellenden Arztes wird hier aufgebracht. Der ausstellende Arzt hat die Verordnung von Krankenhausbehandlung zu **unterschreiben.**

Übungen

1. Stellen Sie für die Patientin Xenia Mahler (siehe Fallbeispiel) die entsprechende Verordnung von Krankenhausbehandlung aus. Die Behandlung erfolgt am 19.08.
2. Wer erhält die drei Teile der Verordnung für Krankenhausbehandlung?
3. Wie lange muss Dr. Helbig seinen Teil von Muster 2 mindestens aufbewahren?
4. Der Ehemann von Frau Xenia Mahler (siehe Fallbeispiel) bittet Sie um die Ausstellung einer Verordnung über ein Schilddrüsenpräparat, das Frau Mahler regelmäßig einnehmen muss. Wie reagieren Sie auf diese Bitte?
5. Der Ehemann von Frau Xenia Mahler sucht die Praxis erneut auf und bittet um die Ausstellung einer Arbeitsunfähigkeitsbescheinigung für seine Frau, die noch für ca. zwei Wochen stationär behandelt wird. Wie reagieren Sie auf diese Bitte?

6. Frau Mahler wurde insgesamt 14 Tage wegen ihrer Frakturen stationär behandelt. Bereits zu Beginn des Jahres befand sich die Patientin wegen einer komplizierten Schilddrüsenoperation für 20 Tage in stationärer Behandlung. Wie hoch ist die Zuzahlung, die Frau Mahler für den aktuellen Krankenhausaufenthalt leisten muss?

7. Welche Personenkreise sind von der Zuzahlung bei stationärer Behandlung befreit?

8. Begründen Sie, warum es wichtig ist, dass der behandelnde Krankenhausarzt die zuvor ambulant erhobenen Befunde genau studiert.

9. Die Patientin Tusnelda von Schönberg bittet Dr. Helbig, ihr eine Verordnung von Krankenhausbehandlung auszustellen. Frau von Schönberg möchte sich gerne Fett an den Hüften absaugen lassen. Wie wird Dr. Helbig auf die Bitte reagieren?

10. Welche Kriterien muss der einweisende Arzt bei der Auswahl der beiden Krankenhäuser, die er auf Muster 2 notiert, berücksichtigen? Erläutern Sie den Sachverhalt anhand eines Beispiels.

3.5.3 Verordnung einer Krankenbeförderung (Muster 4)

Bei der **Verordnung einer Krankenbeförderung (Muster 4)** handelt es sich um ein weiß-blaues Formular, das nur ausgestellt werden darf, wenn der Patient wegen der Art und Schwere seiner Erkrankung weder zu Fuß gehen noch ein öffentliches Verkehrsmittel oder einen privaten Pkw benutzen kann.

Bei der Kostenübernahme von Krankenfahrten durch die gesetzliche Krankenkasse sind die folgenden **Grundsätze und Voraussetzungen zu beachten:**

- Die Verordnung der Krankenfahrt muss vom Arzt **vor der Krankenbeförderung** ausgestellt werden. Nur in Notfällen kann die Verordnung auch nachträglich erfolgen.
- Es wird vorausgesetzt, dass die Fahrt im Zusammenhang mit einer Leistung der gesetzlichen Krankenkasse steht und **zwingend medizinisch notwendig** ist. Eine Verordnung zum Absprechen von Terminen, Erfragen von Befunden oder Abholen von Verordnungen ist nicht zulässig. Fahrten zu **Leistungen der Pflegeversicherung** nach SGB XI wie beispielsweise Fahrten von der Wohnung des Patienten zum Pflegeheim sind ebenfalls **nicht verordnungsfähig.**
- Die Kosten für den Transport zu einer **ambulanten Behandlung** werden nur in **Ausnahmefällen** und nach **vorheriger Genehmigung** übernommen.

Zuzahlungspflicht | Krankenkasse bzw. Kostenträger (1)

Zuzahlungsfrei | Name, Vorname des Versicherten | geb. am

Kostenträgerkennung | Versicherten-Nr. | Status

Betriebsstätten-Nr. | Arzt-Nr. | Datum

Verordnung einer Krankenbeförderung 4

☐ Unfall, Unfallfolge (2)

☐ Arbeitsunfall, Berufskrankheit

☐ Versorgungsleiden (z.B. BVG)

☐ Hinfahrt ☐ Rückfahrt (3)

1. Grund der Beförderung

Genehmigungsfreie Fahrten (4)

a) ☐ **voll-/teilstationäre Krankenhausbehandlung** ☐ **vor-/nachstationäre Behandlung**

b) ☐ **anderer Grund**, z.B. Fahrten zu stationären Hospizen:

Genehmigungspflichtige Fahrten zu ambulanten Behandlungen ***(vor Fahrtantritt der Krankenkasse vorzulegen)***

c) **hochfrequente Behandlung** ☐ Dialyse, onkol. Chemo- oder Strahlentherapie (5) ☐ vergleichbarer Ausnahmefall ***(Begründung erforderlich)***

d) **dauerhafte Mobilitätsbeeinträchtigung** ☐ Merkzeichen „aG", „Bl", „H", Pflegegrad 3 mit dauerhafter Mobilitätsbeeinträchtigung, Pflegegrad 4 oder 5 ☐ vergleichbare Mobilitätsbeeinträchtigung und Behandlungsdauer mindestens 6 Monate ***(Begründung erforderlich)***

Begründung

e) ☐ **anderer Grund**, der Fahrt mit KTW erfordert ***(z.B. fachgerechtes Lagern, Tragen, Heben, Begründung unter 3. angeben)***

2. Behandlungstag/Behandlungsfrequenz und nächsterreichbare, geeignete Behandlungsstätte

vom/am TTMMJJ / ☐ x pro Woche, bis voraussichtlich TTMMJJ

Behandlungsstätte ***(Name, Ort)*** (6)

3. Art der Beförderung

☐ Taxi/Mietwagen: ☐ Rollstuhl ☐ Tragestuhl ☐ liegend

☐ KTW, da medizinisch-fachliche Betreuung und/oder Einrichtung notwendig ist wegen (7)

☐ RTW ☐ NAW/NEF ☐ andere

Sonstiges ***(z.B. Datum Aufnahme Krankenhaus, Wartezeit, Gemeinschaftsfahrt, Ortsangabe, wenn Beförderung nicht von/zur Wohnung stattfindet)*** (8)

(9)

Vertragsarztstempel / Unterschrift des Arztes

Muster 4 (4.2019)

Abb. 1 Muster 4 (Verordnung einer Krankenbeförderung)

Beim Ausfüllen von **Muster 4** ist im Einzelnen Folgendes zu beachten:

1 Einbringen der **Personalien** mittels Gesundheitskarte und Kennzeichnen der zutreffenden **Zuzahlungsregelung**. Es ist zu beachten, dass **auch Patienten unter 18 Jahren** Zuzahlungen zu den Fahrtkosten leisten müssen. Das Formular wird auch bei **Arbeitsunfällen, Schulunfällen oder anerkannten Berufskrankheiten** verwendet. Hierbei ist jedoch nicht die Krankenkasse, sondern der **Träger der gesetzlichen Unfallversicherung** leistungspflichtig. Entsprechend wird im Kostenträgerfeld der zuständige Unfallversicherungsträger notiert, das Feld **„Zuzahlungsfrei"** wird markiert.

2 Gegebenenfalls muss markiert werden, ob der Verordnung ein **privater Unfall, ein Arbeitsunfall oder ein Versorgungsleiden** zugrunde liegt.

- **Unfall, Unfallfolge:** Die Krankenbeförderung erfolgt im Zusammenhang mit einem privaten/häuslichen Unfall. Ggf. muss eine private Unfall- oder Haftpflichtversicherung für die Kosten aufkommen.
- **Arbeitsunfall, Berufskrankheit:** Die Krankenbeförderung erfolgt im Zusammenhang mit einem Arbeitsunfall oder einer anerkannten Berufskrankheit; die Kosten werden vom Träger der gesetzlichen Unfallversicherung (z. B. der BG) übernommen.
- **Versorgungsleiden (BVG):** Die Krankenbeförderung erfolgt aufgrund eines anerkannten Versorgungsleidens. Hierunter fallen beispielsweise Ansprüche nach dem Bundesversorgungsgesetz, dem Opferentschädigungsgesetz sowie dem Infektionsschutzgesetz.

3 Hier wird markiert, ob es sich bei dem Transport um eine **Hin- und/oder Rückfahrt** handelt. Gemäß dem **Wirtschaftlichkeitsgebot** prüft der Vertragsarzt die medizinische Notwendigkeit jeweils für die Hinfahrt **und** für die Rückfahrt.

4 Der Gliederungspunkt **1. Grund der Beförderung** unterscheidet die **genehmigungsfreien Fahrten** und die **genehmigungspflichtigen Fahrten zu ambulanten Behandlungen.** Somit kann der Patient sofort erkennen, ob er vor der Krankenbeförderung eine Genehmigung seiner Krankenasse einholen muss.

Bei den **genehmigungsfreien Fahrten** werden die folgenden Gründe unterschieden:

a) voll-/teilstationäre Krankenhausbehandlung sowie vor-/nachstationäre Behandlung: Bei vorstationären Behandlungen wird der voraussichtliche Beginn der stationären Behandlung unten auf der Verordnung (siehe Punkt 8) vermerkt.

b) anderer Grund, z. B. Fahren zu stationären Hospizen: Die Verordnung ist zulässig für Fahrten zu anderen stationären Einrichtungen, zu einer stationsersetzenden ambulanten Operation oder bei einer erforderlichen Verlegungsfahrt in ein anderes Krankenhaus während einer stationären Behandlung. Der Grund der Beförderung wird in der Freitextzeile notiert.

5 Bei den **genehmigungspflichtigen Fahrten zu ambulanten Behandlungen** werden die folgenden Gründe unterschieden:

c) hochfrequente Behandlung: Es handelt sich hierbei um eine Behandlung, die sehr häufig durchgeführt werden muss. Dieses ist bei der **Dialyse sowie einer onkologischen Chemo- oder Strahlentherapie** der Fall. Das Feld wird bei entsprechender Indikation markiert. Darüber hinaus ist eine Verordnung in einem vergleichbaren Ausnahmefall zulässig. Beispielsweise können auch Schmerztherapien oder Therapien zur Wundheilung eine hohe Behandlungsfrequenz aufweisen. Der Grund für die Ausnahme ist in der Freitextzeile „Begründung" zu notieren.

d) dauerhafte Mobilitätsbeeinträchtigung: Hierbei ist der Patient auf Dauer in seiner Beweglichkeit eingeschränkt. Die Patienten weisen einen Pflegegrad der Stufe 3 mit dauerhafter Mobilitäsbeeinträchtigung, Pflegegrad 4 oder 5 nach oder verfügen über einen Schwerebehindertenausweis, der die folgenden Merkzeichen aufweisen kann:

- „aG" für außergewöhnlich gehbehindert,
- „Bl" für blind,
- „H" für hilflos.

Bestimmte pflegebedürftige und schwerbehinderte Patienten müssen bei Taxi- und Mietwagenfahrten **keine Genehmigung** der Krankenkasse einholen.

Weiterhin ist eine Verordnung bei **vergleichbarer Mobilitätsbeeinträchtigung und Behandlungsdauer von mindestens 6 Monaten** zulässig. Die Vergleichbarkeit der Mobilitätseinschränkung muss in der Freitextzeile begründet werden. Vergleichbare Gründe können beispielsweise eine Wunde oder Fraktur am Bein sein.

e) anderer Grund, der Fahrt mit KTW erfordert: Andere Gründe können die Verordnung einer Beförderung mit einem Krankentransportwagen (KTW) notwendig machen, wenn der Patient während der Krankenbeförderung eine fachliche Betreuung oder eine besondere Einrichtung des KTW benötigt. Der Grund für die Notwendigkeit einer fachlichen Betreuung oder der besonderen Einrichtung wird auf der Verordnung notiert.

6 Beim Gliederungspunkt **2.** werden zum **Behandlungstag/zur Behandlungsfrequenz und zur nächsterreichbaren, geeigneten Behandlungsstätte** Angaben gemacht. In der Regel tragen die Krankenkassen die Fahrtkosten bis zur nächst erreichbaren und geeigneten Behandlungsmöglichkeit. Wünscht der Patient eine andere Behandlungsstätte, zum Beispiel die Behandlung bei einem bestimmten Vertragsarzt, muss der Versicherte die Mehrkosten, die dadurch entstehen, selbst tragen.

7 Beim Gliederungspunkt **3. Art der Beförderung** wird zunächst das erforderliche Transportmittel gekennzeichnet. Die Kosten, die bei der Krankenbeförderung entstehen, sind erheblich, deshalb ist darauf zu achten, dass bei der Auswahl des jeweiligen Beförderungsmittels der Grundsatz der **wirtschaftlichen Verordnungsweise** berücksichtigt wird. Die falsche (unwirtschaftliche) Auswahl des geeigneten Transportmittels kann zu Regressforderungen der Krankenkasse führen. Es stehen die folgenden Transportmittel zur Auswahl:

- **Taxi/Mietwagen:** Ein Taxi/Mietwagen wird verordnet, wenn der Patient aus medizinischen Gründen nicht in der Lage ist, ein öffentliches Verkehrsmittel oder privates Fahrzeug zu benutzen. Falls der Patient **mit Rollstuhl, Tragestuhl oder liegend befördert** werden soll, sind diese Anforderungen zusätzlich zu kennzeichnen.
- **KTW, da medizinisch-fachliche Betreuung und/oder Einrichtung notwendig ist wegen:** Wird ein **Krankentransportwagen** verordnet, muss die Begründung hierfür in der Freitextzeile notiert werden, ggf. unter Angabe der ICD-10.
- **RTW:** Der **Rettungswagen** wird verordnet, wenn während der Beförderung Maßnahmen erforderlich sind, **um die Vitalfunktionen aufrecht zu erhalten** oder wieder herzustellen. Die Beförderung kann in Notfällen nachträglich verordnet werden.
- **NAW/NEF:** Der **Notarztwagen** bzw. das **Notarzteinsatzfahrzeug** wird für Notfallpatienten verordnet, bei denen vor/während der Fahrt lebensrettende Sofortmaßnahmen im Rahmen einer **notärztlichen Versorgung** durchgeführt werden müssen. Die Beförderung kann in Notfällen nachträglich verordnet werden.
- **andere:** Hier besteht die Notwendigkeit einer schnellen Heranführung des Notarztes an den Unfallort, beispielsweise mit einem **Rettungshubschrauber** (RTH) im Rahmen einer Bergrettung.

8 Sonstiges: Dieses Feld kann für weitere notwendige Angaben verwendet werden, wie beispielsweise:

- das **Datum der stationären Aufnahme** bei der Verordnung von Fahren zu vorstationären Behandlungen,
- die **Dauer der Wartezeit** des Fahrers bei Hin- und Rückfahrten, die im zeitlichen Zusammenhang stehen,
- die Möglichkeit einer **Gemeinschaftsfahrt**, wenn beispielsweise mehrere Personen eines Seniorenheims zur gleichen Behandlungsstätte gefahren werden. Hierbei benötigt jeder Patient eine eigene Verordnung.
- die **Ortsangabe**, wenn die Beförderung nicht von/zur Wohnung stattfindet,
- das **Gewicht** bei schwer übergewichtigen Patienten,
- die Angabe, dass der Patient einen **Rollator** benötigt oder keine Stufen steigen kann

9 Der ausstellende Arzt bringt hier seinen **Vertragsarztstempel** auf und bestätigt mit seiner **Unterschrift** die Richtigkeit seiner Angaben.

Auf der **Rückseite von Muster 4** bestätigt der Versicherte durch seine Unterschrift die Durchführung der aufgeführten Fahrt. Die weiteren Angaben sind von dem Transporteur vorzunehmen.

Tabelle: Verordnung von Krankenfahrten – Beförderungsmittel im Überblick

Beförderungsmittel	Taxi, Mietwagen	Krankentransportwagen (KTW)	Rettungswagen (RTW)	Notarztwagen/ Notarzteinsatzfahrzeug (NAW/NEF)	andere (z. B. Rettungshubschrauber)
Fachliche Betreuung	keine	medizinisch-fachliche Betreuung (keine ärztliche)	medizinisch-fachliche Betreuung (keine ärztliche)	medizinisch-fachliche Betreuung durch **Notarzt**	medizinisch-fachliche Betreuung durch **Notarzt**
Ausstattung	keine besondere Ausstattung	Trage, Tragestuhl, Sauerstoff, Notfallkoffer, Absaugung	Trage, EKG, Defibrillator, Notfallkoffer	Trage, EKG, Defibrillator, Notfallkoffer, Medikamente	Trage, EKG, Defibrillator, Notfallkoffer, Medikamente, besondere Ausstattung
Erläuterungen	Patienten, die aus medizinischen Gründen keine öffentlichen Verkehrsmittel bzw. kein privates Fahrzeug benutzen können.	Patienten benötigen eine medizinisch- fachliche Betreuung (jedoch keinen Arzt) oder aber eine besondere Einrichtung des KTW (z. B. Tragestuhl).	Patienten benötigen Erste-Hilfe-Maßnahmen, die ein Rettungsassistent durchführen kann.	Patienten benötigen neben Erste-Hilfe-Maßnahmen auch Maßnahmen zur Aufrechterhaltung der Vitalfunktionen durch einen Notarzt.	Notwendigkeit einer schnellen Heranführung des Notarztes an den Unfallort, z. B. im Rahmen einer Berg-, Wasser- oder Hochseerettung
Beispiel	Transport eines gehbehinderten Patienten	Transport eines demenzkranken, desorientierten Patienten	Transport eines Patienten mit stark blutenden Wunden	Transport eines Patienten mit Verdacht auf frischen Myokardinfarkt	Transport eines Patienten nach einem Lawinenunglück

Abb. 1 Beförderungsmittel im Überblick

Übungen

1. Stellen Sie für die Patientin Xenia Mahler (siehe Fallbeispiel) die entsprechende Verordnung einer Krankenbeförderung aus.

2. Nennen Sie zwingende medizinische Gründe, die eine Krankenbeförderung zulasten der gesetzlichen Krankenkasse rechtfertigen.

3. Wie hoch ist die Zuzahlung, die ein Patient pro Fahrt mit dem Krankentransportwagen leisten muss?

4. Unter welchen Voraussetzungen sind Patienten bei einer Krankenbeförderung von der Zuzahlung befreit?

5. Unter welchen Umständen werden die Felder „Unfall, Unfallfolge", „Arbeitsunfall, Berufskrankheit" sowie „Versorgungsleiden" markiert?

6. Welche Gründe der Beförderung lassen sich bei der Verordnung einer Krankenbeförderung unterscheiden?

7. Welche Krankenbeförderungsfahrten müssen vor Antritt von der Krankenkasse genehmigt werden?

8. Was versteht man unter einer „hochfrequenten Behandlung"? Nennen Sie Beispiele hierfür.

9. Erklären Sie die Abkürzungen „aG", „Bl" und „H", die auf Muster 4 in Zusammenhang mit der dauerhaften Mobilitätsbeeinträchtigung eines Patienten angegeben sind.

10. Der verordnende Arzt muss auf Muster 4 das erforderliche Transportmittel angeben. Nennen Sie die möglichen Transportmittel und erläutern Sie anhand von Beispielen, unter welchen Voraussetzungen sie jeweils ausgewählt werden können.

11. Sie erhalten von Dr. Söhnke den Auftrag, ein Transportmittel für einen Patienten, bei dem die Diagnose „Verdacht auf Myokardinfarkt" gestellt wurde, zu ordern. Für welches Transportmittel entscheiden Sie sich und wo fordern Sie das entsprechende Transportmittel an?

12. In welchen Fällen verordnet der ausstellende Arzt auf Muster 4 eine „Gemeinschaftsfahrt" und was hat der Arzt hierbei zu beachten?

13. Welche Funktionen erfüllt die Rückseite von Muster 4?

3.5.4 Heilmittelverordnungen

Bei der Verordnung von Heilmitteln müssen besondere Formulare verwendet werden, keinesfalls dürfen die Heilmittel auf Muster 16 (Arzneiverordnungsblatt) verordnet werden. Es lassen sich drei unterschiedliche Vordrucke bei der Verordnung von Heilmitteln unterscheiden:

- **Muster 13** für die Verordnung von **Maßnahmen der Physikalischen Therapie und Podologischen Therapie,**
- **Muster 14** für die Verordnung von **Maßnahmen der Stimm-, Sprech- und Sprachtherapie,**
- **Muster 18** für die Verordnung von **Maßnahmen der Ergoherapie/Ernährungstherapie.**

Die **Heilmittelrichtlinien** des Gemeinsamen Bundesausschusses regeln die Versorgung der Mitglieder der gesetzlichen Krankenversicherung mit Heilmitteln innerhalb der vertragsärztlichen Versorgung.

Ein wesentlicher Bestandteil der Heilmittelrichtlinien ist der **Heilmittelkatalog.** Dieser gibt an, welche Heilmittel, in welchen Mengen, bei welcher Diagnose **im Regelfall** zu einer „medizinisch angemessenen und wirtschaftlichen Versorgung" führen. Der Regelfall geht immer von dem „bezüglich Erkrankung und Krankheitsverlauf typischen Patienten" aus. Diese Annahmen basieren auf langjährigen Erfahrungswerten aus der Praxis.

Für den Regelfall ist immer die Verordnung eines sogenannten vorrangigen Heilmittels vorgesehen. Ein **vorrangiges Heilmittel** ist das, welches sich bei Vorliegen einer Erkrankung erfahrungsgemäß am besten bewährt hat, und deshalb verordnet werden sollte. Kann das vorrangige Heilmittel aus Gründen, die beim Patienten liegen, nicht angewandt werden, nennt der Heilmittelkatalog alternative, **optionale Heilmittel.** So kann beispielsweise anstelle von „Allgemeiner Krankengymnastik" (vorrangiges Heilmittel) auch „Chirogymnastik" (optionales Heilmittel) verordnet werden. Soweit es medizinisch erforderlich ist, kann der Arzt ein zusätzliches, **ergänzendes Heilmittel** verordnen. Der Vertragsarzt hat darüber hinaus die Möglichkeit, eine **standardisierte Heilmittelkombination** zu verordnen, falls mehr als zwei Heilmittel bei komplexen Schädigungsbildern zum Behandlungserfolg führen. **Nicht zulässig** sind die gleichzeitige Verordnung einer standardisierten Heilmittelkombination und eines weiteren Einzelheilmittels sowie die Verordnung eines vorrangigen Heilmittels und eines optionalen Heilmittels bei derselben Erkrankung.

Merke:

Verordnungsmöglichkeiten von zwei oder mehr Heilmitteln im Regelfall:

- **Vorrangiges** Heilmittel und **ergänzendes** Heilmittel
- **Optionales** Heilmittel und **ergänzendes** Heilmittel
- **Standardisierte** Heilmittelkombination

Man geht davon aus, dass im Regelfall das Therapieziel spätestens mit der im Heilmittelkatalog genannten möglichen **Gesamtverordnungsmenge** erreicht werden kann. Dabei sind bei der **Erstverordnung** ggf. zunächst nur festgelegte Teilmengen verordnungsfähig. Wird das Therapieziel nach Inanspruchnahme der Teilmengen nicht erreicht, muss der Arzt den Patienten erneut untersuchen, um dann ggf. eine **Folgeverordnung** vorzunehmen. Nach einer Erstverordnung gilt jede weitere Verordnung **zur Behandlung derselben Erkrankung** als Folgeverordnung, auch wenn sich möglicherweise die Hauptsymptome geändert haben und bei der Folgeverordnung andere Heilmittel angewandt werden.

Merke:

Der **Regelfall** geht davon aus, dass mit dem verordneten Heilmittel im Rahmen der Gesamtverordnungsmenge das angestrebte Therapieziel erreicht werden kann.

Da Patienten individuell auf bestimmte Therapien reagieren und nicht alle Patienten das Therapieziel mit der im Katalog angegebenen Gesamtverordnungsmenge erreichen, können weitere **Verordnungen außerhalb des Regelfalls** vorgenommen werden. Verordnungen außerhalb des Regelfalls müssen vom verordnenden Arzt **besonders begründet** werden und bedürfen einer prognostischen Einschätzung durch den Arzt. Weiterhin muss der Patient diese Verordnungen der **Krankenkasse zur Genehmigung** vorlegen. Die Krankenkassen können im Einzelfall auch auf die Genehmigung verzichten, müssen aber die Kassenärztliche Vereinigung über diesen Verzicht schriftlich informieren. Liegt der Krankenkasse die Verordnung zur Genehmigung vor, kann die Therapie von diesem Zeitpunkt an fortgesetzt werden. Auch im Falle einer Ablehnung der Genehmigung werden die Kosten der Behandlung bis zum Zeitpunkt der Ablehnung übernommen.

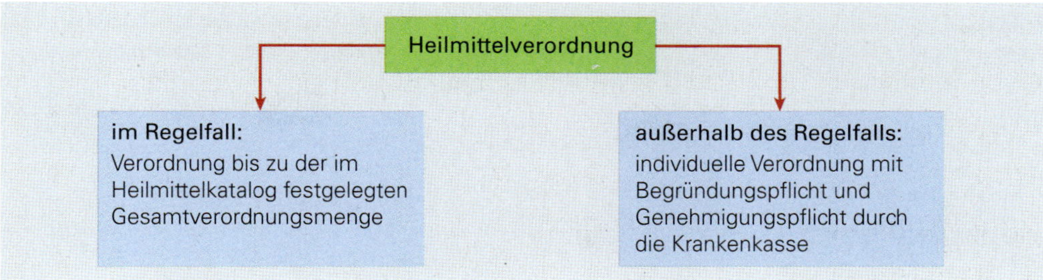

Tritt nach einem **behandlungsfreien Zeitraum von mindestens 12 Wochen** eine erneute Erkrankungsphase auf, so gilt die entsprechende Verordnung als **neuer Regelfall** und es können wieder Heilmittel bis zur Gesamtverordnungsmenge verordnet werden. Wurde die Gesamtverordnungsmenge innerhalb eines Regelfalls noch nicht ausgeschöpft und tritt nach einem behandlungsfreien Zeitraum **von weniger als 12 Wochen** eine neue Erkrankungsphase auf, ist eine **Folgeverordnung innerhalb des Regelfalls** möglich. Leidet ein Patient im gleichen Zeitraum an **mehreren, voneinander unabhängigen Erkrankungen,** kann dieses **parallele Regelfälle** auslösen. Die gleichzeitige Verordnung von Heilmitteln der Physikalischen Therapie/Podologischen Therapie, der Stimm-, Sprech- und Sprachtherapie und der Ergotherapie/Ernährungstherapie ist möglich.

Der **Heilmittelkatalog** ist sowohl als Buch als auch als Online-Version erhältlich. Der behandelnde Arzt stellt die Diagnose und wird mithilfe des Suchsystems des Heilmittelkatalogs zu den verordnungsfähigen Heilmittlen und deren Mengen geleitet.

Die Einzeldiagnosen sind in **5 Diagnosenbereiche (bei Maßnahmen der Physikalischen Therapie/Podologischen Therapie)** unterteilt. Eine diagnostizierte Distorsion des linken Sprunggelenkes findet sich besipielsweise im Kapitel 1 (Erkrankungen der Stütz- und Bewegungsorgane) wieder. Schlägt man das entsprechende Kapitel auf, findet sich ein weiteres Register, das **7 weitere Diagnosen** auflistet.

Die Diagnose „Distorsion des linken Sprunggelenks" kann der Diagnosegruppe EX1 (Verletzungen/Operationen und Erkrankungen der Extremitäten und des Beckens mit prognostisch kurzzeitigem Behandlungsbedarf) zugeordnet werden.

Schlägt man die passende Seite auf, findet sich eine **Tabelle,** der man **entsprechend der Leitsymptomatik** die Heilmittelverordnungen sowie die Verordnungsmengen entnehmen kann. Liegt beispielsweise eine Gelenkfunktionsstörung als Leitsymptom vor, sieht der Heilmittelkatalog als **vorrangiges Heilmittel** Krankengymnastik (KG) oder Manuelle Therapie (MT) vor. Alternativ kann als **optionales Heilmittel** Übungsbehandlung verordnet werden. Zusätzlich kann ein **ergänzendes Heilmittel** verordnet werden; in diesem Fall handelt es sich um Wärme- bzw. Kältetherapie oder Elektrotherapie. Der rechten Spalte der Tabelle können nun die zulässigen **Verordnungsmengen** entnommen werden. Für die Beispieldiagnose „Distorsion des linken Sprunggelenks" sieht der Katalog bei der Erstverordnung bis zu 6 Behandlungen pro Verordnung vor. Die Gesamtverordnungsmenge im Regelfall beträgt maximal 6 Einheiten.

Indikation		**Ziel der Physikalischen Therapie**	**Heilmittelverordnung im Regelfall**	
Diagnosengruppe	**Leitsymptomatik: Funktionelle/strukturelle Schädigung**		**A. vorrangige Heilmittel** B. optionale Heilmittel *C. ergänzende Heilmittel* **D. standardisierte Heilmittelkombinationen**	**Verordnungsmengen je Diagnose** **weitere Hinweise**
EX1 **Verletzungen/Operationen und Erkrankungen der Extremitäten und des Beckens** • **mit prognostisch kurzzeitigem Behandlungsbedarf** z. B. • Distorsionen, Kontusionen • Arthrosen • entzündlich-rheumatische Gelenkerkrankung (ohne akut entzündlichen Schub) • Periarthropathien • Bursitis • Fußfehlhaltungen (wie nicht fixierte Klump-, Spitz- und Sichelfußhaltungen)	**a** Gelenkfunktionsstörungen, Bewegungsstörungen, Kontrakturen	Wiederherstellung, Besserung der gestörten Beweglichkeit	**A. KG/MT** B. Übungsbehandlung *C. Wärmetherapie/ Kältetherapie/Elektrotherapie*	**Erst-VO:** • bis zu 6x/VO **Gesamtverordnungsmenge des Regelfalls:** • bis zu 6 Einheiten **Frequenzempfehlung:** • mind. 2x wöchentlich **Ziel:** Erlernen eines Eigenübungsprogrammes, Gelenkschulung
	b Funktionsstörungen durch Muskeldysbalance, -insuffizienz, -verkürzung	Wiederherstellung, Besserung der gestörten Muskelfunktion	**A. KG/KG-Gerät** B. Übungsbehandlung	
	c Schmerzen/Funktionsstörungen durch Muskelspannungsstörungen; Verkürzung elastischer und kontraktiler Strukturen, Gewebequellungen, -verhärtungen, -verklebungen	Regulierung der schmerzhaften Muskelspannung, der Durchblutung, des Stoffwechsels, Beseitigung der Gewebequellungen, -verhärtungen und -verklebungen	**A. KMT** B. UWM/SM/PM/BGM *C. Elektrotherapie/ Wärmetherapie/Kältetherapie/hydroelektrische Bäder*	

Abb. 1: Indikation bei Erkrankungen der Stütz- und Bewegungsorgane (EX1)

Falls sich die Beschwerden des Patienten im weiteren Verlauf nicht bessern, kann ein **Wechsel in eine andere Diagnosengruppe** medizinisch begründet sein. Im Falle der Distorsion wäre ein Wechsel von EX1 zu EX2 (Verletzungen/Operationen und Erkrankungen der Extremitäten und des Beckens mit **prognostisch mittelfristigem Behandlungsbedarf)** möglich. Folgeverordnungen können hierbei eine Verordnungsmenge von bis zu 6 Behandlungen enthalten. Die Gesamtverordnungsmenge des Regelfalls beträgt 18 Einheiten. Die bereits zu EX1 erfolgte Verordnungsmenge muss auf die Gesamtverordnungsmenge von EX2 angerechnet werden. Ein Wechsel der Diagnosengruppe EX2 zu EX1 ist **nicht** möglich.

Indikation		Ziel der Physikalischen Therapie	Heilmittelverordnung im Regelfall	
Diagnosengruppe	**Leitsymptomatik: Funktionelle/strukturelle Schädigung**		**A. vorrangige Heilmittel** B. optionale Heilmittel *C. ergänzende Heilmittel* **D. standardisierte Heilmittelkombinationen**	**Verordnungsmengen je Diagnose** **weitere Hinweise**
<u>**EX2**</u> **Verletzungen/Operationen und Erkrankungen der Extremitäten und des Beckens** • **mit prognostisch mittelfristigem Behandlungsbedarf (insbesondere Einschränkungen von relevanten Aktivitäten des täglichen Lebens, multistrukturelle funktionelle Schädigungen)** z.B. • Frakturen • Sehnenrupturen • Kreuzbandersatz, Arthrodesen, Materialentfernung nach Osteosynthesen • Erkrankungen mit Gefäß-, Muskel- und/oder Bindegewebsbeteiligung, insbesondere entzündlich-rheumatische Gelenkerkrankung mit akut entzündlichem Schub und systemische Erkrankungen • Sympathische Reflexdystrophie – *Stadium I bis II*	**a** Gelenkfunktionsstörungen, Bewegungsstörungen, Kontrakturen	Wiederherstellung, Besserung der gestörten Beweglichkeit	**A. KG/MT** B. Übungsbehandlung *C. Wärme-/Kältetherapie/ Elektrotherapie*	**Erst-VO:** • bis zu 6x/VO **Folge-VO:** • bis zu 6x/VO **Gesamtverordnungsmenge des Regelfalls:** • 18 Einheiten davon für **Massagetechniken** insgesamt bis zu 10 Einheiten davon für **standardisierte Heilmittelkombinationen** bis zu 10 Einheiten **Frequenzempfehlung:** • mind. 2x wöchentlich **Ziel:** Erlernen eines Eigenübungsprogrammes **Hinweise:** Sofern im Einzelfall verlaufsabhängig unmittelbar ein Wechsel von **EX1** zu **EX2** medizinisch begründet ist, ist die bereits zu **EX1** erfolgte Verordnungsmenge auf die Gesamtverordnungsmenge von **EX2** anzurechnen. Ein Wechsel von **EX2** zu **EX1** ist <u>nicht</u> möglich. Störungen des Lymphabflusses siehe **LY1** Trophische Störungen siehe **SO4**
	b Funktionsstörungen durch Muskeldysbalance, -insuffizienz, -verkürzung	Wiederherstellung, Besserung der gestörten Muskelfunktion	**A. KG/KG-Gerät** B. Übungsbehandlung	
	c Schmerzen/Funktionsstörungen durch Muskelspannungsstörungen; Verkürzung elastischer und kontraktiler Strukturen, Gewebequellungen,-verhärtungen, -verklebungen	Regulierung der schmerzhaften Muskelspannung, der Durchblutung, des Stoffwechsels, Beseitigung der Gewebequellungen, -verhärtungen und -verklebungen	**A. KMT** B. UWM/SM/PM/BGM *C. Elektrotherapie/Wärmetherapie/Kältetherapie/hydroelektrische*	
	d D1 komplexe Schädigungen/ Funktionsstörungen • bei zwei führenden Schädigungen/Funktionsstörungen **a** und **b** neben **c**	siehe **a** bis **c**	**D1 KG + KG-Gerät + MT** ++ KMT ++ Wärme-/Kältetherapie ++ Elektrotherapie zusätzlich: • ggf. hydroelektrische Bäder	

Abb. 1: Indikation bei Erkrankungen der Stütz- und Bewegungsorgane (EX2)

Die folgende Abbildung listet die gebräuchlichen **Abkürzungen** im Heilmittelkatalog bei Maßnahmen der Physikalischen Therapie auf.

BGM	= Bindegewebsmassage		
CM	= Colonmassage		
KG	= allgemeine Krankengymnastik		
KG-Gerät	= Gerätegestützte Krankengymnastik mit Sequenztrainingsgeräten und/oder Hebel- und Seilzugapparaten		
KG-Muko	= Krankengymnastik (Atemtherapie) zur Behandlung der Mukoviszidose		
KG-ZNS	= spezielle Krankengymnastik zur Behandlung von Erkrankungen des ZNS bzw. des Rückenmarks nach Vollendung des 18. Lebensjahrs unter Einsatz der neurophysiologischen Techniken nach Bobath, Vojta oder PNF (Propriozeptive Neuromuskuläre Fazilitation)		
KG-ZNS-Kinder	= spezielle Krankengymnastik zur Behandlung von Erkrankungen des ZNS bzw. des Rückenmarks längstens bis Vollendung des 18. Lebensjahrs unter Einsatz der neurophysiologischen Techniken nach Bobath oder Vojta.		
KMT	= Klassische Massagetherapie		
MLD-30	= Manuelle Lymphdrainage (einschl. Kompressionsbandagierung), Therapiedauer 30 Min. an der Patientin oder dem Patienten (Teilbehandlung)		
MLD-45	= Manuelle Lymphdrainage (einschl. Kompressionsbandagierung), Therapiedauer 45 Min. an der Patientin oder dem Patienten (Großbehandlung)		
MLD-60	= Manuelle Lymphdrainage (einschl. Kompressionsbandagierung), Therapiedauer 60 Min. an der Patientin oder dem Patienten (Ganzbehandlung)		
MT	= Manuelle Therapie		
PM	= Periostmassage		
SM	= Segmentmassage		
UWM	= Unterwasserdruckstrahlmassage		
Erst-VO	= Erstverordnung	**/VO**	= pro Verordnung
Folge-VO	= Folgeverordnung	**+**	= und (zusätzlich)
		/	= oder (alternativ)

Maßnahmen der Physikalischen Therapie/Podologischen Therapie (Muster 13)

Auf Muster 13 werden **Maßnahmen der Physikalischen Therapie,** die ihre Wirkung durch kinetische (= Einwirkung von Kräften), mechanische, elektrische oder thermische Energie entfaltet, sowie **Maßnahmen zur Podologischen Therapie** verordnet. Zu den Maßnahmen der Physikalischen Therapie gehören Massagen, Krankengymnastik und Reizstromtherapie. Maßnahmen der Podologischen Therapie zählen dann zu den verordnungsfähigen Heilmitteln, wenn sie der Behandlung **krankhafter Veränderungen am Fuß als Folge eines Diabetes mellitus** dienen. Symptome des diabetischen Fußsyndroms sind z.B. Schädigungen der Haut und der Zehennägel bei nachweisbaren Gefühls- und/oder Durchblutungsstörungen der Füße. Durch die Podologische Therapie soll die physiologische Funktion der Haut und der Zehennägel wiederhergestellt, verbessert und erhalten werden. Aufgabe des Therapeuten ist auch die regelmäßige Unterweisung des Patienten in der eigenständigen Durchführung der Fußpflege sowie die Inspektion des getragenen Schuhwerks.

Der verordnende Vertragsarzt füllt Muster 13 aus und der Patient überbringt den Vordruck dem Therapeuten. Das Formular ist Bestandteil der Abrechnung des Therapeuten. Auf der Rückseite von Muster 13 bestätigt der Patient die Durchführung der jeweiligen Therapiesitzung.

Maßnahmen der Stimm-, Sprech- und Sprachtherapie (Muster 14), Maßnahmen der Ergotherapie/Ernährungstherapie (Muster 18)

Maßnahmen der Stimm-, Sprech- und Sprachtherapie haben die Aufgabe, die Kommunikationsfähigkeit, die Stimmgebung, das Sprechen, die Sprache und den Schluckakt bei krankheitsbedingten Störungen wiederherzustellen, zu verbessern oder auch eine Verschlechterung des krankhaften Zustandes zu vermeiden. Die Maßnahmen können einzeln oder in einer Gruppe verordnet werden.

Die **Maßnahmen der Ergotherapie** beinhalten eine Beschäftigungs- und Arbeitstherapie, die der Wiederherstellung, Entwicklung, Verbesserung, Erhaltung und dem Ausgleich von krankheitsbedingt gestörten motorischen, sensorischen, kognitiven und psychischen Funktionen dienen. Ergotherapeutische Maßnahmen umfassen darüber hinaus Beratungen zur Schul-, Arbeitsplatz-, Wohnraum- und Umfeldanpassung.

Spezialisierte Ärzte dürfen **Ernährungstherapie** als Heilmittel für Patienten mit einer seltenen angeborenen Stoffwechselerkrankung oder Mukoviszidose verordnen. Die Therapie kann in spezialisierten Zentren, von Diätassistenten oder Ökotrophologen durchgeführt und zulasten der gesetzlichen Krankenversicherung abgerechnet werden. Ziele der Ernährungstherapie sind eine altersgemäße, körperliche und geistige Entwicklung des Patienten, das Erreichen eines stabilen Ernährungszustandes, die Verhütung von Krankheitsfolgen und eine verbesserte Lebenserwartung.

Der Aufbau von Muster 14 und Muster 18 entspricht im Wesentlichen dem von Muster 13.

Das korrekte Ausfüllen einer Heilmittelverordnung wird im Folgenden am Beispiel von Muster 13 erläutert.

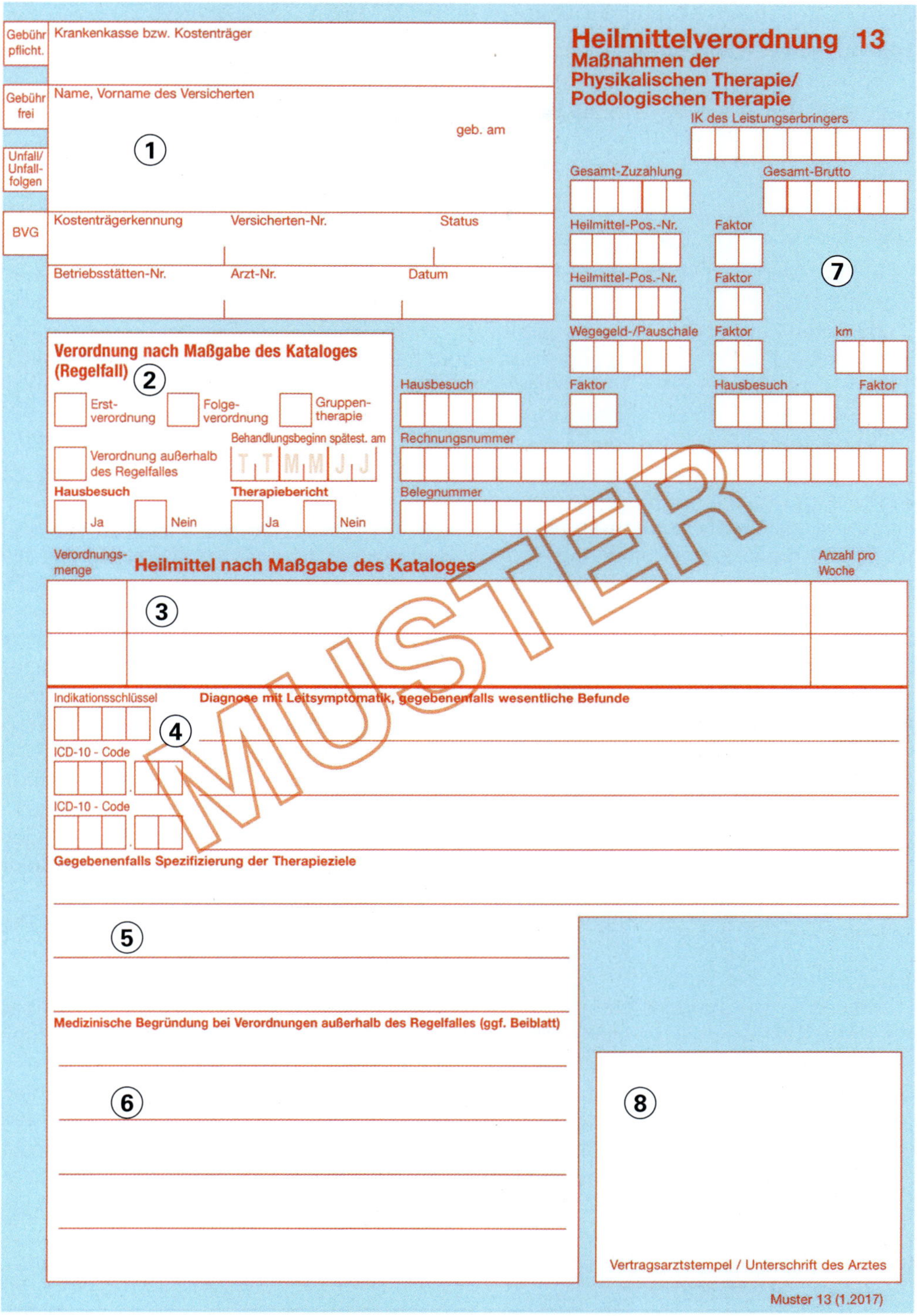

Gebühr pflicht.
Gebühr frei
Unfall/ Unfall-folgen
BVG

Krankenkasse bzw. Kostenträger

Name, Vorname des Versicherten

geb. am

①

Kostenträgerkennung | Versicherten-Nr. | Status

Betriebsstätten-Nr. | Arzt-Nr. | Datum

Heilmittelverordnung 13
Maßnahmen der Physikalischen Therapie/ Podologischen Therapie

IK des Leistungserbringers

Gesamt-Zuzahlung | Gesamt-Brutto

Heilmittel-Pos.-Nr. | Faktor

Heilmittel-Pos.-Nr. | Faktor

⑦

Wegegeld-/Pauschale | Faktor | km

Verordnung nach Maßgabe des Kataloges (Regelfall) ②

Erst-verordnung | Folge-verordnung | Gruppen-therapie

Verordnung außerhalb des Regelfalles

Behandlungsbeginn spätest. am T T M M J J

Hausbesuch Ja Nein

Therapiebericht Ja Nein

Hausbesuch | Faktor | Hausbesuch | Faktor

Rechnungsnummer

Belegnummer

Verordnungs-menge | **Heilmittel nach Maßgabe des Kataloges** | Anzahl pro Woche

③

Indikationsschlüssel | **Diagnose mit Leitsymptomatik, gegebenenfalls wesentliche Befunde**

④

ICD-10 - Code

ICD-10 - Code

Gegebenenfalls Spezifizierung der Therapieziele

⑤

Medizinische Begründung bei Verordnungen außerhalb des Regelfalles (ggf. Beiblatt)

⑥

⑧

Vertragsarztstempel / Unterschrift des Arztes

Muster 13 (1.2017)

MUSTER

Abb. 1 Muster 13 (Heilmittelverordnung, Maßnahmen der Physikalischen Therapie/Podologischen Therapie)

Beim Ausfüllen von **Muster 13** ist im Einzelnen Folgendes zu beachten:

1 Einbringen der **Personalien** mittels Gesundheitskarte. Links neben dem Personalienfeld befinden sich die Kästchen, die die Gebühren- und Zuzahlungspflicht des Versicherten regeln.

2 Hier markiert der verordnende Arzt, ob es sich um eine **Erst-** oder um eine **Folgeverordnung** handelt. Das Feld **„Gruppentherapie"** wird gekennzeichnet, wenn der Arzt im Sinne des Wirtschaftlichkeitsgebotes eine Gruppentherapie verordnet. Vorausgesetzt wird hierbei, dass aus medizinischen Gründen nicht Einzeltherapie angezeigt ist. Erfolgt die **Verordnung außerhalb des Regelfalls,** so wird das entsprechende Feld markiert und im unteren Teil des Formulars die medizinische Begründung und prognostische Einschätzung angegeben. Wird vom Arzt im Feld **„Behandlungsbeginn spätestens am"** nichts eingetragen, so muss die Therapie innerhalb von 14 Tagen nach Ausstellung der Verordnung beginnen. Ist der Patient aus medizinischen Gründen nicht in der Lage, den Therapeuten aufzusuchen, kann der Arzt einen **„Hausbesuch"** verordnen und dieses entsprechend vermerken. Weiterhin kann der Vertragsarzt durch Ankreuzen des entsprechenden Feldes bestimmen, ob er nach Abschluss der Behandlung vom Therapeuten einen **Therapiebericht** erhält.

3 Hier trägt der verordnende Arzt nach den Maßgaben des Heilmittelkataloges die entsprechende **Verordnungsmenge** ein. Bei Verordnungen außerhalb des Regelfalls legt der Arzt die Verordnungsmenge und die Frequenzempfehlung selbst fest. Weiterhin werden die gewünschten **Heilmittel nach Maßgabe des Kataloges** notiert. Die Bezeichnung des gewünschten Heilmittels kann ausgeschrieben oder abgekürzt werden, muss jedoch eindeutig sein. Im Feld **„Anzahl pro Woche"** wird die empfohlene Therapiefrequenz notiert. Der Therapeut kann nach Rücksprache mit dem Arzt die Frequenz ändern, muss dieses aber auf der Rückseite des Formulars dokumentieren.

4 Hier wird der **Indikationsschlüssel** aus dem Heilmittelkatalog eingetragen, der sich aus der Diagnosegruppe und den wichtigsten Symptomen ergibt. Der Indikationsschlüssel ist drei Zeichen lang, im Bereich der Physikalischen Therapie kann er auch vier Zeichen lang sein. **Beispiel:** Ein Fall wird der Diagnosegruppe „Wirbelsäulenerkrankungen" zugeordnet. Der Indikationsschlüssel lautet „WS1". Auf allen Heilmittelverordnungen (Muster 13, 14 und 18) muss zusätzlich zu dem Indikationsschlüssel der **ICD-10-Code** in dem entsprechenden Kästchen notiert werden. Diese Eintragung ist zur Identifizierung von Praxisbesonderheiten und langfristigem Heilmittelbedarf notwendig. Die Verordnung von Heilmitteln geht bei bestimmten Diagnosen **nicht** zu Lasten des Budgets des Arztes. Vergisst der Arzt die Angabe des ICD-10-Diagnoseschlüssels, wird die Verordnung in sein Budget gerechnet. Das Ausfüllen des zweiten ICD-10-Feldes ist nur erforderlich, wenn zusätzlich besondere Verordnungsbedarfe geltend gemacht werden sollen, beispielsweise bei postoperativer Versorgung.

5 Für den Fall, dass die **Therapieziele** nicht eindeutig aus der Diagnose hervorgehen, kann der Vertragsarzt hier die Ziele näher erläutern.

6 Hier notiert der Arzt die **medizinische Begründung** und die prognostische Einschätzung im Falle einer Verordnung **außerhalb des Regelfalls.**

7 Hier macht der **Therapeut** im Rahmen der Abrechnung seiner erbrachten Leistungen **Angaben.**

8 Der ausstellende Arzt bestätigt mit seinem **Vertragsarztstempel** und seiner **Unterschrift** die Richtigkeit seiner Angaben.

Die für die Verordnung von Physikalischer Therapie genannten **Grundsätze** gelten analog für die Verordnung von Maßnahmen der Podologischen Therapie.

Übungen

1. Erläutern Sie den Unterschied zwischen „Hilfsmitteln“ und „Heilmitteln“.
2. Die Heilmittel sind in drei Gruppen eingeteilt. Wie heißen die jeweiligen übergeordneten Maßnahmen? Welche Formulare werden jeweils verwendet?
3. Wie viel muss Frau Heinrichs für die Verordnung und Durchführung von 6x Krankengymnastik und Heißluft zuzahlen, wenn eine Sitzung beim Physiotherapeuten 20 Euro kostet?
4. Nachdem Frau Heinrichs über einen Zeitraum von 14 Wochen beschwerdefrei war, stellt sich die Patientin nun erneut mit Schulterschmerzen in der Praxis vor. Dr. Helbig bestätigt die Diagnose „Schulterdistorsion“ und stellt erneut eine Heilmittelverordnung aus. Handelt es sich hierbei um eine Erst- oder um eine Folgeverordnung? Begründen Sie Ihre Entscheidung.
5. Dr. Helbig trägt auf dem Heilmittelverordnungsblatt (Muster 13) einer Patientin in dem Feld „Behandlungsbeginn spätestens am“ kein Datum ein. Wann muss mit der Therapie begonnen werden?
6. Füllen Sie die Erstverordnung für Frau Heinrichs soweit wie möglich aus. Die Behandlung erfolgt am 19.08. Frau Heinrichs wohnt in der Burgmüllerstraße 20 in 40235 Düsseldorf, sie wurde am 28.08.1951 geboren und ist Mitglied der DAK. Die Erkrankung der Patientin ist der Diagnosegruppe WS1d (ICD 10: S 43.4) zuzuordnen. Die Behandlung soll spätestens zwei Tage nach Ausstellung der Verordnung erfolgen. Dr. Helbig bittet um einen Therapiebericht. Die Patientin erhält 6x KG und Heißluft.
7. Was muss Dr. Helbig beachten, wenn er Frau Heinrichs eine Heilmittelverordnung „außerhalb des Regelfalls“ ausstellen möchte?
8. Erläutern Sie, warum es vom Bedeutung ist, dass Dr. Helbig auf der Heilmittelverordnung den ICD-10-Schlüssel einträgt.

3.5.5 Verordnungen von Arznei-, Verband- und Hilfsmitteln

Das **Wirtschaftlichkeitsgebot** ist, genauso wie das Gebot der Qualität, ein Maßstab für die Leistungen der gesetzlichen Krankenkassen. Durch das Wirtschaftlichkeitsgebot wird der Vertragsarzt verpflichtet, seine Leistungen auf das **medizinisch Notwendige** zu reduzieren und die jeweils **kostengünstigsten Maßnahmen** zum Erreichen des Therapieziels zu wählen. Diese Verpflichtung betrifft vor allem auch die Verordnung von Arzneimitteln. Die Verordnungen des Vertragsarztes werden zentral erfasst, die Wirtschaftlichkeit seiner Verordnungen wird hierbei überprüft.

Um eine wirtschaftliche Verordnungsweise zu erleichtern, stellen einige Kassenärztliche Vereinigungen den Vertragsärzten eine sogenannte **„Me-Too-Liste“** (engl. ich auch) zur Verfügung. Auf dieser Liste sind neue Arzneimittel aufgeführt, die patentgeschützt und daher häufig teuer sind. Diese neuen Medikamente treten in Konkurrenz zu Arzneimitteln, die sich bereits auf dem Markt befinden und häufig preiswerter sind als die neuen Medikamente. Die neuen, teuren Medikamente unterscheiden sich jedoch kaum von den herkömmlichen Präparaten und haben daher oftmals nur einen geringen therapeutischen Vorteil. Mithilfe der „Me-Too-Liste" kann der Arzt preisgünstige Medikamente auswählen und somit seiner Pflicht zur wirtschaftlichen Verordnung nachkommen.

Im Rahmen des Wirtschaftlichkeitsgebotes spielt die sogenannte **Generikaquote** eine wichtige Rolle. Unter einem Generikum (Plural: Generika) versteht man ein Arzneimittel, das **wirkstoffgleich** mit einem bereits unter einem anderen Markennamen erhältlichen Medikament ist. Generika sind meist preisgünstiger als das Präparat des Erstanbieters. Dieses hängt damit zusammen, dass die Ausgaben für die Erforschung und Entwicklung bei der Produktion des Generikums fortfallen und dementsprechend nicht auf den Verbraucher umgelegt werden müssen.

Die **Arzneimittelvereinbarung** legt pro Facharztgruppe **Mindestgenerikaquoten** und **Grenzwerte für die Verordnung von Me-too-Präparaten** fest (diese Regelung gilt für die Bereiche der meisten Kassenärztlichen Vereinigungen). Die Ärzte, die ihr Verordnungsvolumen (Richtgröße) überschreiten bzw. die Mindestvorgaben nicht erreichen, müssen mit einem **Abzug von ihrem Honorar** rechnen.

Merke:

- **Patentgeschützte Medikamente:** neu entwickelte (meist teurere) Präparate
- **Me-Too-Medikamente:** patentgeschützte Präparate mit ähnlichen Wirkstoffen wie bereits eingeführte Medikamente
- **Generika:** Nachahmerpräparate, die erst in Umlauf gebracht werden dürfen, wenn der Patentschutz eines ursprünglichen Medikaments abgelaufen ist

Einige Krankenkassen haben mit bestimmten Pharmaunternehmen **Rabattverträge** abgeschlossen. Patienten dieser Kassen erhalten ihre Medikamente nicht mehr von allen Herstellern, sondern nur von den vertraglich festgelegten Unternehmen. Die Krankenkassen verringern dadurch das Risiko für hohe Zuzahlungen.

Für bestimmte Arznei- und Hilfsmittel hat der Gemeinsame Bundesausschuss (G-BA) sogenannte **Festbeträge** festgelegt. Liegt der Preis eines Medikaments 30 Prozent unterhalb des Festbetrags, kann das Präparat ohne Zuzahlung an den Patienten abgegeben werden. Übersteigt der Preis eines Medikaments den Festbetrag, zahlt der Versicherte die Differenz zwischen Festbetrag und tatsächlichem Preis neben der Zuzahlung zusätzlich. Auch Patienten, die von der Zuzahlung befreit sind, zahlen diesen Aufpreis. Der Arzt ist verpflichtet, den Patienten auf die Kosten hinzuweisen.

Beispiel

Für Arzneimittel mit dem Wirkstoff Verapamil (Herz-Kreislauf-Mittel) wurde der Festbetrag bei einer Packungsgröße von 100 Stück auf 23,14 Euro festgelegt.

- Hersteller A bietet sein Präparat mit dem Wirkstoff Verapamil für 15,00 Euro je 100 Stück an. In diesem Fall leistet der Patient keine Zuzahlung, da der Verkaufspreis mehr als 30 Prozent unterhalb des Festbetrages von 23,14 Euro liegt.
- Hersteller B bietet sein Präparat mit dem Wirkstoff Verapamil für 20,00 Euro je 100 Stück an. Der Patient muss in diesem Fall fünf Euro Zuzahlung leisten, sofern er nicht von Zuzahlungen befreit ist.
- Hersteller C bietet sein Präparat mit dem Wirkstoff Verapamil für 30,00 Euro je 100 Stück an. Der Patient muss in diesem Fall ebenfalls fünf Euro Zuzahlung leisten und zusätzlich 6,86 Euro Aufpreis oberhalb des Festbetrags (30,00 Euro Abgabepreis des Medikaments minus 23,14 Euro Festbetrag). Legt der Patient einen Befreiungsausweis vor, muss er die fünf Euro Zuzahlung nicht leisten, jedoch die 6,86 Euro Aufpreis.

Arzneiverordnungsblatt (Muster 16)

Bei dem Arzneiverordnungsblatt handelt es sich um ein **rot-weißes Formular.** Die Arzneiverordnungsblätter beschafft sich der Vertragsarzt bei **speziellen Formularverlagen.** Die Kosten für die Vordrucke tragen die Krankenkassen. Wünscht ein Arzt Formulare mit Aufdruck seines Kassenarztstempels, so muss er die hierfür anfallenden Mehrkosten selbst tragen.

Auf dem Arzneiverordnungsblatt müssen die **Betriebsstättennummer (BSNR)** und die **lebenslange Arztnummer (LANR)** von den Arztpraxen aufgedruckt werden. Von den Druckereien, die die Vordrucke herstellen und liefern, wird in der Codierzeile die 9-stellige Betriebsstättennummer bzw. die Nebenbetriebsstättennummer **(NBSNR)** aufgedruckt. Die Codierzeile befindet sich im unteren Teil des Formulars und darf nicht beschriftet oder bedruckt werden. Der Vertragsarzt darf nur Arzneiverordnungsblätter verwenden, die diejenige Betriebsstättennummer/Nebenbetriebsstättennummer in der Codierleiste enthalten, an deren zugehöriger Betriebsstätte er die jeweilige Leistung erbracht hat.

Bei Verordnungen auf Muster 16 müssen die folgenden Vorschriften beachtet werden:
- Auf einem Arzneiverordnungsblatt dürfen **maximal drei** verschiedene Arzneimittel verordnet werden.
- **Leerräume** müssen **entwertet** werden, um einen Missbrauch durch Manipulation der Verordnung zu vermeiden.
- Auf dem Arzneiverordnungsblatt dürfen **nur verschreibungspflichtige** Arznei- und Verbandmittel verschrieben werden. Für die Verordnung von Präparaten, die nicht unter die Leistungspflicht der gesetzlichen Krankenkassen fallen, wird ein Privatrezept bzw. ein „grünes Rezept" verwendet. Betäubungsmittel werden auf einem besonderen amtlichen Vordruck verordnet.

- **Hilfsmittel** werden ebenfalls auf Muster 16 verordnet (z. B. Unterarmgehstützen, Einlagen für Schuhe, Rollstühle). Der Vertragsarzt darf **maximal drei Hilfsmittel** auf einem Formular verordnen. Die Angabe der Diagnose ist erforderlich. Feld 7 wird markiert.
- Es ist darauf zu achten, dass bei der zeitgleichen Verordnung von Arznei- und Hilfsmitteln **separate Verordnungsblätter** benutzt werden.
- Für die Verordnung von **Heilmitteln, Seh- und Hörhilfen** werden besondere Vordrucke benutzt.
- Die **Rückseite von Muster 16** dient der Empfangsbestätigung des Patienten für den Erhalt eines Hilfsmittels. Die Apotheke bzw. der Lieferant des Hilfsmittels platziert seinen Stempel in das entsprechende Feld. Darüber hinaus kann die Krankenkasse auf der Rückseite von Muster 16 Vermerke, z. B. zur Kostenübernahme, vornehmen.

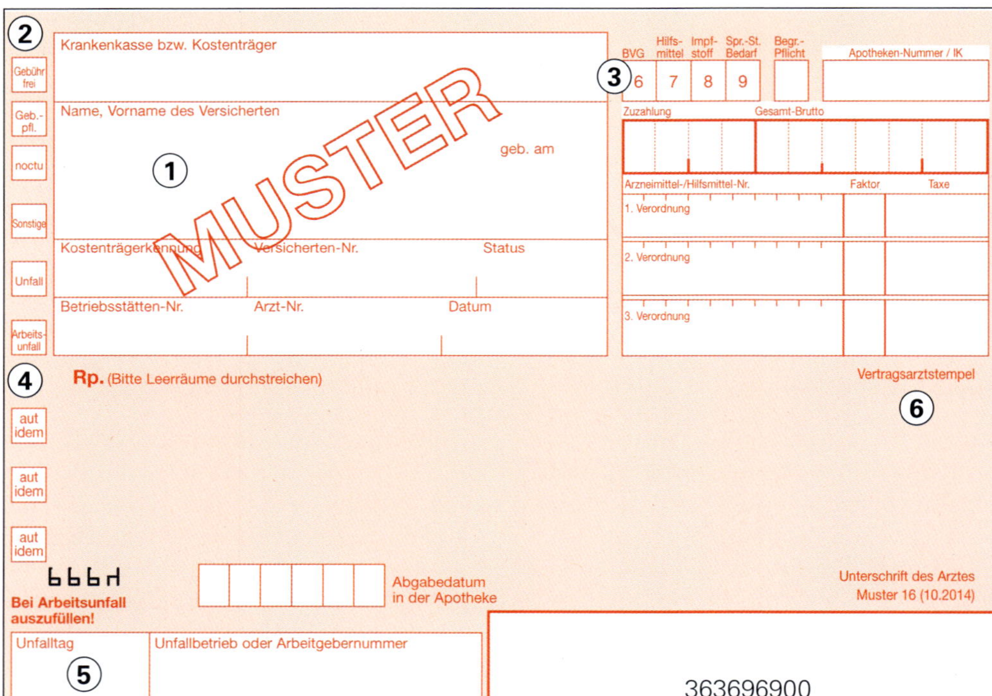
MUSTER
② Gebühr frei | Geb.-pfl. | noctu | Sonstige | Unfall | Arbeitsunfall
Krankenkasse bzw. Kostenträger
Name, Vorname des Versicherten ① geb. am
Kostenträgerkennung | Versicherten-Nr. | Status
Betriebsstätten-Nr. | Arzt-Nr. | Datum
BVG | Hilfsmittel | Impfstoff | Spr.-St. Bedarf | Begr.-Pflicht | Apotheken-Nummer / IK
③ 6 | 7 | 8 | 9
Zuzahlung | Gesamt-Brutto
Arzneimittel-/Hilfsmittel-Nr. | Faktor | Taxe
1. Verordnung
2. Verordnung
3. Verordnung
④ Rp. (Bitte Leerräume durchstreichen)
aut idem
aut idem
aut idem
Vertragsarztstempel ⑥
6664
Bei Arbeitsunfall auszufüllen!
Abgabedatum in der Apotheke
Unterschrift des Arztes
Muster 16 (10.2014)
Unfalltag ⑤ | Unfallbetrieb oder Arbeitgebernummer
363696900

Abb. 1 Muster 16 (Arzneiverordnungsblatt)

Beim Ausfüllen von **Muster 16** ist im Einzelnen Folgendes zu beachten:

1 Einbringen der **Personalien** mit der Gesundheitskarte.

2 Links neben dem Personalienfeld befinden sich sechs Kästchen, die u. a. Auskunft über die Gebühren- und Zuzahlungspflicht des Patienten geben und ggf. markiert werden müssen:

Gebühr frei: Der Versicherte ist von der Zuzahlung befreit, wenn

- er das 18. Lebensjahr noch nicht vollendet hat,
- die Verordnung im direkten Zusammenhang mit einer Schwangerschaft erfolgt,
- er einen Befreiungsausweis der Krankenkasse vorlegen kann.

Geb.-pfl.: Der Patient ist **nicht** von der Zuzahlungsgebühr befreit.

noctu: Außerhalb der Ladenöffnungszeiten (in der Zeit von 20 bis 6 Uhr; an Sonn- und Feiertagen; am 24. Dezember, wenn dieser Tag auf einen Werktag fällt, zwischen 14 und 6 Uhr) berechnen Apotheken bei der Abgabe von Medikamenten eine Gebühr von 2,50 Euro pro Inanspruchnahme (die sogenannte Nachttaxe). Benötigt der Patient ein Medikament während dieser Zeit dringend, so kreuzt der verordnende Arzt das Feld „noctu" (= nachts) an; somit ist der Patient von der Zahlung der Nachttaxe befreit.

Sonstige: Die Verordnung erfolgt zulasten eines sogenannten „Sonstigen Kostenträgers". In diesem Fall ist der Patient in der Regel von der Zuzahlung befreit, das Feld „Gebühr frei" muss zusätzlich markiert werden.

Unfall: Die Verordnung erfolgt aufgrund eines Unfalls im privaten/häuslichen Bereich (nicht etwa aufgrund eines Arbeitsunfalls!).

Arbeitsunfall: Die Verordnung erfolgt aufgrund eines Arbeitsunfalls und zulasten des Unfallversicherungsträgers. In diesem Fall ist der Patient von der Zuzahlung befreit, das Feld „Gebühr frei" muss markiert werden.

3 Die Statusfelder 6, 7, 8, 9 sollten nicht angekreuzt, sondern mit der jeweiligen Zahl versehen werden, da die Positionierung in den eng stehenden Feldern sonst elektronisch nicht exakt zugeordnet werden kann.

BVG (6): Die Verordnung erfolgt nach dem Bundesversorgungsgesetz.

Hilfsmittel (7): Es wird ein Hilfsmittel entsprechend den Hilfsmittel-Richtlinien verordnet (z. B. Unterarmgehstützen, orthopädische Schuhe, Bandagen).

Impfstoff (8): Es werden Impfstoffe verordnet. Impfstoffe werden meist als Sprechstundenbedarf bezogen. Zusätzlich wird das Feld 9 (Sprechstundenbedarf) markiert.

Spr.-St. Bedarf (9): Die Verordnung erfolgt zur Beschaffung des Sprechstundenbedarfs.

Begr.-Pflicht: Dieses Feld ist zurzeit nicht besetzt.

4 In dem **Verordnungsfeld** (Rp.= recipe = nimm) werden die zu verordnenden Arznei-Verband- oder Hilfsmittel notiert. Zusätzlich wird die Packungsgröße des Arzneimittels notiert:

- **N1:** kleinste Packungsgröße. Die Verordnung erfolgt bei Erkrankungen mit prognostisch kurzer Dauer oder bei Erprobung der Verträglichkeit des Medikaments.
- **N2:** mittlere Packungsgröße. Die Verordnung erfolgt bei Erkrankungen mit mittlerer Verlaufsdauer.
- **N3:** große Packungsgröße. Die Verordnung erfolgt im Rahmen einer Dauertherapie.

Vor der jeweiligen Verordnung befindet sich ein Feld mit der Bezeichnung **„aut idem"** (= oder dasselbe). Dieses Feld wird entwertet, wenn der verschreibende Arzt **genau das** Arzneimittel für den Patienten wünscht, das er auf dem Arzneiverordnungsblatt notiert hat. Eine Substitution des verordneten Medikaments durch den Apotheker wird also ausgeschlossen. Wird dieses Feld nicht durchgestrichen, so ist der Apotheker verpflichtet, ein Präparat unter den drei preisgünstigsten Arzneimitteln auszuhändigen. Bei Rabattverträgen muss der Apotheker das Rabattarzneimittel abgeben.

5 Falls die Verordnung aufgrund eines **Arbeitsunfalls** erfolgt, werden hier der **Unfalltag** sowie der **Unfallbetrieb** notiert.

6 Der verordnende Arzt bringt hier seinen **Vertragsarztstempel** auf und bestätigt mit seiner **Unterschrift** die Richtigkeit seiner Angaben.

Patienten haben Anspruch auf einen **bundeseinheitlichen Medikationsplan,** wenn sie **mindestens drei systemisch wirkende Medikamente gleichzeitig** einnehmen, die **zulasten der gesetzlichen Krankenkassen** verordnet wurden. Die Anwendung muss über einen Zeitraum von mindestens 28 Tagen vorgesehen sein. Durch den Medikationsplan soll der Patient bei der korrekten Einnahme seiner Medikamente unterstützt werden. Die Dokumentation der Medikamente erfolgt zunächst in Papierform, später soll der Medikationsplan auf der elektronischen Gesundheitskarte gespeichert werden.

Der Medikationsplan soll sämtliche verschreibungspflichte Arzneimittel aufführen sowie die Selbstmedikation des Patienten. Der Plan nennt den **Wirkstoff, die Dosierung, den Einnahmegrund und ggf. Hinweise zur Einnahme.** Auf dem Plan in Papierform ist ein **Barcode** aufgebracht, der alle Informationen des Plans in digitaler Form enthält. Dadurch kann der Plan in den Arztpraxen, Apotheken und Krankenhäusern unkompliziert aktualisiert werden. In der Regel erstellt und aktualisiert der **Hausarzt** den Medikationsplan, nur wenn der Patient keinen Hausarzt hat, sind auch Fachärzte zur Ausstellung des Plans verpflichtet.

Die **Vergütung** des Medikationsplans erfolgt **pauschal und extrabudgetär** als Einzelleistung oder über Zuschläge.

Medikationsplan

für: **Rudolf Testmann** geb. am: **19.10.1959**

ausgedruckt von:
Praxis Dr. Michael Müller
Schloßstr. 22, 10555 Berlin
Tel.: 030-1234567
E-Mail: dr.mueller@kbv-net.de

ausgedruckt am: 24.04.2020

Wirkstoff	Handelsname	Stärke	Form	morgens	mittags	abends	zur Nacht	Einheit	Hinweise	Grund
Metoprololsuccinat	Metoprololsuccinat 1A Pharma 95 mg retard	95 mg	Tabl	1	0	0	0	Stück		Herz/Blutdruck
Ramipril	Ramipril-ratiopharm	5 mg	Tabl	1	0	0	0	Stück		Blutdruck
Insulin aspart	NovoRapid Penfill	100 E/ml	Lösung	20	0	20	0	I.E.	Wechseln der Injektionsstellen, unmittelbar vor einer Mahlzeit spritzen	Diabetes
Simvastatin	Simva-Aristo	40 mg	Tabl	0	0	1	0	Stück		Blutfette
zu besonderen Zeiten anzuwendende Medikamente										
Fentanyl	Fentanyl AbZ 75 µg/h Matrixpflaster	2,375mg	Pflast	alle drei Tage 1				Stück	auf wechselnde Stellen aufkleben	Schmerzen
Selbstmedikation										
Johanniskraut	Laif Balance	900 mg	Tabl	1	0	0	0	Stück		Stimmung

Für Vollständigkeit und Aktualität des Medikationsplans wird keine Gewähr übernommen

DE-DE-Version 2.1 vom 24.03.2016

Abb. 1 Medikationsplan

Betäubungsmittelrezept (BtM-Rezept)

Bei dem Betäubungsmittelrezept handelt es sich um ein **dreiteiliges Formular,** auf dem alle Medikamente verordnet werden müssen, die der Betäubungsmittel-Verschreibungsverordnung (BtMVV) unterliegen. Zu den Betäubungsmitteln zählen starke Analgetika (Opiate), Narkotika und bestimmte Psychopharmaka, die **medizinische Anwendung** finden, aber auch als **illegale Suchtstoffe** missbraucht werden können.

Das BtM-Rezept besteht aus drei Teilen, wobei die Teile nicht in chronologischer Reihenfolge nummeriert sind:

- **Teil I (Blatt 3)** erhält der Patient zur Abgabe in der **Apotheke,** die ihren Teil drei Jahre aufbewahrt.
- **Teil II (Blatt 1)** erhält der Patient zur Abgabe in der Apotheke, die diesen Teil für ihre Abrechnung mit der **Krankenkasse** verwendet.
- **Teil III (Blatt 2)** verbleibt beim **ausstellenden Arzt,** der diesen Teil drei Jahre aufbewahren muss.

Beim Umgang mit dem BtM-Rezept müssen **besondere Vorschriften** Beachtung finden.

- Die Auslieferung der BtM-Rezepte erfolgt durch die **Bundesopiumstelle beim Bundesinstitut für Arzneimittel und Medizinprodukte,** Kurt-Georg-Kiesinger-Allee 3, 53175 Bonn.

- Jedes BtM-Rezept enthält eine deutlich sichtbare, fortlaufende, 9-stellige Rezeptnummer, mit der das Rezept dem verschreibenden Arzt eindeutig zugeordnet werden kann. Mit jeder Lieferung von BtM-Rezepten erhält der Arzt eine Folge-Anforderungskarte, mit der neue BtM-Rezepte bestellt werden.

- Der Umgang mit dem BtM-Rezept muss in **amtlichen Karteikarten und BtM-Büchern** sorgfältig dokumentiert werden. Alternativ kann die Dokumentation auch mittels Computer erfolgen. Der Zugang und der Verbleib jedes Rezeptes müssen nachvollziehbar sein.

- Jeder Arzt ist verpflichtet, seine BtM-Rezepte **gesondert aufzubewahren** und die Vordrucke somit vor unberechtigtem Zugriff besonders zu sichern. Der Verlust eines BtM-Rezeptes muss unverzüglich der Bundesopiumstelle unter Angabe der Rezeptnummer gemeldet werden.

- Das BtM-Rezept wird nicht nur im Rahmen der vertragsärztlichen Versorgung verwendet, sondern auch für **Privatpatienten,** bei Verordnungen im Rahmen von **Arbeitsunfällen** und für Patienten der **„Sonstigen Kostenträger".**

- BtM-Rezepte können in Zusammenhang mit einer **Schmerztherapie oder Drogenersatztherapie (= Substitutionstherapie),** für den **Sprechstundenbedarf** oder auch für **Einrichtungen des Rettungsdienstes** ausgestellt werden.

- Im Rahmen einer **Substitutionstherapie** wird das BtM-Rezept mit dem Zusatz **„S"** gekennzeichnet; die Anwendungsdauer muss angegeben werden.

- Wird die Ausstellung eines **BtM-Rezeptes im Rahmen eines Hausbesuches/Notfalls** notwendig und hat der betreuende Arzt keine entsprechenden Formulare zur Hand, so darf er ausnahmsweise die Verordnung auf Muster 16 (Arzneiverordnungsblatt) vornehmen. Die Verordnung muss dann den Vermerk **„Notfall-Verschreibung"** tragen. Der Arzt ist verpflichtet, der Apotheke, die das Medikament ausgehändigt hat, unverzüglich ein BtM-Rezept nachzureichen, das mit dem Buchstaben **„N"** (Notfall) gekennzeichnet ist.

- Ein BtM-Rezept muss **innerhalb von sieben Tagen** nach seiner Ausstellung in der Apotheke eingereicht werden, ansonsten verliert es seine Gültigkeit.

- In der Apotheke kann die Echtheit des BtM-Rezeptes mit einfachen Mitteln geprüft werden: Das gelbliche Rezept verändert unter UV-A-Licht seine Farbe und die schwarz gedruckte 9-stellige Rezeptnummer erscheint grünlich-fluoreszierend.

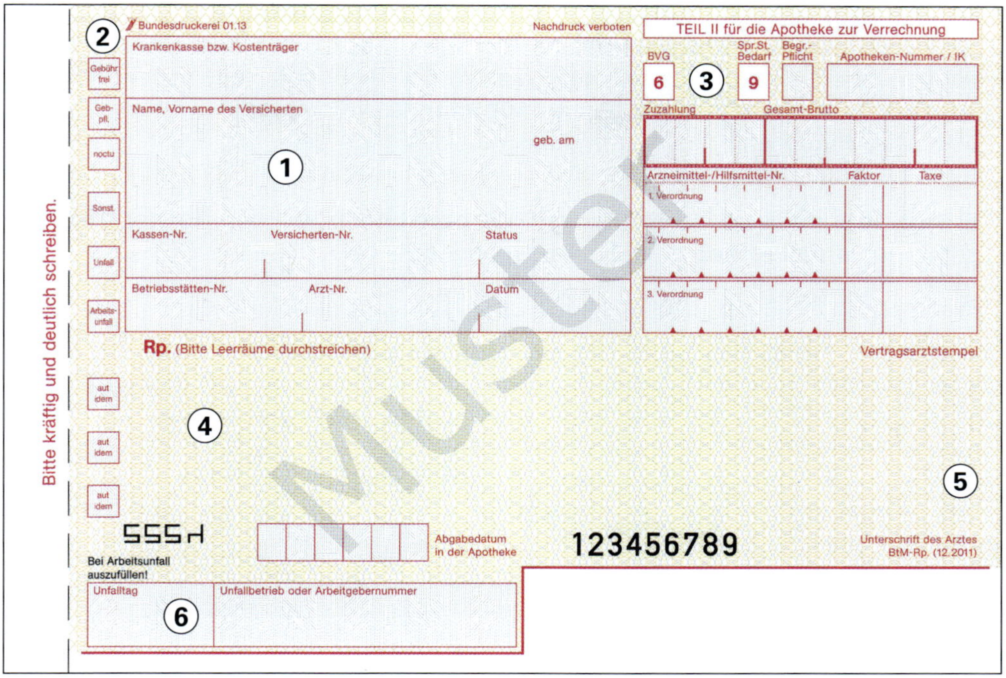

Abb. 1 BtM-Rezept

Beim Ausfüllen des **BtM-Rezeptes** ist im Einzelnen Folgendes zu beachten:

1 Einbringen der **Personalien** mit der Gesundheitskarte.

2 Links neben dem Personalienfeld befinden sich sechs Kästchen, die u.a. Auskunft über die Gebühren- und Zuzahlungspflicht des Patienten geben und ggf. markiert werden müssen. Die Regelungen entsprechen hier denen der Vorgaben für Muster 16.

3 **BVG (6):** Die Verordnung erfolgt nach dem Bundesversorgungsgesetz.
Spr.-St. Bedarf (9): Die Verordnung erfolgt zur Beschaffung des Sprechstundenbedarfs. **Begr.-Pflicht:** Dieses Feld ist zurzeit nicht besetzt.

4 In dem **Verordnungsfeld** werden die zu verordnenden Arzneimittel notiert. Es ist darauf zu achten, dass **innerhalb von 30 Tagen nur zwei** Betäubungsmittel einer Arzneimittelgruppe und bei Bedarf ein weiteres Betäubungsmittel aus einer anderen Arzneimittelgruppe verordnet werden dürfen. Wird in begründeten Einzelfällen diese Höchstmenge überschritten, so ist das Verordnungsblatt mit einem **„A"** zu kennzeichnen. Das BtM-Rezept muss die folgenden Angaben enthalten:

- Bezeichnung des Medikamentes, bei Rezeptur-Verordnung müssen die einzelnen Bestandteile der Rezeptur mit ihrer Gewichtsmenge angegeben werden.
- Menge in Gramm, Milliliter oder Stückzahl (die Angaben N1, N2 bzw. N3 reichen nicht aus).
- Gebrauchsanweisung mit Einzel- und Tagesangabe oder der Hinweis „Gemäß schriftlicher Anweisung".

5 Der verordnende Arzt bringt hier seinen **Vertragsarztstempel** auf und bestätigt mit seiner **ungekürzten Unterschrift** die Richtigkeit seiner Angaben. Der Name des verordnenden Arztes muss zwingend lesbar sein. Darüber hinaus müssen auf dem Vordruck die **Anschrift** und die **Telefonnummer** des verordnenden Arztes erkennbar sein. Die Unterschrift des Arztes muss handschriftlich eingefügt werden, alle weiteren Angaben können von einer anderen Person oder mittels EDV erstellt werden.

6 Erfolgt die Verordnung im Rahmen eines **Arbeitsunfalls,** werden hier der **Unfalltag** sowie der **Unfallbetrieb** oder die Arbeitgebernummer notiert.

Privatrezept

Bei dem Privatrezept handelt es sich **nicht um ein Vertragsarztformular** und anders als bei Rezepten, die im Rahmen der vertragsärztlichen Versorgung ausgestellt werden, existieren für Privatrezepte **keine besonderen Formvorschriften.** Aus diesem Grund kann ein Privatrezept in den verschiedenen Arztpraxen auch unterschiedlich gestaltet sein. Die „Verordnung über die Verschreibungspflicht von Arzneimitteln" nennt jedoch **Angaben,** die jedes Privatrezept über verschreibungspflichtige Arzneimittel **enthalten muss:**

- Name, Berufsbezeichnung, Anschrift des Arztes
- Datum der Ausstellung
- Name und Geburtsdatum des Patienten
- Name des Arzneimittels einschließlich der Stärke
- Darreichungsform (z. B. Tropfen, Dragees, Suppositorien)
- Abzugebende Menge (fehlt diese Angabe, so wird die kleinste Packungsgröße ausgehändigt)
- Gebrauchsanweisung für Arzneimittel, die in der Apotheke hergestellt werden
- Gültigkeitsdauer der Verordnung (fehlt diese Angabe, so gilt die Verordnung **drei Monate**)
- Eigenhändige Unterschrift des verordnenden Arztes oder dessen qualifizierte elektronische Signatur (bei Verschreibungen in elektronischer Form)

Privatrezepte werden hauptsächlich für **Privatpatienten** verwendet, können jedoch auch gebraucht werden, wenn ein gesetzlich versicherter Patient seine Gesundheitskarte nicht vorlegen kann und dringend ein Medikament benötigt. In diesem Fall benutzt der Arzt das Privatrezept und ergänzt den Vermerk **„ohne Versicherungsnachweis".** Die Kosten für die Herstellung der Privatrezepte muss **der Arzt selbst tragen.**

„Grünes Rezept"

Rezeptfreie/nicht verschreibungspflichtige Medikamente, sogenannte OTC-Präparate (OTC = over the counter), werden von den gesetzlichen Krankenkassen in der Regel **nicht mehr erstattet.** Verordnungen für Kinder bis zum vollendeten zwölften Lebensjahr und für entwicklungsgestörte Kinder und Jugendliche sind von dieser Regelung genauso ausgenommen wie die Verordnung dieser Medikamente bei bestimmter Indikation (beispielsweise die Verordnung von ASS zur Vorbeugung weiterer Herzinfarkte).

Für diese Medikamente, die von den gesetzlichen Krankenkassen nicht mehr erstattet werden, wurde das sogenannte **„Grüne Rezept"** entwickelt und den Arztpraxen von der KV zur Verfügung gestellt. Aufbau und Gestaltung des „Grünen Rezeptes" orientieren sich an dem Arzneiverordnungsblatt (Muster 16). Ein „Grünes Rezept" stellt eine **Empfehlung** dar und bedeutet für den Patienten **keine Verpflichtung** zur Einlösung. Das Grüne Rezept enthält den Hinweis, dass einige gesetzliche Krankenkassen ihren Versicherten die Kosten für bestimmte rezeptfreie Arzneimittel **freiwillig zurückerstatten.** Zwecks Voll- oder Teilerstattung der Kosten können Patienten die Rezepte ihren gesetzlichen Krankenkassen vorlegen.

Das „Grüne Rezept" hat im Einzelnen die folgenden **Funktionen:**

Der Patient erhält

- die **Information,** dass die Anwendung des notierten Arzneimittels medizinisch sinnvoll ist, die Kosten für das Medikament in der Regel aber nicht von der gesetzlichen Krankenkasse getragen werden.
- eine **Merkhilfe** bezüglich Name, Wirkstoff, Darreichungsform oder Packungsgröße des Arzneimittels.
- einen **Beleg über eine „außergewöhnliche Belastung",** die im Rahmen der Steuererklärung geltend gemacht werden kann.

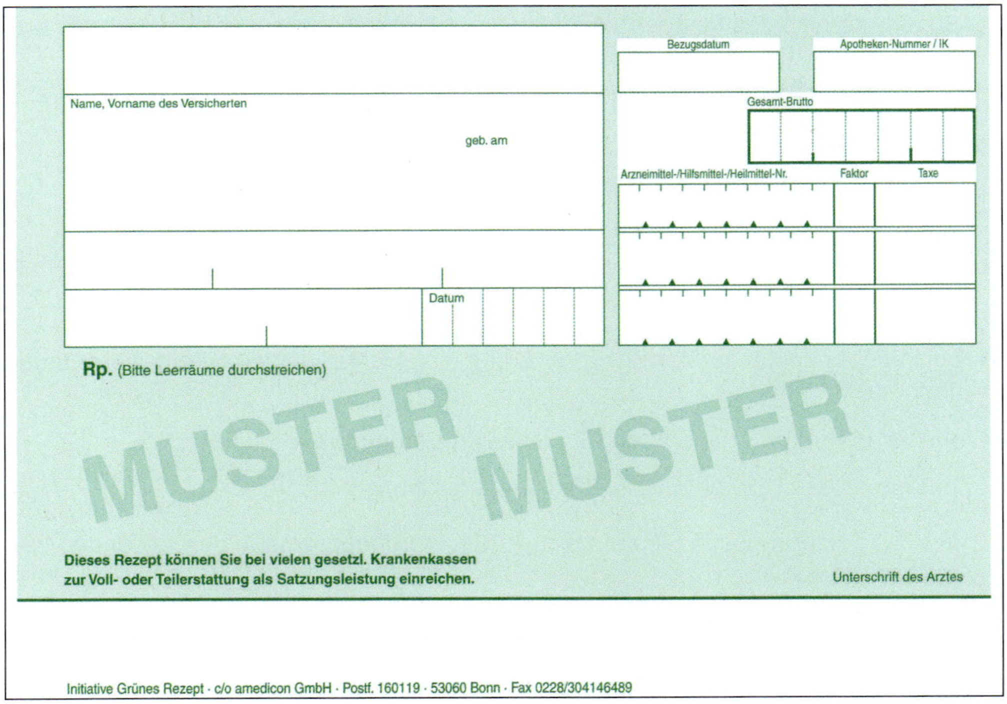
Bezugsdatum
Apotheken-Nummer / IK
Name, Vorname des Versicherten
geb. am
Gesamt-Brutto
Arzneimittel-/Hilfsmittel-/Heilmittel-Nr.
Faktor
Taxe
Datum
Rp. (Bitte Leerräume durchstreichen)
MUSTER
MUSTER
Dieses Rezept können Sie bei vielen gesetzl. Krankenkassen zur Voll- oder Teilerstattung als Satzungsleistung einreichen.
Unterschrift des Arztes
Initiative Grünes Rezept · c/o amedicon GmbH · Postf. 160119 · 53060 Bonn · Fax 0228/304146489

Abb. 1 „Grünes Rezept"

Übungen

1. Stellen Sie für die Patienten Gustaf Müller und Thorsten Hesterkamp die entsprechenden Verordnungen aus. Gustaf Müller, geboren am 20.03.1950, wohnhaft in der Schillerstraße 37 in 41464 Neuss, versichert bei der Hanseatischen Krankenkasse erhält die Medikamente Metoprolol 50 und ASS 100. Thorsten Hesterkamp erhält eine Verordnung über Unterarmgehstützen sowie über das Schmerzmittel Diclofenac. Der Patient wurde am 24.12.1973 geboren und wohnt in der Annastraße 45 in 41063 Mönchengladbach. Er ist Mitglied der SBK (Siemens-Betriebskrankenkasse). Die Behandlungen erfolgen am 19.08.

2. Was kann auf Muster 16 (Arzneiverordnungsblatt) verordnet werden?

3. Erläutern Sie, warum Herr Dr. Helbig und Frau Dr. Söhnke ihre Arzneiverordnungsblätter untereinander nicht austauschen dürfen.

4. Nennen Sie die Patientengruppen, die von der Zuzahlung für Verordnungen befreit sind.

5. Geben Sie an, wie hoch die Zuzahlungen für Arzneimittel sind, deren Preis über dem Festbetrag liegt.

6. Wie hoch ist die Zuzahlung für die Verordnung eines Arzneimittels, dessen Preis 30 % unterhalb des Festbetrages liegt?

7. Erläutern Sie die Begriffe „Generika" und „Me-Too-Präparate".

8. Erläuten Sie die Bedeutung des Kästchens „noctu".

9. Erläutern Sie die Bedeutung des Kästchens „aut idem".

10. Was müssen Sie beachten, wenn ein Patient zeitgleich eine Verordnung über ein Arzneimittel und über ein Hilfsmittel erhält?

11. Ein Patient erleidet auf dem Weg zur Arbeit einen Unfall und erhält eine Verordnung über ein Arzneimittel.

    a) Wer übernimmt die Kosten für diese Verordnung?

    b) Was müssen Sie beim Ausfüllen der Verordnung beachten?

12. Welche Felder müssen Sie auf dem Arzneiverordnungsblatt in den folgenden Fallbeispielen markieren?

    a) Ein 16-jähriger Patient (Familienversicherter der Handelskrankenkasse) erhält eine Verordnung wegen einer bakteriellen Infektion.

    b) Ein 85-jähriger Rentner (Mitglied der BARMER) erleidet in seiner Wohnung einen Unfall und erhält eine Verordnung über Bandagen.

    c) Eine 20-jährige Auszubildende hat einen Arbeitsunfall erlitten und erhält eine Verordnung über ein Arzneimittel.

d) Ein Bereitschaftspolizist hat sich während eines privaten Ausfluges verletzt. Dr. Söhnke verordnet ein Arzneimittel.

e) Ein 30-jähriger Patient (Mitglied der DAK) benötigt um 21 Uhr dringend ein Antibiotikum.

f) Dr. Söhnke stellt dem 53-jährigen LKK-Patienten eine Verordnung aus. Die Ärztin möchte nicht, dass dem Patienten ein Generikum ausgehändigt wird.

g) Ein 90-jähriger Patient erhält eine Verordnung aufgrund eines anerkannten Versorgungsleidens.

13. Wer erhält die drei Teile eines BtM-Rezeptes und was geschieht mit den jeweiligen Teilen?

14. Dr. Helbig beauftragt Sie, neue BtM-Rezepte zu besorgen. Wo können Sie die gewünschten Vordrucke anfordern?

15. Nennen Sie die besonderen Vorschriften, die bei der Aufbewahrung der BtM-Rezepte beachtet werden müssen.

16. Die Patientin Erna Scheidmann bekommt aufgrund starker Knochenschmerzen ein Schmerzmittel verordnet, das der Betäubungsmittel-Verschreibungsordnung unterliegt.

a) Nennen Sie die Besonderheiten, die beim Ausstellen des Rezeptes beachtet werden müssen.

b) Innerhalb welcher Zeit muss das Rezept von Frau Scheidmann in der Apotheke eingelöst werden?

c) Warum wird die Gültigkeitsdauer eines BtM-Rezeptes Ihrer Meinung nach eingeschränkt?

17. Im Rahmen eines Hausbesuches wird die Verordnung eines Arzneimittels notwendig, das der Betäubungsmittel-Verschreibungsordnung unterliegt. Frau Dr. Söhnke stellt fest, dass sie keine BtM-Rezepte zur Hand hat. Wie muss sich die Ärztin in diesem Fall verhalten?

18. Frau Maria Tennberg sucht im Rahmen des ärztlichen Notdienstes erstmalig die Praxisgemeinschaft auf. Die DAK-Patientin hat ihre Gesundheitskarte zu Hause vergessen, benötigt aber dringend eine Verordnung über ein Medikament. Dr. Helbig stellt der Patientin ein Privatrezept aus.

a) Welchen Vermerk notiert Dr. Helbig auf dem Privatrezept?

b) Welche Angaben muss das Privatrezept enthalten?

c) Wer kommt für die Kosten der Herstellung des Privatrezeptes auf?

19. Welche Funktionen erfüllt das sogenannte „Grüne Rezept"?

Lernfeld 6: Waren beschaffen und verwalten

4 Sprechstundenbedarf

Thematische Einordnung in den Rahmenlehrplan

Das **Lernfeld 6** thematisiert **die Beschaffung und Verwaltung von Waren.** Als Lernziel wird „das Planen der bedarfs- und umweltgerechten Versorgung der Praxis mit Waren"[1] genannt. Die Schüler und Schülerinnen erkunden Beschaffungsmöglichkeiten, holen Informationen ein und bereiten die gewonnenen Daten auf. In der Arztpraxis werden zahlreiche unterschiedliche Produkte benötigt. Hierzu gehört neben dem Praxisinventar wie Möbel und medizinische Geräte auch der Praxisbedarf. Zum Praxisbedarf zählen Büroartikel, Reinigungsmittel und bestimmte medizinische Verbrauchsgüter wie Einmalspritzen, Händedesinfektionsmittel oder Handschuhe.

Vom Praxisinventar und Praxisbedarf ist der **Sprechstundenbedarf** klar zu unterscheiden; für die Beschaffung und Verwaltung des Sprechstundenbedarfs gelten besondere Bestimmungen. Die Schüler und Schülerinnen lernen, die **Produkte des Sprechstundenbedarfs** zu benennen und richtig zuzuordnen (Kapitel 4.1). Die besonderen Vorschriften für die **Verordnung und Abrechnung** von Sprechstundenbedarf werden in Kapitel 4.2 thematisiert. Die Schüler und Schülerinnen lernen, zu welchem Zeitpunkt und auf welchem Formular der Sprechstundenbedarf verordnet wird und wer den Bedarf der unterschiedlichen Patientengruppen finanziert. Eine Besonderheit stellen die **Impfstoffe** dar, die als Sprechstundenbedarf verordnet werden. Die Bestimmungen zur Beschaffung von Impfstoffen im Rahmen des Sprechstundenbedarfs werden in Kapitel 4.3 behandelt.

Bei der Beschaffung und Verwaltung der Waren für die Arztpraxis sollen „qualitative und quantitative Aspekte berücksichtigt werden, die Schüler und Schülerinnen sollen eine ökonomisch und ökologisch begründete Auswahl zur Vorbereitung von Kaufentscheidungen treffen".[1] Bei der Verordnung, dem Bezug und Gebrauch von Sprechstundenbedarf soll vor allem das Gebot der **Wirtschaftlichkeit** beachtet werden. Die Schüler und Schülerinnen lernen Maßnahmen kennen, die im Rahmen des Wirtschaftlichkeitsgebotes beachtet und angewandt werden können.

[1] Siehe Rahmenlehrplan für den Ausbildungsberuf Medizinischer Fachangestellter/Medizinische Fachangestellte (Beschluss der Kultusministerkonferenz vom 18.11.2005), Seite 14.

Fallbeispiel

Die IKK-Patientin Helga Lindner sucht die Praxisgemeinschaft auf, nachdem sie beim Einkauf auf dem Wochenmarkt gestürzt ist. Dr. Söhnke diagnostiziert Schürfwunden und Prellungen an den Knien der Patientin und bittet die MFA Gülay, bei Frau Lindner Verbände anzulegen. Die Auszubildende Kristina assistiert ihrer Kollegin dabei. Anschließend führt die Ärztin noch eine Tetanus-Prophylaxe durch.

Kristina: *Sag mal Gülay, du hast doch jetzt hier aus dem Schrank zwei sterile Kompressen und aus dem angebrochenen Karton die Mullbinde genommen. Müssen wir jetzt nicht für Frau Lindner ein Rezept schreiben, damit wir das Material wiederbekommen? Außerdem hat Frau Dr. Söhnke der Patientin doch eine Impfung verpasst. Wer ersetzt uns denn jetzt den Impfstoff?*

Gülay: *Wie sollen wir denn die einzelne Mullbinde und die zwei Kompressen rezeptieren, Kristina? Warte mal bis zur Mittagspause, dann erkläre ich dir gerne, wie das mit den Materialien und Arzneimitteln, die wir hier täglich in der Praxis verbrauchen, funktioniert!*

Info

Die Vereinbarungen über die Verordnung von **Sprechstundenbedarf** sind Bestandteil der Gesamtverträge, die von den **Landesverbänden der Krankenkassen** und den **Kassenärztlichen Vereinigungen der Länder** geschlossen worden sind.

Zum Sprechstundenbedarf zählen Mittel, die ihrer Art nach **bei mehr als einem Versicherten** der Primärkrankenkassen oder Ersatzkrankenkassen angewandt werden. Alle Mittel, die nur an einem Patienten Anwendung finden, müssen auf den Namen des jeweiligen Patienten, zulasten seiner Krankenkasse, verordnet werden. Es gelten nur die Mittel als Sprechstundenbedarf, die mit den Krankenkassen vereinbart worden sind, andere Mittel können nicht als Sprechstundenbedarf verordnet werden. Verordnet ein Vertragsarzt Mittel oder Materialien als Sprechstundenbedarf, die als solche von den Krankenkassen nicht anerkannt worden sind, so kann es zu einer **Regressforderung** gegenüber dem Vertragsarzt kommen.

Der verordnete Sprechstundenbedarf darf nur im Rahmen der **ambulanten** Behandlung verwendet werden; der Gebrauch des Sprechstundenbedarfs bei **stationärer bzw. belegärztlicher Versorgung** ist **nicht zulässig.**

Für die Beschaffung und Verwendung von Sprechstundenbedarf für Patienten, **die nicht gesetzlich versichert sind,** gelten die folgenden **Bestimmungen:**

- **Privatpatienten:** Die benötigten Materialien dürfen nicht dem Sprechstundenbedarf der gesetzlichen Krankenkassen entnommen werden. Die Kosten für die Materialien trägt der Arzt selbst und stellt diese ggf. den Patienten in Rechnung.
- **Patienten nach einem Arbeitsunfall/Wegeunfall:** Die Materialien beschafft und finanziert der Arzt selbst. Die Kosten werden in der Regel auf der »Ärztlichen Unfallmeldung" (F 1050) mit dem Unfallversicherungsträger abgerechnet.

- **„Sonstige Kostenträger“:** Die Materialien für **Bundeswehrsoldaten, Bundespolizisten und Bereitschaftspolizisten** werden dem Sprechstundenbedarf der gesetzlichen Krankenkassen entnommen. Die genannten „Sonstigen Kostenträger“ leisten gegenüber den Krankenkassen einen Kostenausgleich. Bei Verordnungen für Versicherte der hier nicht genannten „Sonstigen Kostenträger“ erfolgt die Verschreibung auf den Namen des Patienten zulasten des jeweiligen Kostenträgers.

4.1 Produkte des Sprechstundenbedarfs

Die Produkte des Sprechstundenbedarfs lassen sich in unterschiedliche **Kategorien** einteilen. Die angegebenen Kategorien sind vollzählig, die rechte Spalte erhebt wegen der großen Anzahl an Beispielen keinen Anspruch auf Vollzähligkeit.

Tabelle: Sprechstundenbedarf

Sprechstundenbedarf	Beispiel[1]/Erläuterung
1. Verband- und Nahtmaterial	Augenkompressen, Heft- und Wundpflaster, Mullbinden, Tamponadestreifen, Tupfer, Verbandwatte, Wundklammern, Zinkleimverband
2. Mittel zur Narkose und Anästhesie	Inhalationsnarkotika/Sauerstoff, Mittel zur Lokal- und Leitungsanästhesie, Mittel zur Narkosevorbereitung
3. Desinfektions- und Hautreinigungsmittel (ausschließlich zur Anwendung am Patienten)[2]	Äther, Desinfektion für Haut, Schleimhaut und Wunden, Jodtinktur, Wasserstoffsuperoxid 3 %, Wundbenzin
4. Reagenzien und Schnellteste	Für den Nachweis von Eiweiß, Zucker sowie für die Bestimmung des pH-Wertes im Harn
5. Mittel zur Diagnostik oder Soforttherapie	Augen-, Ohren-, Nasentropfen, Aqua destillata, Einmal-Biopsie-Nadeln, Einmal-Infusionsbestecke, Gleitmittel, Gummifingerlinge, Holzspatel, Watteträger
6. Gels, Kegel, Lösungen, Puder, Pulver, Salben, Sprays, Tinkturen, Zäpfchen	Möglichst in größeren Handelspackungen verordnen
7. Arzneimittel zur Sofortanwendung im Notfall	Antibiotika, Mittel zur Blutstillung, schmerzstillende, krampflösende und beruhigende Mittel, Adrenalin, Antihistaminika, Glucose, Insulin
8. Kontrastmittel	Soweit sie nicht mit der Gebühr für die Untersuchung gemäß der jeweiligen Gebührenordnung abgegolten sind

[1] Eine vollständige Aufstellung ist der „Sprechstundenbedarfsvereinbarung“ zwischen der jeweiligen KV und den Krankenkassenverbänden zu entnehmen. Die hier genannten Beispiele gelten für die Mehrzahl der Kassenärztlichen Ver-einigungen.

[2] Soweit Desinfektionsmittel zur Reinigung oder Pflege ärztlicher Instrumente, Apparaturen und der Praxisräume sowie zur Händedesinfektion des Arztes und Praxispersonals verwendet werden, gehören diese nicht zum Sprechstundenbedarf.

Die Materialien des Sprechstundenbedarfs sind von den **allgemeinen Praxiskosten** streng zu trennen. Hierzu gehören z.B. Miete für die Praxisräume, Dekoration und Reparatur der Praxisräume, Beiträge an die Ärztekammer und an Berufsverbände, Fortbildungskosten etc. Für die allgemeinen Praxiskosten muss **der Arzt selbst aufkommen.**

Darüber hinaus ist die **Kostenerstattung** für eine Reihe von weiteren Materialien und medizinischen Gegenständen **ausgeschlossen.** Hierzu zählen beispielsweise Einmalhandschuhe, Einmalrasierer, Einmalblasenkatheter, Einmalskalpelle, Einmalspekula, EKG-Elektroden, Fieberthermometer und Abdecktücher.

4.2 Verordnung und Abrechnung von Sprechstundenbedarf

Der Sprechstundenbedarf kann **nur einmal im Quartal** als Ersatz für verbrauchte Materialien bezogen werden. Für die KV Nordrhein gilt die Regelung, dass **spätestens bis zum 14. des ersten Monats des Folgequartals** der Sprechstundenbedarf bestellt sein muss. Für andere KV-Bereiche können hiervon abweichende Regelungen Gültigkeit haben. Die **Erstbeschaffung** des Sprechstundenbedarfs zu Beginn der Tätigkeit des Vertragsarztes darf nicht als Sprechstundenbedarf verordnet werden. Die erste Verordnung darf erst zum Ende des ersten Abrechnungsabschnittes als **Ersatzbeschaffung** der in diesem Quartal verbrauchten Mittel vorgenommen werden.

Die Verordnung von Sprechstundenbedarf erfolgt in den meisten KV-Bereichen auf dem **Arzneiverordnungsblatt (Muster 16).** In der Regel wird Sprechstundenbedarf zulasten der AOK des jeweiligen KV-Bereiches verordnet.

Neben den Krankenkassen können aber auch die Kassenärztlichen Vereinigungen selbst oder andere medizinische Leistungserbringer die Organisation des Sprechstundenbedarfs übernehmen. Für die Arztpraxen in Nordrhein bedeutet dies, dass für Bestellungen des Sprechstundenbedarfs **„SSB Nordrhein"** als Kostenträger und das **Institutionskennzeichen (IK) 102091710** auf dem SSB-Rezept angegeben werden müssen. Die Angabe des Abrechnungsquartals ist nicht nötig. Die Rezepte werden anhand des Ausstellungsdatums dem entsprechenden Quartal zugeordnet.

Im **Personalienfeld** des Verordnungsblattes wird neben dem Kostenträger das entsprechende Quartal eingetragen. Weiterhin muss das Rezept das Ausstellungsdatum, den Arztnamen, die Arztnummer (LANR) und die Betriebsstättennummer (BSNR) sowie die genaue Bezeichnung und Mengen der verordneten Mittel und Materialien enthalten. Das Verordnungsblatt wird im Personalienfeld mit der Kennzeichnung „Sprechstundenbedarf" versehen.

Merke:

Eintragungen auf Muster 16 bei der Verordnung von **Sprechstundenbedarf:**

- Kostenträger
- Betriebsstättennummer
- Ausstellungsdatum
- Unterschrift des verordnenden Arztes
- Vertragsarztstempel
- Arztnummer
- Kennzeichnung als „Sprechstunden-bedarf"
- Name/Menge des verordneten Mittels/Materials

Pro Verordnungsblatt dürfen **maximal drei Artikel** notiert werden; es dürfen jedoch so viele Formularblätter wie nötig verwendet werden. Muster 16 ist im **Statusfeld (9)** als Sprechstundenbedarfsverordnung kenntlich zu machen. Der verordnende Arzt bestätigt mit seiner Unterschrift die Richtigkeit der Angaben.

Die Arztpraxen im Bereich der **KV Bayern** verwenden für die Verordnung ihres Sprechstundenbedarfs ausschließlich das **Sprechstundenbedarfsrezept, Muster 16a bay**. Auf dem Vordruck können bis zu sieben verschiedene Produkte des Sprechstundenbedarfs verordnet werden. Für Impfstoffe ist eine gesonderte Verordnung mit einer entsprechenden Kennzeichnung erforderlich. Die Verordnung erfolgt zulasten der **AOK Bayern**.

Betäubungsmittel, die der Arzt im Rahmen seiner Sprechstunde benötigt, werden auf einem BtM-Rezept verordnet. Dieser Vordruck muss auch für die Verordnung von Betäubungsmitteln für Privatpatienten benutzt werden. Ansonsten gelten hier dieselben Bestimmungen wie für die Ausstellung eines BtM-Rezeptes auf den Namen eines Patienten.

Bei der Verordnung, dem Bezug und dem Gebrauch von Sprechstundenbedarf muss das **Gebot der Wirtschaftlichkeit** beachtet werden:

- Die verordneten Mittel müssen den Bedürfnissen der vertragsärztlichen Praxis entsprechen und mit der Zahl der Behandlungsfälle in einem sinnvollen Verhältnis stehen.
- Werden in der Arztpraxis größere Mengen eines Mittels benötigt, so sind preisgünstige Großpackungen beim Großhandel zu verordnen. Ausgenommen sind hierbei die apothekenpflichtigen Medikamente.
- Verband- und Nahtmaterialien sollten nach Möglichkeit ohne Angabe eines Firmennamens und ohne Nennung einer Markenbezeichnung verordnet werden.

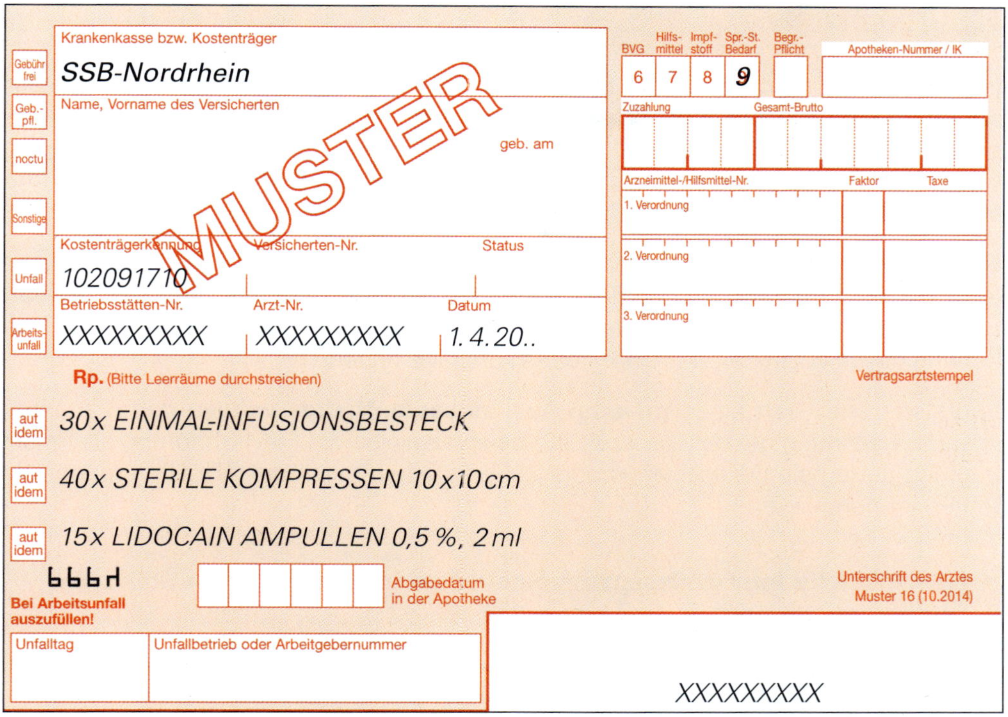

Gebühr frei | Geb.-pfl. | noctu | Sonstige | Unfall | Arbeitsunfall

Krankenkasse bzw. Kostenträger

SSB-Nordrhein

Name, Vorname des Versicherten

geb. am

MUSTER

Kostenträgerkennung | Versicherten-Nr. | Status

102091710

Betriebsstätten-Nr. | Arzt-Nr. | Datum

XXXXXXXXX | XXXXXXXXX | 1.4.20..

BVG | Hilfsmittel | Impfstoff | Spr.-St. Bedarf | Begr.-Pflicht | Apotheken-Nummer / IK

6 | 7 | 8 | 9

Zuzahlung | Gesamt-Brutto

Arzneimittel-/Hilfsmittel-Nr. | Faktor | Taxe

1. Verordnung

2. Verordnung

3. Verordnung

Rp. (Bitte Leerräume durchstreichen)

Vertragsarztstempel

aut idem — 30x EINMAL-INFUSIONSBESTECK

aut idem — 40x STERILE KOMPRESSEN 10x10 cm

aut idem — 15x LIDOCAIN AMPULLEN 0,5 %, 2 ml

6 6 6 4

Bei Arbeitsunfall auszufüllen!

Abgabedatum in der Apotheke

Unterschrift des Arztes
Muster 16 (10.2014)

Unfalltag | Unfallbetrieb oder Arbeitgebernummer

XXXXXXXXX

Abb. 1 Muster 16, Verordnung von Sprechstundenbedarf

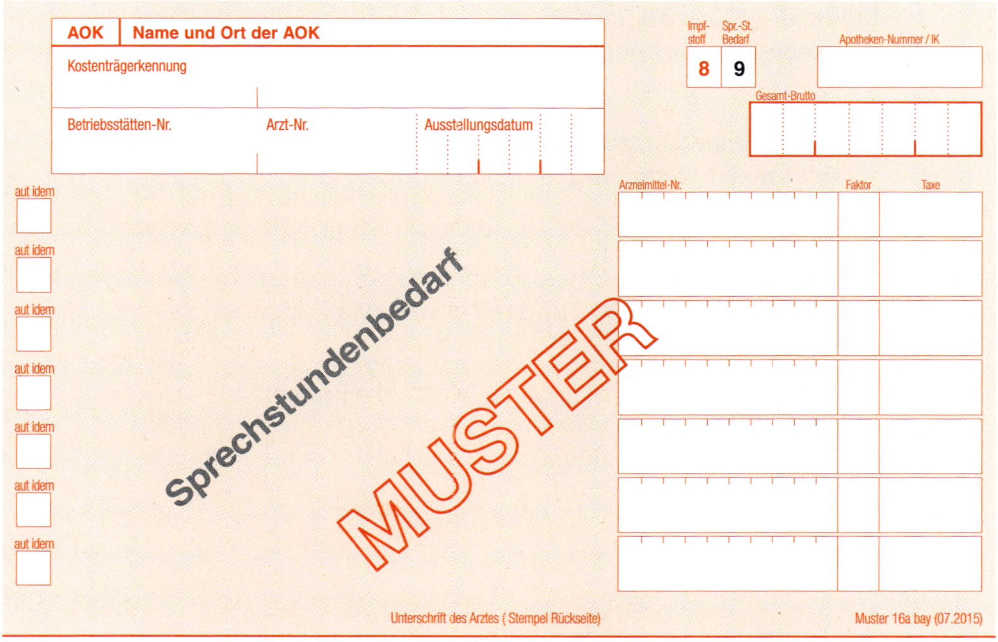

AOK | **Name und Ort der AOK**

Kostenträgerkennung

Betriebsstätten-Nr. | Arzt-Nr. | Ausstellungsdatum

Impfstoff | Spr.-St. Bedarf | Apotheken-Nummer / IK

8 | 9

Gesamt-Brutto

Arzneimittel-Nr. | Faktor | Taxe

aut idem

aut idem

aut idem

aut idem

aut idem

aut idem

aut idem

Sprechstundenbedarf

MUSTER

Unterschrift des Arztes (Stempel Rückseite)

Muster 16a bay (07.2015)

Abb. 2 Muster 16a bay, Verordnung von Sprechstundenbedarf im Bereich der KV Bayern

4.3 Impfstoffe

Impfstoffe werden meistens als **Sprechstundenbedarf** verordnet. Grundsätzlich soll der Impfstoffbedarf kalendervierteljährlich bezogen werden. Da dieses bei Berücksichtigung des Verfalldatums und der medizinischen Erfordernisse nicht immer möglich und sinnvoll ist, kann die Verordnung im Einzelfall auch **bei Bedarf während des laufenden Quartals** erfolgen.

Durch die Möglichkeit der Einzelverordnung als Sprechstundenbedarf wird gewährleistet, dass beim Transport und der Lagerung des Medikamentes die **Kühlkette nicht unterbrochen** wird. Eine Unterbrechung der Kühlkette kann eine Minderung oder Aufhebung der Wirksamkeit des Impfstoffes zur Folge haben.

Impfstoffe anlässlich eines **privaten Auslandsaufenthaltes** werden dem Patienten privat in Rechnung gestellt. Hierzu zählt beispielsweise die FSME-Impfung als Reiseimpfung außerhalb Deutschlands oder außerhalb von durch die STIKO[1] veröffentlichten Endemiegebieten.

Beispiele für Impfstoffe, entsprechend dem Impfkalender der Ständigen Impfkommission:

- Diphtherie, Haemophilus influenzae Typ B, Hepatitis B, Influenza, Masern, Mumps, Meningokokken, Pertussis, Pneumokokken, Poliomyelitis, Röteln, Tetanus, Varizellen, HPV

Beim **Ausfüllen des Verordnungsblattes** für die Verordnung von Impfstoffen als Sprechstundenbedarf ist Folgendes zu beachten:

- Impfstoffe und andere Arzneimittel/Materialien des Sprechstundenbedarfs dürfen **nicht gleichzeitig auf einem Verordnungsblatt** verordnet werden.
- Bei der Verordnung müssen die **Statusfelder (8) und (9)** gekennzeichnet werden.
- Die Ausstellung erfolgt **nicht auf den Namen des Patienten,** sondern zulasten der zuständigen Stelle.
- Das Personalienfeld des Verordnungsblattes wird mit der Kennzeichnung **„Impfstoff"** versehen.

[1] Ständige Impfkommission

Übungen

1. Auf welcher Rechtsgrundlage basiert die Verordnung von Sprechstundenbedarf?
2. Was wird im Kostenträgerfeld (Muster 16) bei Verordnungen von Sprechstundenbedarf der Praxisgemeinschaft von Dr. Helbig und Dr. Söhnke eingetragen?
3. Wer übernimmt die Kosten einer Erstbeschaffung von Sprechstundenbedarf?
4. Die IKK-Patientin Helga Lindner, die Privatpatientin Sigrid Schneider und der Bereitschaftspolizist Marcel Radtke suchen die Praxisgemeinschaft auf. Welche Regelungen für die Kostenübernahme des Sprechstundenbedarfs gelten für die jeweiligen Patienten?
5. Ihre Kollegin Kristina ist während ihrer Arbeitszeit im Labor ausgerutscht und hat sich eine Verletzung am rechten Sprunggelenk zugezogen. Dr. Helbig behandelt Kristina; er benötigt für die Versorgung der Verletzung eine sterile Wundauflage, einen Zinkleimverband und Heftpflaster. Wer kommt für die Kosten der verbrauchten Materialien auf?
6. Nennen Sie die Kategorien, in die sich die Produkte des Sprechstundenbedarfs einteilen lassen, und nennen Sie jeweils drei Beispiele für jede Kategorie.
7. Auf welchem Vordruck und zu welchem Zeitpunkt wird Sprechstundenbedarf verordnet?
8. Die Auszubildende Kristina bereitet eine Verordnung (Muster 16) vor, auf der Desinfektionsmittel zur Reinigung der Praxisinstrumente und Apparaturen rezeptiert werden soll. Nehmen Sie Stellung.
9. Wie gehen Sie vor, wenn der zu verordnende Sprechstundenbedarf nicht auf ein Verordnungsblatt passt?
10. Welche Angaben muss eine Verordnung von Sprechstundenbedarf enthalten?
11. Dr. Helbig benötigt im Rahmen seiner Sprechstunde Medikamente, die der Betäubungsmittel-Verordnung unterliegen. Auf welchem Vordruck erfolgt die Verordnung?
12. Bei der Verordnung von Sprechstundenbedarf muss das Gebot der Wirtschaftlichkeit beachtet werden. Nennen Sie drei Maßnahmen, die im Rahmen dieses Gebotes beachtet werden sollten.
13. Warum werden Impfstoffe meistens als Sprechstundenbedarf verordnet?
14. Zu welchem Zeitpunkt können Impfstoffe verordnet werden?
15. Welche Felder müssen Sie bei der Verordnung von Impfstoffen auf dem Arzneiverordnungsblatt markieren?

16. Stellen Sie eine Verordnung für den folgenden Sprechstundenbedarf der Primärkassenpatienten von Dr. Helbig aus: 10-mal Mullbinden 10 m x 8 cm, 40-mal sterile Kompressen 10 cm x 10 cm, 1000 Stück Wundklammern 7,5 cm x 1,75 mm.

17. Der 26-jährige Patient Stephan Meier sucht die Praxisgemeinschaft auf, um sich vor seinem Urlaub gegen Hepatitis A und B impfen zu lassen. Herr Meier hat einen 6-wöchigen Tropenurlaub gebucht. Wer kommt für die Kosten der Impfung auf?

18. Stellen Sie eine Verordnung für den folgenden Sprechstundenbedarf von Dr. Söhnke aus: 15-mal Morphin 20 mg, Injektionslösung.

Sachwortverzeichnis

A

B

D

E

F

G

N

O

P

Q

R

S

T

U

V

W

Z